BIBLIOTECA DE ESTUDOS SOCIAIS E PEDAGÓGICOS

1.ª Série — CIÊNCIAS SOCIAIS

1. ANTROPOLOGIA — *Um Espelho para o Homem* — CLYDE KLUCKHOHN.
2/3. PERSONALIDADE na Natureza, na Sociedade e na Cultura — Organizado por CLYDE KLUCKHOHN, HENRY A. MURRAY e DAVID M. SCHNEIDER.
4. DINÂMICA DE GRUPO E DESENVOLVIMENTO EM RELAÇÕES HUMANAS — PIERRE WEIL e Outros.

2.ª Série — PEDAGOGIA

1. PSICOLOGIA DA CRIANÇA — ARTHUR T. JERSILD.

Próximo volume:

COMO AS CRIANÇAS APRENDEM A LER — DAVID N. RUSSEL.

DINÂMICA DE GRUPO
E
DESENVOLVIMENTO
EM
RELAÇÕES HUMANAS

BIBLIOTECA DE ESTUDOS SOCIAIS E PEDAGÓGICOS

Direção de NEIL R. DA SILVA

1.ª Série — CIÊNCIAS SOCIAIS

4.

Colaboradores: PIERRE WEIL, ANNE ANCELIN SCHUTZENBERGER, CÉLIO GARCIA, DJALMA TEIXEIRA DE OLIVEIRA, OSMAR DE PAULA PINTO, JOSÉ ENNES RODRIGUES JR., MARCOS GOURSAND DE ARAÚJO, MARINHA DA SILVA, DÉLCIO VIEIRA SALOMON, NILZA ROCHA, LUCY ESTHER PAIXÃO, DOMINGOS MUCHON, MELPOMENE GUERRA, ROBERTO REGNIER.

Capa de
Cláudio Martins

EDITORA ITATIAIA
BELO HORIZONTE
Rua São Geraldo, 53 — Floresta — Cep. 30150-070
Tel.: 3212-4600 — Fax: 3224-5151

PIERRE WEIL E
ANNE ANCELIN SCHUTZENBERGER,
CÉLIO GARCIA, E OUTROS

Dinâmica de Grupo e Desenvolvimento em Relações Humanas

EDITORA ITATIAIA

Belo Horizonte

OS AUTORES do presente livro agradecem, de modo geral, à Diretoria do Banco da Lavoura, e em especial ao presidente do Conselho Consultivo, Dr. Aloysio de Andrade Faria, médico de formação, o qual não só nos encorajou para a publicação de trabalhos deste gênero, como também estimulou a equipe de cientistas do Departamento de Orientação e Treinamento a fazer pesquisa "pura", a par de trabalhos de aplicação propriamente ditos.

Os nossos agradecimentos também ao Dr. Bolivar Gomes, ex-Diretor da Escola de Administração Bancária Clemente de Faria, pela sua preciosa contribuição na revisão dêste volume.

Os direitos autorais dêste livro serão inteiramente dedicados à Sociedade Pestalozzi (Fazenda do Rosário, Minas Gerais). Em homenagem a Professora Helena Antipoff.

2002

Direitos de Propriedade Literária adquiridos pela
EDITORA ITATIAIA
Belo Horizonte

Impresso no Brasil
Printed in Brazil

SUMÁRIO

INTRODUÇÃO HISTÓRICA

1.º — "T Group" 10
2.º — A Socioanálise 11
3.º — "DRH" 13

PRIMEIRA PARTE
Diversas Abordagens para Compreensão da Dinâmica dos Micro-Grupos

LIVRO 1: Da Praxis Individual ao Prático-Inerte

1. Da "praxis" individual como totalização (p. 165-177) .. 30
2. Das relações humanas (p. 178-199) 31
3. A primeira "experiência da necessidade": o campo prático-inerte (p. 200-305) 31
4. Os coletivos (p. 306-377) 32

LIVRO 2: Do Grupo à História (p. 391-755)

1. O grupo em fusão (ou grupo em formação) (p. 391-439) 32
2. O compromisso (p. 433-459) 32
3. O grupo organizado (p. 460-575) 33
4. A fraternidade do terror, como passagem da organização à instituição 33
5. O grupo institucional (p. 581-631) 34
6. O lugar da História (p. 632-755) 34

SEGUNDA PARTE
Observações Sobre o DRH

CAPÍTULO 1: Descrição da Técnica de Grupo DRH

1. Composição do Grupo 63
2. Objetivo das Reuniões e Tarefa a Executar 65
3. Desenvolvimento das Reuniões do Grupo DRH 67
4. O Grupo de Psicólogos 69
5. Horário 70

CAPÍTULO 2: Aspectos educacionais do DRH

1. Objetivos 71
2. Metodologia 72

CAPÍTULO 3: O Grupo DRH no Nível da Psicologia Individual

1. Tipos de Comportamento 78
2. Aspectos Psicanalíticos 80
3. Funções Individuais na Vida do Grupo 82
4. Maturidade Emocional 83

CAPÍTULO 4: Antropologia Cultural e DRH

1. Introdução 85
2. Folkways e Mores 86
3. Valores 89
4. Estereótipos 90
5. DRH Como Diagnóstico de Mudança Cultural 91
6. Importância das Intervenções de Caráter Antropológico no DRH 92

CAPÍTULO 5: DRH e Psicopatologia
CAPÍTULO 6: Modelos Matemáticos e Cibernéticos

Primeiras Considerações 100
A Procura de Um Novo Alfabeto 101
A Procura de Técnicas 102
O Caso das Aplicações da Teoria da Dinâmica de Grupo ... 103

TERCEIRA PARTE
Controles Experimentais

CAPÍTULO 1: Aspectos Metodológicos dos Controles Experimentais
CAPÍTULO 2: Estudo dos Níveis da Auto-estimação, Aspiração e Heteroestimação

Objetivo 114
Instrumento 114
Amostra 116
Processamento dos Dados 117
Conclusões 117

CAPÍTULO 3: Evolução da Variável Projetividade-Objetividade no DRH
CAPÍTULO 4: Evolução das Atitudes Democráticas Através do Questionário "Como Chefiar"

Introdução 139
1. Evolução do Conceito de Direção 140
2. Metodologia 143
3. Resultados da Experiência do Banlavoura 149

Análise das Porcentagens de Acertos das Perguntas do Questionário "Como Chefiar", por Categoria

Variações do Autoritarismo 157
Qualidade da Decisão Frente à Aceitação Sua 157
O Autoritarismo Acentua a Qualidade da Decisão 158
A Decisão do Grupo Acentua a Importância da Aceitação .. 158
A Direção Consultiva: Tentativa de Proteger a Qualidade Assegurando a Aceitação 158
Procedimento Referente ao Caráter do Problema 159
Conclusões 159

CAPÍTULO 5: Evolução das Relações Interpessoais e do Sistema de Valores Através do Questionário Sociométrico

Introdução 164
Histórico 165
Descrição do Instrumento de Medida: o Teste Sociométrico .. 166
Objetivos 167
Características das Amostras 168
Condições Experimentais 169
Resultados 170
Análise dos Resultados e Conclusões 182
Resumo das Conclusões 188

Modificações da Percepção de Altura "Eu-Os Outros", Através do Teste dos Bonecos

Histórico 190
Primeiro Grupo 195
Segundo Grupo (20 Participantes) 197
Terceiro Grupo (Contadores) 198
Quarto Grupo (17 Participantes) 200
Quinto Grupo (18 Participantes) 201
Sexto Grupo (22 Participantes; 1 teste foi invalidado) .. 203
Sétimo Grupo (17 Participantes) 205
Oitavo Grupo (21 Participantes) 206
Conclusões 208

QUARTA PARTE
"T Group" e "Sócio-Análise"
Uma Experiência Comparativa

1. Descrição da Técnica do "T Group" 214
2. Resumo das Sessões 215

INTRODUÇÃO HISTÓRICA

Pierre Weil

Já há algum tempo, sentimos que as técnicas clássicas de treinamento em Relações Humanas careciam de um meio que fizesse com que os alunos participassem in vivo dos fenômenos a estudar, a fim de que se pudesse operar uma transformação nas áreas das atitudes e do comportamento propriamente dito, e não somente na área das opiniões. [5]

Parecia-nos, com efeito, que o método do "estudo de casos", as aulas tradicionais, o uso de auxílios audiovisuais, só atingiam a esfera das opiniões; os alunos saem de Cursos de Relações Humanas, em geral, entusiasmados pelo que aprenderam e convencidos do acerto do conteúdo dos cursos; no entanto, na hora de aplicarem os princípios enunciados, são vencidos pelos hábitos pessoais e pela rotina quotidiana.

É o que acontece no caso do princípio: "ouvir os interessados antes de tomar uma decisão"; o chefe, num curso de Relações Humanas, convence-se de que é necessário fazer isto, porém, na hora de decidir mudar a cor das paredes ou o horário do café, esquece-se de consultar os subordinados, porque não adquiriu a preocupação de saber o que seu pessoal pensa e sente, nem possui sensibilidade às reações de seu grupo. Outro exemplo é o da delegação das responsabilidades: é bastante fácil demonstrar as suas vantagens, porém, as dificuldades reais são inúmeras, consistindo nas resistências inconscientes, nos sentimentos de inferioridade, ciúmes e insegurança pessoal.

Os cursos de RH, como são ministrados, atualmente, lembram um pouco o caso de inúmeras pessoas que estão a par das últimas correntes da psicanálise e que leram os principais livros sobre o assunto, mas não conseguem resolver os seus problemas pessoais; é necessário para isso uma experiência fortemente implicadora tal como a oferece a situação psicanalítica.

As primeiras experiências realizadas no sentido de treinar pessoas para sentirem melhor os problemas de Relações Humanas foram feitas por Moreno e Kurt Lewin, acidentalmente, pouco antes da morte deste. Com efeito, segundo Ancelin Schutzenberger [7], Kurt Lewin costumava reunir os pesquisadores do seu laboratório de Dinâmica de Grupo para comentar entre eles as reações do auditório de um seminário composto de 65 membros do ensino de um estado vizinho; os alunos pediram para assistir a essas discussões. Kurt Lewin, *muito liberalmente aquiesceu ao pedido, e assim nasceu a idéia do* T Group: *um grupo em reunião, que recebe informações de fora sobre a sua própria atuação.*

São os discípulos de Kurt Lewin, Leland Bradford, Kenneth Benne e Ronald Lippitt, que, segundo Cl. Faucheux [1], desenvolveram as idéias de Kurt Lewin criando o "National Training Laboratories for Group Development" (N.T.L.). Não se pode negar também a influência, nesses trabalhos, de Moreno [9] e da psicoterapia de grupo, mais particularmente de Slavson [10].

A questão da paternidade da dinâmica de grupo, atribuída a Kurt Lewin, é violentamente refutada por Moreno [16].

Kurt Lewin, no artigo "Frontiers in Group Dynamics", [2], já estava preocupado com o tratamento científico das forças sociais, do qual disse: "... supõe dispositivos analíticos que sejam apropriados à natureza dos processos sociais e que sejam tecnicamente adaptados para criar a ponte que conduzirá a um tratamento matemático." Interessante é notar que, dos seguidores de Kurt Lewin, na França, J. e M. van Bockstaele [3] chegaram, 15 anos mais tarde, a organizar um modelo cibernético que constitui excelente guia para a análise dos pequenos grupos.

Embora essas preocupações teóricas tenham nas técnicas de estudo de dinâmica de grupo o seu lugar, também as aplicações industriais, com as quais o próprio Kurt Lewin estava lidando, tiveram um desenvolvimento rápido nestes últimos dez anos. *

1.º — "T Group"

São de dois tipos as principais técnicas de aplicação dos estudos de Dinâmica de Grupo ao Treinamento em Relações Humanas: o "T Group", chamado na França "Grupo de Diagnóstico", e a "Socioanálise".

O "T Group" (Training Group) é a técnica que resultou das primeiras experiências no "National Training Laboratories for Group Development", de Bethel.

---

* Para esclarecimentos mais aprofundados sobre as origens da Dinâmica de Grupo, os leitores encontrarão, na primeira parte do presente volume, tradução de um trabalho mimeografado de Anne Ancelin-Schutzenberger distribuído aos seus alunos do Curso de Psicodrama e Dinâmica de Grupo ministrado no "Groupe Français d'Etudes de Psicometrie et Dynamique de Groupe". A autora fez cursos e teve contatos pessoais com a maior parte dos pioneiros da dinâmica de grupo; ela é uma das autoridades mais conceituadas, objetivas e competentes na matéria, na Europa. Vamos apenas dar aqui uma visão geral do problema, tal como se apresentava no início das nossas experiências.

Consiste em reunir um ou mais grupos de pessoas, que não se conheçam, em geral num hotel; essas pessoas provêm dos meios mais diversos; são gerentes de indústrias, titulados de Bancos, comerciantes ou comerciários, intelectuais, etc. Usam-se pseudônimos. Todos são voluntários e vêm para viver a vida de um grupo — da sua formação à sua dissolução. Em cada grupo há um monitor, em geral um psicólogo, que intervém nas reuniões, quando julgar oportuno; cada participante deve dizer francamente o que pensa, inclusive dos outros participantes; o grupo tem toda liberdade de escolher o tema que quer e de se organizar como quiser. Pode inclusive mandar o monitor embora. Este, nos momentos cruciais, intervém, interpretando as reações do grupo e dos seus membros: "Vamos analisar o que está acontecendo, aqui e agora?", é a frase utilizada.

O grupo trabalha durante oito a quinze sessões, de duas a três horas cada uma. Durante essas sessões, o grupo e os seus membros vivem situações as mais diversas e passam por fases de angústia, de agressão, de amor ao próximo, de ódio, de calma, de tensão, etc.

Os grupos se organizam e se desorganizam sucessivamente; aparecem líderes; uns falam, outros ficam calados; às vezes, rejeitam o monitor; às vezes, certos membros não agüentam a situação e saem provisoriamente da sala de reuniões.

Aos poucos, os organizadores dessas reuniões constataram que os trabalhos apresentavam certos perigos, pois apareceram alguns casos de desencadeamento de processos paranóicos, depressões violentas, divórcios e até tentativas de suicídio; isso em grupos conduzidos por pessoas mal preparadas. Por isso, cercaram-se de uma equipe de psicólogos e psiquiatras que amparavam, fora das sessões, os indivíduos na sua problemática. Embora a estatística mostre que tais casos são raríssimos e se dariam sem os grupos, essas precauções são necessárias.

Segundo inúmeros testemunhos [7], os resultados práticos são imensos, e serão objeto de relato especial no presente trabalho, em função das nossas próprias observações feitas a respeito de uma técnica análoga à da socioanálise, que nasceu na França e a qual iremos descrever.

2.º — A socioanálise

O "T Group" tem por objetivo a modificação da conduta individual, através da transformação do comportamento de grupo; é, provavelmente, através da participação emocional, de fenômenos de natureza psicanalítica, assim como de mecanismos pedagógicos de transferência de aprendizagem, que se operam as

11

mudanças individuais, partindo de mudanças de conduta de grupo; podem realizar também modificações da conduta individual, partindo da identificação com outros indivíduos do grupo, através da tomada de consciência de aspectos da personalidade até então desconhecidos, ou da aquisição de autonomia real.

No "T Group", os psicólogos fazem intervenções tanto no plano individual como no plano de grupo.

Na França, paralelamente ao desenvolvimento do "T Group", chamado ali de "grupo de diagnóstico" ou "grupo de sensibilização", Van Backstaele [4] criou uma técnica análoga, mas cujos objetivos e processos diferem no seguinte:

a) Visa a modificação, não do comportamento individual, mas do comportamento grupal.

b) Por isso mesmo, limita-se em geral a grupos "naturais", que existam antes da experiência e continuam a viver juntos depois dela.

c) As intervenções do "socioanalista" se fazem exclusivamente no nível do grupo.

Os comportamentos individuais não são interpretados, a não ser quando constituem o reflexo ou o porta-voz do comportamento grupal.

d) As "regras", pela sua estrutura, evitam o surgimento de problemas que possam atingir a integridade da pessoa humana; e quando surgem, é possível freá-los.

É, por conseguinte, um método de tratamento de problemas de grupo, ou melhor, utilizando expressão de Van Bockstaele, de tratamento das "cibernoses" de grupo, isto é, dos maus funcionamentos nas comunicações dentro dos grupos.

A "socioanálise" consiste em reunir um grupo "natural" (isto é, um grupo que já existia anteriormente e continuará a existir), composto de voluntários; os membros do grupo devem ter compreendido e aceito livremente finalidades e regras. No caso de grupos "ocasionais" (isto é, não naturais), uma reunião prévia esclarece o caráter facultativo da participação.

O grupo deve submeter-se a uma série de "regras", que podem ser resumidas da seguinte forma: 1. Fora da experiência, os "socioanalistas" não tomam contato (nem por simples "bom-dia") com o grupo de participantes. 2. Quanto às sessões, o grupo de participantes deve verbalizar, sem omitir nada, sobre o que eles acham que o grupo de "socioanalistas" pensa e experimenta, nas relações entre si e nas suas relações com o grupo de participantes, e imaginar como o grupo de socioanalistas vive a situação presente.

É proibida toda verbalização fora desse assunto e, também, todo comportamento não verbal.

O número de participantes varia de 8 a 16 pessoas. A equipe de socioanalistas é, em geral, composta de 4 pessoas.

Os socioanalistas interpretam o comportamento do grupo de participantes sempre em função do que se passa no momento presente; "aqui e agora" é a expressão geralmente utilizada, e corresponde a uma abordagem fenomenológica.

O grupo de participantes é dividido em dois subgrupos: um de "observação" ou de "ressonância", ligado a um psicólogo por meio de fones, e um de "verbalização". O grupo de "observação" recebe, quando oportuno, mensagem do psicólogo de observação sobre o comportamento do grupo de "verbalização".

Os grupos de observação e verbalização revezam-se após cada reunião; reuniões do grupo todo costumam ser intercaladas, os participantes de cada grupo são sorteados ou designados e os psicólogos também se revezam nas suas funções; assim, evitam-se fixações sobre um psicólogo ou a cristalização de conflitos que impediriam o grupo de evoluir.

As regras foram feitas para criar no grupo uma situação inicial de dependência (no sentido psicanalítico do termo), situação na qual o grupo fica apenas dono de sua energia própria, mas privado das outras funções, a saber: a) a de antecipação (ou de previsão e expectativa do que vai acontecer); b) a de integração ou assimilação das informações recebidas; c) a de "compensação do atraso" do tempo de latência, que existe entre a recepção de uma informação e a sua assimilação pelo grupo. (Van Bockstaele [3].)

Essas funções pertencem, no início, inteiramente ao grupo de socioanalistas, de tal modo que o grupo de participantes em verbalização fica funcionando inteiramente no "vácuo", o que cria estado de tensão provocado pelo acúmulo de energia não aproveitada, só aos poucos é que o grupo adquire estrutura e passa a encampar tais funções.

Em resumo: a Socioanálise visa o tratamento de problemas de grupo; o T Group trata dos dois níveis, individual e grupal.

3.º — "DRH"

Conforme explanamos no início deste relato, estávamos preocupados em encontrar a fórmula de uma técnica de treinamento em Relações Humanas que atingisse o nível das atitudes e da conduta individuais, e não apenas o das opiniões.

Foi no início do ano de 1960 que tivemos possibilidade de dar os primeiros passos nesse sentido. A oportunidade nos foi *dada quando, no Departamento de Orientação e Treinamento do Banco da Lavoura de Minas Gerais, S.A., tivemos a necessidade de integrar, num curso de formação e aperfeiçoamento de chefes, técnicas de treinamento em Relações Humanas. Convidamos para participar de grupos, naquele departamento, o prof. Karl Frost, em missão de assistência técnica na Escola de Administração de Empresas da Fundação Getúlio Vargas, especializado em "T Group" pelo "National Training Laboratories", e o prof. Célio Garcia, do "Departamento de Endemias Rurais", que, de volta de Paris, estava começando a experimentar processo análogo à Socioanálise.*

Fizemos várias reuniões de estudo, sempre com a participação de psicólogos, sociólogos e médicos da equipe do Departamento de Orientação e Treinamento do Banlavoura.

Dessas reuniões surgiu a conclusão de que o Banco precisava elaborar uma técnica que:

a) Visasse o treinamento dos chefes para melhorar as suas relações com os seus subordinados, colegas e superiores hierárquicos. Tratava-se, por conseguinte, de treinar indivíduos.

b) Fosse isenta dos inconvenientes assinalados para o "T Group". Com efeito, embora a nossa intenção fosse manter a condição de voluntariado, o fato de o treinamento se realizar dentro de uma empresa particular levou-nos a adotar, por uma questão deontológica evidente, toda precaução possível, inclusive a de evitar processos de "strip-tease" individual.

Enquanto o "T Group" preenche a primeira condição, não obedece à segunda. A Socioanálise, por sua vez, visa o tratamento de problemas de grupo e, justamente pelo fato de as intervenções dos socioanalistas serem concentradas sobre fenômenos de grupo, evita a focalização de aspectos individuais.

Necessitávamos, por conseguinte, de uma técnica cujo processo fosse o da Socioanálise, mas que, como o "T Group", visasse modificações no nível do indivíduo.

Restava demonstrar a possibilidade de se conseguirem, através da evolução de problemas de grupo, mudanças de atitudes e de condutas individuais. Dessa tentativa, nasceu o que chamamos hoje de DRH (Desenvolvimento em Relações Humanas).*

Tínhamos dado inicialmente o nome de "Treinamento em Relações Humanas", mas percebemos na primeira experiência que a palavra "treinamento" aumentava, em certos indivíduos, a "relação de dependência", pois, no conceito deles, treinamento vem de fora, é exógeno; escolhemos, então, a palavra "desenvolvimento", que implica um significado endogênico.

* Ver também quadros sinóticos 1 e 2.

As regras do grupo DRH, podem ser idênticas às da Socioanálise; o revezamento sucessivo de grupos de ressonância ou de observação (com fones), de verbalização e mistos, obedece também ao critério de Socioanálise; também os problemas são tratados apenas no nível do grupo. No entanto, sendo sua finalidade o tratamento de problemas individuais, as observações feitas pelos psicólogos durante a atividade do grupo, sobre cada indivíduo, são utilizadas em entrevistas individuais, posteriores. Essas entrevistas individuais são de natureza "não-diretiva" a fim de evitar a volta de relações de dependência, e se destinam a reforçar a ação do trabalho do grupo no sentido de desenvolver a autonomia e a internomia. Elas são voluntárias; são, no entanto, pouquíssimos os que as recusam ou delas se desinteressam.

No início, um ou dois psicólogos estavam à disposição dos participantes, durante as atividades do grupo, para atender a qualquer problema que, eventualmente, surgisse; esses psicólogos não faziam parte da atividade do grupo, mas também podiam assistir às sessões como observadores. A experiência mostrou que isso não era necessário, além de trazer o inconveniente de aliviar a tensão indispensável ao funcionamento da atividade de grupo. Conjuntamente à atividade do Grupo DRH, no mesmo período, eram realizadas sessões de Treinamento ou Liderança de Reuniões e da TWI-2.ª fase. Esperava-se "transferência de aprendizagem" das vivências do Grupo DRH nas duas outras técnicas; no entanto, notaram-se sérios efeitos de "interferência" do DRH na Liderança de Reuniões e vice-versa, o que nos levou a adiar o curso de Liderança para "unidade-didática", no Curso de Chefia.

Para o preparo dos psicólogos, a cargo do prof. Célio Garcia, foi necessário que cada um se submetesse primeiro ao processo; depois da sua participação e de seminários especiais, cada psicólogo, por revezamento, assumiu o posto de observador, comentador no microfone e interventor de verbalização. Mais tarde, convidamos o prof. Ruy Flores Lopes, também ex-estagiário do "Centro de Socioanálise" de Paris, para coordenar os trabalhos e continuar a formação dos psicólogos. O prof. Ruy Flores acabava de realizar a primeira experiência na Rede Ferroviária Federal. O prof. Célio Garcia voltou posteriormente a prestar-nos a sua colaboração.

Logo nas primeiras sessões do DRH, verificamos a necessidade de fixarmos objetivos mais claros que esperávamos alcançar com o DRH, pois diante de um campo de aplicação tão vasto, havia o perigo de a equipe de psicólogos perder-se em aspectos inúteis ou, ainda, o de querer, cada um por si, alcançar objetivos diferentes.

Antes de fixarmos, porém, os objetivos do DRH, outros trabalhos se revelavam necessários.

Impunha-se, preliminarmente:

15

1.º — *Fazer-se o levantamento do que pode ser observado e vivido durante o Grupo DRH.*

2.º — *Escolherem-se, dentro da lista obtida, os pontos que interessam, antes de tudo, à observação, e o nível em que se vai trabalhar.*

3.º — *Chegar-se a uma certa padronização técnica, a fim de se conseguir o máximo de eficiência, do ponto de vista da aprendizagem, isto é, da integração de novas opiniões, atitudes, hábitos e valores, e determinar os mecanismos de aprendizagem a serem mobilizados.*

4.º — *Estudarem-se os fenômenos de interferência e transferência da aprendizagem das técnicas conexas ao grupo DRH, a saber: entrevistas individuais, liderança de reuniões, sessões de estudos de problemas de chefia.*

No estado atual das nossas investigações, o DRH pode ser definido como sendo a conjugação das atividades de "dinâmica de grupo", reforçadas por entrevistas individuais e sessões de estudos posteriores de psicologia aplicada à técnica de chefia.

Na Universidade Federal de Minas Gerais, usamos o mesmo processo, com sessões posteriores de estudos psico-sociológicos.

O DRH é, por conseguinte, a conjugação de várias técnicas, visando o desenvolvimento de pessoas nas suas relações humanas.

Mais particularmente, pretende: *

1.º — *Transformar as atitudes* egocêntricas *em atitudes* alocentradas. *Isso implica numa modificação da percepção dos outros, no sentido de:*

a) *aumento da importância da pessoa alheia como ser humano, em relação a si mesmo.*

b) *aumento da objetividade no julgamento dos outros, em detrimento da projetividade.*

2.º — *Desenvolver a* maturidade emocional; *e mais particularmente:*

a) *o controle de hetero-agressividade.*

b) *a confiança em si mesmo e a diminuição das tendências neuróticas.*

3.º — *Desenvolver conceitos, partindo da experiência prática. Há, por conseguinte, também um objetivo didático.*

No presente trabalho, na sua segunda parte, relatamos os primeiros trabalhos experimentais feitos no laboratório de Psicologia Social do Banco da Lavoura de Minas Gerais.

* Ver também Quadro Sinótico n.º 1.

A parte da dinâmica de grupo de DRH permite isolar verdadeiros "segmentos", servindo de objeto de estudo para formação teórico-prática de cientistas sociais.

Por isso, a segunda parte deste volume tratará dos aspectos teóricos e práticos do "Grupo DRH", sob os ângulos sociológicos, psicológicos, antropológicos, psiquiátricos e educacionais; trata-se de primeiro ensaio brasileiro de catalogação e inter-relacionamento dos fenômenos. Trabalho em que colaboram elementos de formação e de especialização tão heterogêneos não se realiza sem haver acordo semântico e entendimento quanto aos limites de cada disciplina; delimitar fronteiras entre Psicologia Individual e Psicologia Social, ou Sociologia e Psicologia Social, ou ainda, Sociologia e Antropologia Cultural, não é tarefa fácil.

Temos de reconhecer que não o conseguimos inteiramente, o que explica o fato de o mesmo assunto ser tratado por vários autores; apenas o ponto de vista difere. O psicólogo tratará do comportamento individual; o antropólogo encarará o mesmo fenômeno nas suas manifestações intergrupais e procurará explicá-las em função da estrutura empresarial ou social.

Notamos ser difícil, senão impossível, observar todos esses aspectos ao mesmo tempo, durante uma sessão de Grupo DRH. Provavelmente, problemas de centração perceptiva o impedem: enquanto se observam indivíduos, não se percebem os fenômenos de grupo, e vice-versa. Por isso, achamos interessante que cada um dos autores se limitasse a observar o grupo apenas num nível, havendo possibilidades de revezamento nessas funções. Com efeito, são vários os níveis em que se processam os fenômenos observáveis:

— nível individual

— nível das inter-relações pessoais

— nível grupal

— nível cultural

Durante as sessões do Grupo DRH, anotamos e catalogamos grande número de manifestações nesses diferentes níveis; iremos, na segunda parte deste livro, tentar descrevê-las, citando exemplos de como podem ser reconhecidas tais manifestações.

Depois de três anos de experiência, com o uso da Socioanálise como técnica de grupo DRH, em 1963 e 1964, resolvemos viajar para a Europa, onde tomamos contato e fizemos estágios com vários psico-sociólogos franceses e americanos: Moreno, Anne Ancelin Schützenberger e Anzieu (Psicodrama e Grupo "Triádico"); Marx Pages e A. Levy, Cl. Faucheux, Ardoineau (Grupo da Sensibilização); e Van Bockstaele (Socioanálise).

Nessas viagens, verificamos que alguns dos autores haviam experimentado o Psicodrama e o "T Group" em grupos naturais (escolas e empresas) e, segundo os depoimentos colhidos, não tinham encontrado os inconvenientes que temíamos.

Por isto, resolvemos tentar uma experiência comparativa, primeiro com um grupo natural de psicólogos, entre a Socioanálise e o "T Group" (ou Grupo da Sensibilização). Essa experiência está incluída na última parte deste volume.

Antes, porém, queremos ressaltar que o que estamos relatando aqui é fruto de uma primeira experiência que ainda continua com a equipe do Banco da Lavoura, na Faculdade de Filosofia de Minas Gerais e, em São Paulo, com outra equipe, também oriunda do Banco da Lavoura, composta dos Professores Antônio Waldir Biscaro, Berje Luiz Raphaelian e Otávio Paulo Manso Bastos, do CEPA.

É provável que o sistema futuro sofra modificações substanciais, à medida que aperfeiçoamentos se revelarem necessários.

Ao leitor, leigo em matéria de Dinâmica de Grupo, queremos ainda fazer um apelo para que não se deixe tentar a fazer experiências por conta própria, sem ter sido submetido a uma formação geral em Psicologia Social, Psicoterapia de Grupo ou Dinâmica de Grupo (de preferência em ambos). Uma psicanálise individual reforçaria ainda mais essa formação. Do contrário, arrisca-se a sofrer as torturas do "aprendiz de feiticeiro", que não consegue mais dominar os fenômenos que ele mesmo desencadeou.

A "pilotagem" de um grupo é algo de angustiante para quem a assume: requer uma auto-análise constante (análise da contratransferência dos psicanalistas), uma adaptação permanente dos seus esquemas culturais pessoais a freqüentes mudanças de situações e de posições grupais e pessoais.

BIBLIOGRAFIA SUMÁRIA

1. ANCELIN-SCHUTZENBERGER, "Situation du T Group au N.T.L. de Bethel", in *Bulletin de Psychologie*, Sorbonne, Paris, 1959.
2. ANZIEU, D., *Le Psychodrame analytique chez l'enfant*, Paris, P.U.F., 1956.
3. ARDOINEAU, J., *Le Groupe de Diagnostic, instrument de formation*, Trav. et Docum. Cahier n.º 5, Bordeaux, 1962.
4. — *Sur quelques aspects psychosociologiques des problèmes de communication et d'information dans les groupes de travail et les organizations*, Trav. et Docum. Cahier n.º 4, Bordeaux, 1962.
5. FAUCHEAUX, Cl. "Théorie et Technique du Groupe de Diagnostique", *Bull. Psych.*, Sorbonne, Paris, 1959.
6. — Número especial, *La Dynamique des Groupes*, Paris, 1959.

7. FOMBEUR, J. J., *Formation en profondeur, mythes et realités*, Cahiers CEPRO.
8. FRIEDMANN, G., *Problèmes Humains du Machinisme Industriel*, Paris, Gallimard, 1956.
9. GISCARD, P. H. *La formation et le perfectionnement du personnel d'encadrement*, Paris, P.U.F., 1958 .
10. MAISONNEUVE, J., Discussion de Groupe et Formation de Cadres", *Sociol. du Trav.*, — Jan-Mars, Paris, Ed. du Seuil, 1960.
11. LEWIN, K., *Psychologie Dynamique*, Trad. Cl. Faucheux, Paris, P.U.F., 1959.
12. — "Frontiers in Group Dynamics", vol. I, n.º 1, 1947. 2/8.
13. MAIER, N., *Principes de Relations Humaines*, Paris, Ed. de l'Organization.
14. MEIGNIEZ, R., "Présentation du Group Centré sur le Groupe", *L'information Psychologique*, Nantes, ago. 1962, n.º 71.
15. MORENO, J. L. *Les Fondements de la Sociométrie*, Paris, P.U.F., 1954.
16. — *How Lewin "Research Center for Group Dynamics" started and the question of paternity*, Moreno Institute, Nova Iorque, sem data.
17. NAHOUM, Ch., *L'Entretien Psychologique*, Paris, P.U.F., 1957.
18. PAGES, M., *Eléments d'une sociotherapie de l'entreprise*.
19. PAGES, M., e ARDOINEAU, J., *Les apports de Psychosociologie aux Méthodes de Formation et de Perfectionnement des Cadres à l'Etude des Problèmes Humains des Entreprises*, CNOF n.º 4, Paris, 1962.
20. ROBAYE, F., *Niveaux d'Aspiration et d'Expectation*, Paris, P.U.F., 1957.
21. SARTRE, J. P., *Critique de la Raison Dialectique*, Paris, Gallimard, 1960.
22. SLAVSON, *La Psychothérapie de Groupe*, Paris, P.U.F.
23. VAN BOKSTAELE, J. M., "Psychologie de Groupe et Socianalyse", *Encyclopédie de la Psychologie et de la Pédagogie*, Paris, F. Nathan.
24. — *Une méthode de traitement des problèmes de groupe*, Paris, 1959.
25. WEIL, P., *Relações Humanas e Estudo da Personalidade*, 3.º Congresso Interamericano de Psicologia, Rio, 1959.
26. — *Manual Elementar de Psicologia Aplicada*, S. Paulo, Ed. Nacional, 1961.
27. — "Une experience d'orientation psychologique et de formation du personnel au Brésil", *Rev. Psychologie Française*, tomo VIII, n.º 2, maio de 1963.

QUADRO SINÓPTICO N.º 1

OBJETIVOS DO DRH

1.º *Objetivo da Reeducação* (terapêutica)

- de indivíduos
  - a) treinamento da sensibilidade e evolução da variável egocentrismo-alocentrismo.
  - b) projetividade — objetividade.
  - c) aumentar o controle emocional (tolerância, aprender a ouvir, etc.).
- de grupo
  - Grupo natural: correção das cibernoses (disfuncionamentos de grupo, "doença das comunicações").

2.º *Objetivo Didático*

Usar o Grupo DRH como laboratório de vivências de problemas análogos aos de relações de trabalho (no Banco). O objetivo didático é provocar a *transferência de aprendizagem*.

3.º *Objetivo Filosófico*

Certos autores vêem na Dinâmica de Grupo um meio de revelação aos participantes do *"encontro existencial"* (Rollo May, Moreno, A. Schutzenberger, etc...). Outros encontram nela uma técnica de *"desalienação"* do homem. (Fromm, Faucheux, Sartre, etc.).

A reeducação se faz através do grupo.
O objetivo didático é alcançado através de processos posteriores ao Grupo DRH, inclusive nas aulas e entrevistas.

QUADRO SINÓPTICO N.º 2

METODOLOGIA DO DRH

1.ª FASE — *Experiência de Laboratório de Grupo*
- Esta experiência pode ser: — T Group ou grupo de sensibilização.
- — Socioanálise
- — Psicodrama
- — Grupo Triádico

2.ª FASE

A — *Análise Didática dos Fenômenos*

Nesta fase se conceituam os fenômenos vividos e se tenta iniciar uma transferência de aprendizagem para a vida de cada participante.

B — *Entrevistas Individuais*

Sob caráter de voluntariado, estas entrevistas, de forma "não-diretiva", visam aproveitar as vivências do grupo conjuntamente com uma bateria de testes de Personalidade, para resolução de problemas de ajustamento pessoal, familiar e profissional.

PRIMEIRA PARTE

Diversas Abordagens para Compreensão da Dinâmica dos Micro-Grupos

ANNE ANCELIN SCHUTZENBERGER

J. L. MORENO (1892)

Foi por volta de 1912 que, observando crianças a brincar livremente nos jardins de Viena, um jovem estudante de medicina, J. L. MORENO, um apaixonado pelo teatro e pela mística, lançou os fundamentos da Sociometria e da teoria da espontaneidade. Acabava de opor-se a Sigmund Freud, ao fim de um curso deste, e tomava posição contra a Psicanálise, contra o tratamento no divã, alheio, segundo ele, ao real e à verdadeira relação face a face, contra a transferência, o inconsciente, a primazia do verbal, e contra a diferença de *status* entre o médico e o paciente.

Vamos reencontrar em Kurt LEWIN e Carl ROGERS, os psicoterapeutas ditos existenciais e os pedagogos ditos não-diretivos, suas idéias de primazia da igualdade entre os homens acima da técnica, da idade e do *status*. Todos insistem (pregam) sobre a unidade do ser, a democratização e a simplicidade da relação EU-OUTRO, permitindo que a igualdade seja reencontrada e que uma pessoa se coloque realmente "no lugar da outra", em verdadeiro e significativo "encontro".

"Já que a psicanálise não pode ser aplicada nem às crianças, nem aos psicóticos, em vista de seu nível verbal e de sua maturidade insuficiente, que freiam a expressão e os *intercâmbios pela linguagem*", Moreno vai fundamentar-se na *Socioanálise* (1932), nas mudanças sensório-motoras e emocionais, na *comunicação não-verbal,* nos problemas da criança, do doente, do minoritário, e na situação *afetiva real* (sociométrica).

Voltando-se para os problemas das relações profundas, verdadeiras, significativas, entre os seres humanos, Moreno acaba criando o termo *"telé"* [19] * (do grego "à distância"), para

---

* Os números entre colchetes correspondem à ordem em que os títulos estão registrados na Bibliografia, ao fim do capítulo.

exprimir a relação afetiva, viva, de compreensão e comunicação completa, nos dois sentidos, baseada na empatia entre o Eu e o Outro. Opõe o *telé* à relação transferencial freudiana. Acentua as verdadeiras relações entre o "Eu" e o "Tu" (é na revista *Daimon,* dirigida por Moreno [1919-1920], que Martin BUBER começa a desenvolver sua teoria do *I-Thou*).

Uma relação significativa entre o Eu e o Outro e com o Grupo é primordial para Moreno, que anuncia, em *"Invitation to a meeting"* (Viena, 4 de março de 1914), as condições do Encontro Existencial.

"Eu me aproximarei de ti, e tomarei teus olhos para colocá-los no lugar dos meus, e tu tomarás meus olhos para colocá-los no lugar dos teus, e eu te verei pelos teus olhos, e tu me verás pelos meus." [17; 20, pág. 13]

Conhecer está muito próximo de amar, o *telé* de Moreno está muito vizinho da participação dialética [18, pp. 110-15] com o Outro, de maneira dual (caso se prefira a terminologia de BINSWANGER).

Mas, para bem conhecer e bem amar, é preciso encontrar as condições primeiras do nascimento e do calor, da fusão com o Outro, no calor do seio materno, onde a espontaneidade e a criatividade estão ligadas. Nada é tão importante para Moreno como o calor do estado nascente, o *"locus nascendi* e o *status nascendi,* o elo entre o encontro e a fusão, entre a catarses e a tomada de consciência, que é o teatro psicodramático.

O conceito moreniano de espontaneidade não implica, de forma alguma, a idéia de comportamento desordenado, a desenvolver-se sem controle. Espontaneidade não é fazer qualquer coisa, em qualquer lugar, de qualquer maneira e com qualquer um, mas, sim, fazer a coisa oportuna, no momento oportuno, quer dizer, dar a melhor resposta a uma situação nova e difícil, uma resposta adequada a uma realidade que se apreende tão completamente quanto possível. Moreno distingue, então, a espontaneidade normal da espontaneidade patológica. Sob esse ângulo, a espontaneidade moreniana se aproxima da conceituação de inteligência, definida como a melhor maneira de se adaptar e dar uma solução a uma situação nova.

Para adaptar-se de um modo adequado, é preciso que se possa ser livre para inventar e capaz de perceber bem a realidade.

É, então, necessário ser aberto, flexível, adaptável, brando, capaz de responder rapidamente e com naturalidade a um grande número de situações, suficientemente livre de si mesmo para poder perceber uma realidade sempre completa, e ter à sua disposição um grande rol de papéis. Para Moreno, existe uma educação possível da espontaneidade criadora. Seu conceito de liberação da espontaneidade parte do *élan vital* de BERGSON, por ele modificado para um *élan vital* do criador, pois Moreno é um ativo, um dinâmico, um tribuno, um taumaturgo, que procura deixar que seus discípulos encontrem as condições e os estados que lhes permitirão sobreviver neste mundo difícil em evolução. Para Moreno, a educação orienta e condiciona o comportamento da criança às respostas estereotipadas, adaptadas a um meio cultural definido... e passadas. Essas tradições e essas reservas de cultura, contidas por exemplo nos livros e aprendidas na escola, ele as denomina "conservas culturais". A aprendizagem dos papéis sociais, ao mesmo tempo educação e freio ao impulso natural, torna, em seguida, necessária uma liberação da espontaneidade, recalcada no adulto moderno pela nossa civilização vitoriana. Para permitir ao homem ser aquilo que ele é, criar, dar uma resposta adaptada e pessoal ao mundo atual, e não a resposta condicionada e aprendida, é preciso que cada um possa abrir e mesmo explorar o rol dos papéis e das possibilidades que todos levam dentro de si.

Para Moreno, o homem é seu agir. Mas é também o que ele pode vir a ser, o que ele virá a ser, se ele é aquecido por si mesmo e pela situação *(warmed up)*. Como bem disse MALRAUX, um homem é a soma de seus atos, daquilo que ele é e daquilo que pode vir a ser. Para Moreno, pode-se aprender a representar a própria vida, repeti-la e preparar-se para isso como um ator desempenha o seu papel. Pode-se "aprender a enfrentar" e a "dar à luz a si mesmo". Moreno volta-se assim para a maiêutica de certos diálogos socráticos, e liga essa dialética do ser consigo mesmo, essa catarses e essa tomada de consciência, à emoção, ao deslumbramento do Encontro, em um contexto de criatividade e em uma ótica existencial. Como dirá Rollo MAY em 1950: "Compreender uma neurose é compreender aquilo que destrói a capacidade de um homem para realizar seu ser." [16, pág. 35].

É essa realização de si, esse subjacente, que desempenhará um papel crucial sobre aquilo que se passa, ao mesmo tempo, no indivíduo e no grupo, que será a base das *mudanças sociais* [18, pág. 15; 21].

1) o potencial de espontaneidade — criatividade do grupo;
2) as relações entre a matriz sociométrica e a dinâmica do grupo;
3) o sistema de valores e as normas do grupo;
4) o nível de aspiração deste e o que se passa aqui e agora.

É a partir dessas noções de papéis sociais, ligadas à percepção de si e do outro, e de cada um com os seres de seu mundo pessoal, que Moreno estabelece o *átomo social* de cada um [22]. Entre as necessidades essenciais do homem, Moreno coloca a necessidade de ser amado, estimado, reconhecido e aceito. Essa necessidade de fazer parte de um grupo, essa necessidade de inclusão, encontra-se na rede sociométrica, na topologia e na estrutura de todo grupo, "o que Moreno evidenciou, desde 1917, no campo de refugiados tiroleses de Mittendorf".

Essa rede subjacente, informal, tácita, explicaria a posição de cada um no grupo (seu *status* sociométrico e sua posição na rede sociométrica) como seu papel, seu *status*, suas reações de atração, de repulsão e de indiferença pelo outro. Essa rede explica também, para cada um, o fato de ser, ou não ser ouvido, compreendido ou seguido pelo grupo, o que equivale a dizer que explica, finalmente, a dinâmica do grupo.

Segundo Moreno, é importante, para conhecer a dinâmica de um grupo, determinar antes a sociometria desse grupo: o peso que cada um tem no grupo e a rede de inter-relações. Segundo as atividades de um grupo, a importância e o papel de cada um serão diferentes. Quer se trate, por exemplo, de um trabalho normal ou perigoso, que implique responsabilidades ou que ponha a vida em perigo, ou se se trata de lazeres, o grupo centrar-se-á em outras pessoas diferentes. Cada grupo possui, para cada uma das suas atividades, tanto suas estrelas como seu proletariado. Há 20% de isolados e rejeitados em todo grupo, mas essas minorias ou membros periféricos podem ser integrados, caso lhes seja dada atenção.

Já que um papel é algo aprendido e tudo é racional, podem-se utilizar as linhas de força da rede sociométrica, de maneira pedagógica e terapêutica. Isso modifica tanto os comportamentos individuais como as reações de um grupo. Pode-se, por exemplo, reintegrar os indivíduos periféricos, quer agindo sobre eles, aceitando-os, ajudando-os a esclarecerem sua conduta e a se expandirem, quer transplantando-os para um grupo onde eles poderão modificar-se, quer lhes ensinando a assumirem outro papel. Assim serão eles percebidos e aceitos, e, finalmente, integrados de outro modo.

Para observar um grupo, é preciso fazer dele uma matriz sociométrica percentual, por observação discreta, ou então aplicar, diretamente, um questionário ou teste sociométrico, a fim de se compreender a rede sociométrica subjacente, que subentende a dinâmica de interação e a evolução do grupo.

A fim de compreender o que se passa, é necessário, então, dedicar-se à pesquisa das redes formais e informais, conscientes ou inconscientes, hierárquicas ou subjacentes de todo o grupo. Depois, é preciso estudar as redes de comunicação e os papéis que cada um detém.

Moreno insiste sobre a importância da colocação em evidência de sentimentos reais, o que permite o seu confronto com a realidade, a sua recolocação e um reajustamento das relações. Somente valem a pena as relações verdadeiras. Por isso se procura, por todos os meios, reconhecer percepções falsas de si mesmo, dos outros e da situação. A colocação em evidência dos sentimentos, pólos e papéis, permite reaproximar a rede sociométrica informal da rede oficial, o que torna as relações mais funcionais e mais eficazes.

Sociólogo e psiquiatra, Moreno orienta-se para a psicossociologia "quente", um rompimento brusco das estruturas, pela sua fusão e reconstrução, mais do que para uma observação "fria" de laboratório. Propõe-nos uma psicossociologia da ação e da intervenção. Os testes sociométricos, o psicodrama ou sociodrama, o grupo de formação, a reaprendizagem dos papéis, permitem-lhe operar a fusão do grupo. Após essa fusão, o grupo, tornando-se fluido, poderá reestruturar-se de um modo útil, depois de uma série de redemoinhos e depois de se desembaraçar dos miasmas e escórias. Acreditando profundamente na igualdade da relação entre treinados e treinadores, educandos e educadores, ele salienta a responsabilidade de cada um pelo seu destino, numa relação democrática, no sentido pleno do termo. Assim, o monitor (o líder) só pode representar seu papel de especialista, se for aceito pelo grupo e por cada indivíduo como tal, e se se tornar membro do grupo.

KURT LEWIN (1890-1949)

Partindo da psicologia animal e da teoria da forma *(Gestalt)*, quando era professor de psicologia da Universidade de Berlim, LEWIN, após sua "psicologia topológica" e suas pesquisas sobre as tarefas concluídas e não-concluídas [11, pág. 286; 12, pág. 230; 13, pág. 346; 34], sobretudo depois de sua chegada à América (1932), utiliza os conceitos tirados da física, tais como o do campo de força. Para estudá-los, faz variar as circunstâncias e age sobre a situação, desenvolvendo uma configuração topológica determinada e uma análise das relações causais.

Introduziu as noções de *equilíbrio quase-estacionário*, de *contemporaneidade* (aqui e agora), *de nível de aspiração, de "existência"* — esta tão cara para MORENO, — de *barreira e guardabarreira (gate-keeper)*, etc. Insiste sobre a interdependência das forças, para estabelecer uma *teoria dinâmica da personalidade*. Parte dos princípios da *teoria de campo (field theory)* para chegar à necessidade de se interessar pelos problemas sob o ângulo, ao mesmo tempo da teoria e do concreto da vida, e *liga a pesquisa à ação* (a *action research*) para criar uma nova ciência da interação humana: a dinâmica dos grupos *(group dynamics)*, tomado o conceito de dinâmica no sentido habitual da física, como o oposto à estática. Esse método de psicologia social esforça-se por ser tão objetivo quanto um estudo matemático ou físico, de que toma emprestada a terminologia.

Na Universidade de Iowa, começa trabalhando com os problemas de crianças e confirma certas hipóteses psicanalíticas. Após ter participado dos trabalhos de Moreno, faz, com RONALD LIPPITT, uma pesquisa (publicada, como a de Moreno e JENNINGS, em 1938), a respeito dos *tipos de grupo — autocrático, e de laissez-faire, —* pesquisa que se tornou modelo de investigação científica no campo das ciências humanas.

Ocupa-se, durante a última guerra mundial (1940-1945) de *pesquisas sobre os grupos minoritários, sôbre os problemas de resistência à mudança* e de *transformação durável do comportamento* (Lewin aplica essas pesquisas às mudanças no campo alimentar, no que toca ao consumo de carne de segunda; BAVELAS e CARTWRIGHT as aplicam à compra de bônus da Defesa Nacional).

Da sua equipe faziam parte: LIPPITT, FESTINGER, WHYTE, ZANDER, CARTWRIGHT, HOROWITZ, DEUTSCH, FRENCH, etc. Estudavam microgrupos *(face to face groups)*, partindo de concepções tais como a *pesquisa dos objetivos*, a *coesão*, a *locomoção em direção ao objetivo*, as *pressões do grupo à procura da uniformidade*, a *maturidade do grupo*, a *atração que o grupo exerce sobre os seus membros*, o *equilíbrio das forças* (precário e em repentinas mudanças, reequilibrando-se em nível inteiramente diferente, muitas vezes por causas mínimas), etc.

Em 1945, LEWIN funda o Research Center for Group Dinamics, no M.I.T. (Massachusett's Institute of Technology) (onde uma parte de seus discípulos está associada à equipe que atualmente se dedica à cibernética). O R.C.D.G. foi transferido, após a morte de LEWIN, para a Universidade de Michigan (An Arbor), e está vinculado ao "Social Psychology Program" da Universidade e ao seu curso de doutoramento de especialistas em psicologia social; aí, seus antigos discípulos e assistentes — LÉON FESTINGER, DORWIN CARTWRIGTH, JACK FRENCH ALVIM ZANDER, RONALD LIPPITT, — e seus alunos trabalharam juntos durante vários anos e este último depois como diretor. (O R.C.D.G. faz parte do Institute for Social Research.)

Em 1946, o Estado de Connecticut (E.U.A.) procurava estabelecer um programa pedagógico, a fim de reduzir os conflitos de relações raciais no país, e convidou KURT LEWIN (que já trabalhara nesse assunto), RONALD LIPPITT (psico-sociólogo que trabalhava com LEWIN e tinha larga experiência com escotismo e problemas de jovens), KENETH BENNE (adepto da filosofia pedagógica) e LELAND BRADFORD (especialista em educação e formação de adultos, tendo, em particular, trabalhado com métodos de treinamento rápido de adultos (T.W.I. e outros). Durante esse seminário, a equipe descobre, por feliz acaso, o *efeito benéfico* daquilo que se chamaria mais tarde *"feed-back"* (retroação ou retorno para trás da mensagem) e da tomada de consciência das dificuldades que um pequeno grupo pode alcançar a seu próprio respeito, partindo de uma visão relativamente objetiva dos fatos, da exposição às claras de sentimentos, dos conceitos da psicologia social e da contribuição de todas as ciências humanas. O *grupo de formação* (*Training Group* ou *"T Group"* abreviadamente) acabara de nascer. O interesse por esta forma de treinamento em seminário, pequenos grupos, utilização da psicologia social, da pesquisa e da observação em "ilhotas culturais" era tal, que no ano seguinte, em 1947, *apesar da morte prematura* de LEWIN, essa pequena equipe continuava seu trabalho experimental e fundava o "First National Training Laboratory in Group Development" (N.T.L.), em Bethel, no Maine. O N.T.L. recebeu a ajuda do Office of Naval Research e da Fundação Carnegie, a fim de poder prosseguir nos estudos dos pequenos grupos, não somente durante seus seminários de verão, mas também durante todo o ano, nos diferentes laboratórios existentes em um e outro lugar, de onde todos os anos tomava "emprestados" especialistas. (Em 1957, mais de 1 500 participantes e 200 especialistas diferentes estiveram no N.T.L., procedentes de lugares diversos e não mais somente dos Estados vizinhos).

Logo que estabelecida a concepção lewiniana de *equilíbrio metaestável* [6] das forças de um grupo, este não aparece mais estático, passando a ser dinâmico, *trabalhado* pelas diversas *forças do campo social,* com seus objetivos, suas *vias de comunicação,* suas *barreiras, controladas* por guardas, barreiras ora rígidas, ora flexíveis.

As *zonas,* os *pólos de atração,* a parte do *campo de circulação livre ou limitada,* o menor gesto, ação, palavra ou silêncio, o *afastar-se do campo,* a abstenção ou separação adquirem então significado. Essa visão permite perceber, "em estado de equilíbrio quase-estacionário", o que parecia estável. Compreendem-se então os processos de *procura da estabilidade e do equilíbrio das forças,* os *redemoinhos* criados pela menor intervenção, e a mais ligeira mudança de forças, a imprevisibilidade aparente do que vai ocorrer nos momentos em que aparentemente nada se passa, as transformações bruscas das situações, a diferença entre uma *opinião,* uma *pré-decisão* e uma *decisão de grupo* se esclarecem como por milagre.

O fato de haverem sido salientados e mesmo simplesmente nomeados estes conceitos permite falar deles. Percebem-se então as dificuldades da comunicação, sua frieza, os obstáculos à comunicação, e como se pode chegar a *erguer ou abaixar a barreira e restabelecer uma comunicação em retorno,* nas vias de "circulação circular" conforme a cibernética, nos dois sentidos, entre o emissor e o receptor de qualquer mensagem. Esses circuitos passam por possíveis pontos de ruído e de fricção, criando incompreensões e "efeitos de halo".

Como Moreno, e provavelmente por causa de sua situação de minoritário e de emigrante, LEWIN sentiu a importância do plano emocional no grupo, e sentiu também as reações dos grupos minoritários. As modificações reais e duráveis do comportamento e as verdadeiras tomadas de decisão produzem-se somente quando a informação recebida pode ser aceita, após uma discussão livre de qualquer pressão, após expressão de sentimentos negativos e ambivalentes em relação à informação, ao informador e ao grupo; quando o que era intelectual vem a ser transformado pela vivência do grupo.

Por mais curta que seja a vida de um grupo, por mais efêmera que seja a sua duração, possui ele uma história (que se sobrepõe à história de cada um dos indivíduos que o compõem), e essa história o orienta e determina (os discípulos de Moreno falariam aqui de consciente e de inconsciente da vida do grupo, de um co-consciente e de um co-inconsciente criado no grupo, o qual tem passado, tradições, linguagem e uma visão do seu futuro, que o condicionam e lhe permitem comunicar-se).

J. P. SARTRE [25]

Sartre, recentemente, dedicou-se ao estudo de grupos e criticou MORENO e LEWIN, nem sempre, aliás, com conhecimento de causa. Alguns de seus conceitos nos pareceram muito úteis para precisar as noções de formação e de constituição de um grupo.

Resumo da *Dialética dos Grupos*.*

LIVRO 1: DA PRAXIS INDIVIDUAL AO PRÁTICO-INERTE [1]

1. Da "praxis" individual como totalização (p. 165-177)

Sartre parte do trabalho: tudo começa com a necessidade que faz do homem um organismo prático em relação dialética

---

* Adaptamos o excelente resumo da brochura *La Dialectique des groupes*, publicação anexa do Bulletin de Psychologie (Sorbonne, 1961), por Georges Lapassade (Encarregado de Pesquisas do C.N.R.S.).
1. Da experiência prática às formas de produção prática reificadas.

com um meio dotado de recursos; o trabalho sobre esse meio realiza uma primeira totalização. É, ao mesmo tempo, objetivação: na *matéria elaborada*, trabalhada, o homem lê o sentido do que ele é, objetiva-se. É preciso compreender o que é uma objetivação, se queremos compreender, depois, o processo da alienação. No nosso mundo histórico, a objetivação é, ao mesmo tempo, alienação, mas, para que tenha inteligibilidade, o conhecimento da primeira (objetivação) deve ser separado da análise da segunda (alienação).

2. Das relações humanas (p. 178-199)

Por outro lado, no campo prático, o indivíduo nunca está sozinho: o fundamento da coexistência é a estrutura das relações humanas. É uma estrutura de reciprocidade, que só se conhece como tal pela mediação do *terceiro*. Veja-se o exemplo do *"potlatch"*[2]: é um fenômeno *supra-econômico*[3], que supõe a presença de testemunhas, juízes da troca. É, porém, a forma exteriorizada de uma estrutura mais "profunda" mais geral. A reciprocidade, para vencer a separação original dos organismos práticos, deve sempre ser *ponderada,* e cada um é, assim, mediador e, conseqüentemente, "terceiro", ao mesmo tempo que é mediado, como parceiro, na dupla em reciprocidade.[4]

3. A primeira "experiência da necessidade": o campo prático-inerte (p. 200-305)

As relações humanas somente se realizam em um campo que é, até aqui, para nossa história, o da *raridade*. É um campo de competição, no qual o Outro é sempre aquele que pode arrebatar de mim aquilo de que necessito para viver; é um campo de *conflito*. Mas é, ao mesmo tempo, o campo da cooperação no trabalho social, que dá origem a um conjunto de objetos elaborados, de produtos humanos. Esses produtos humanos se voltam contra o produtor, impondo-lhe sua lei[5]. Sartre descreve esse mundo opaco, material, alienante, como prático-inerte: o resultado prático da "praxis" tornou-se inércia. É uma teoria da *coisificação* (reificação).[6]

---

2. Forma primitiva de troca com concorrência e árbitro.
3. Claude — LÉVI STRAUSS o atesta.
4. Podemos ilustrar facilmente esse tema da *reciprocidade mediada* pelo exemplo comentado da estrutura ternária do complexo de Édipo.
5. Produção prática humana "coisificada": MARX mostra como o homem se torna, assim, *produto do seu produto;* notadamente — *O Capital,* Livro I, Caps. I, II e III.
6. Cf. G. LUKACS, *Histoire et conscience de classe,* tradução francesa, Ed. de Minuit, Paris, 1960 (e GABEL, *La Fausse Conscience,* ensaio sobre a "coisificação", no prelo).

4. Os coletivos (p. 306-377)

Essa inércia vai afetar e contaminar as multiplicidades humanas; refletindo-se nos *coletivos,* * as populações, já que uma *praxis* comum não cria grupos. Por exemplo: quando se invoca a "inércia" das massas, para tomar consciência de um clima político, encontra-se, através dessa inércia, a dispersão "em série" que será a matriz dos grupos. A "seriação" é a prático-inércia dos conjuntos humanos.

LIVRO 2: DO GRUPO À HISTÓRIA
(p. 391-755)

Já percorremos o caminho que, segundo o título geral do Livro 1, conduz "da praxis individual ao prático-inerte". O livro 2 descreverá o movimento que interessa mais diretamente ao psicólogo social, isto é, "do grupo à história". Eis os seus momentos essenciais:

1. O grupo em fusão (ou grupo em formação) (p. 391-439)

O grupo se forma na *fusão* e pela *fusão da seriação*. Como se produz essa liquidação, esse *degelo* da dispersão serial, que há pouco marcava com sua inércia essa multiplicidade humana? Em resumo: *como nasce o grupo a partir da série?* Esse *nascimento do grupo* é um "co-nascimento": em certas circunstâncias, produz-se uma totalização. No "grupo em fusão", todos os membros são, ao mesmo tempo, "mediadores" e "mediados"; não há chefes, mas somente líderes provisórios. Fundamentalmente, todas as pessoas são líderes; o que se faz "chefe" provisório "viu o possível com olhos comuns". E "cada um ali é orador". A fusão é a passagem da seriação ao grupo.

2. O compromisso (p. 433-459)

Passado esse *momento de "alta temperatura histórica",*** o grupo em fusão, próximo do regelo, estrutura-se por compromisso. Arrisca-se a voltar à dispersão original, mesmo se os membros sabem que o perigo, que em comum foi superado, pode voltar a ocorrer mais tarde. Daí a necessidade de uma ligação,

---

* Coletivos (ou conjuntos sociais).
** A expressão é de Jaurès, Cf. G. Montjoie: *Naissance de Paris comme totalité,* ... (etc.) (Conceito próximo ao de "homicídio simbólico do papai", de Freud, retomado pelos psicólogos sociais, se tomamos o ponto de vista da micro-sociologia).

capaz de fundir o grupo na sua permanência: essa ligação é a do *compromisso* (que tanto pode ser como não ser explícito, pouco importa). Cada qual se compromete, para poder, ao mesmo tempo, controlar a liberdade do Outro e fazer com que o Outro controle a sua. É uma garantia para o futuro: no grupo em que foi firmado um compromisso, será *traidor* aquele que dele se separar. Eis, pois, o grupo estabilizado, prestes a se organizar.

3. *O grupo organizado (p. 460-573)*

O grupo tende a se organizar, depois a se desorganizar; nunca é estável e organizado. Acha-se, como diz LEWIN, em equilíbrio *quase-estacionário*.

O grupo organizado é aquele em que se efetua uma distribuição efetiva de tarefas. Somente aqui aparece a *função:* Sartre escolhe o exemplo de uma equipe de futebol para mostrar essa nova "imagem" do grupo, muito diferente daquela que apresentava o "grupo em fusão". A organização é antes uma "operação do grupo sobre si mesmo": ele organiza seus meios, tendo em vista um fim que permanece comum. O grupo, *para trabalhar*, deve *trabalhar a si mesmo* (a "praxis" é uma "praxis" sôbre si mesma). A "praxis" é uma função totalizante.

Mas, já como fora visto, na "fusão", antes do compromisso, surge um *perigo* no nível da organização: vimos o grupo organizado fundar sua estabilidade sobre uma "reciprocidade de inércias comprometidas". Sabemos, entretanto, que o grupo não tem, e nunca terá, num perpétuo impedimento, a estabilidade de ser que procura: sua unidade é apenas prática: ele não terá nunca a unidade estabilizada de um organismo. É preciso, novamente, assegurar sua coesão, o que volta a apresentar um problema de "passagem".

4. *A fraternidade do terror, como passagem da organização à instituição*

Passa-se aqui da "organização" à "instituição" por intermédio do terror. A *integração-pelo-terror* purifica o grupo e elimina os desviantes. Esse *"grupo-terror"* se opõe ao *"grupo-vivo"* do início (p. 580): seu equilíbrio não é mais o mesmo. Ei-lo transformado em *grupo-invadido,* ameaçado, apavorado pelo "deviacionismo", pelo risco permanente de dissolução na série. ***

*** Lembrar-se-á aqui o subtítulo do primeiro tomo da *Crítica da Razão Dialética* é: "Teoria dos Conjuntos Práticos". Esse subtítulo significa claramente que os grupos e as classes nunca têm unidade ontológica, e que não se deve ceder nem ao organismo nem a qualquer "fetichismo da totalidade".

5. O grupo institucional (p. 581-631)

Para sobreviver, o grupo aplica suas *instituições:* "a prática é instituição no dia em que o grupo, como unidade corroída pela *alteridade (alterité)*, é impotente para modificá-la sem se subverter inteiramente a si mesmo". O tipo observável desse grupo é o *"Exército, a Igreja, o Partido, o Sindicato, com seus membros".* O grupo institucional "se forja" através das transformações que, por exemplo, transformam a *função* característica do grupo organizado em *obrigações:* "obrigações" militares, familiares e profissionais, por exemplo. A nova figura do poder será a *autoridade do comando.* "Essa instituição não tem necessidade de se fazer acompanhar de nenhum consenso do grupo" (p. 595), para que a soberania se encarne em uma pessoa. Mas, rapidamente, o grupo volta à seriação original; as instituições perdem a vida que impregnava o grupo. E eis a *burocracia,* com a volta completa da seriação.

6. O lugar da História (p. 632-755)

O desenvolvimento dessa dialética dos grupos nos torna capazes de determinar, enfim, o *lugar da História,* como o da luta e do conflito. É preciso, pois, definir, agora, a *luta de classes,* "motor da História" (MARX). Aqui, as análises de Sartre visam apenas reunir o essencial do ensinamento do marxismo, a partir de uma definição que mostre as *classes* como conjuntos de grupos e de séries. A dialética Sartreana dos grupos junta-se, assim, à dialética marxista das classes sociais e prepara a seqüência (não publicada) da *Crítica da Razão Dialética.*

CARL ROGERS [*]

Trabalhando em Chicago durante a Guerra, CARL ROGERS, psicólogo clínico, teve sua atenção voltada para *a urgência dos problemas* que se apresentam em psicologia, no plano do aconselhamento e da evolução pedagógica e psicoterápica; voltou também sua atenção para o pouco tempo que se consagra a esses problemas, no campo da pesquisa e da psicanálise, esta lenta e tão custosa.

Influenciado por LEWIN, sensibilizou-se com a diferença entre a mensagem emitida e a mensagem recebida: "A realidade é a realidade percebida pelo cliente", e deve ser reformulada nos

---

[*] (Nasceu em 1902, docente da Universidade de Chicago e, desde 1960, da Universidade de Wisconsin, nos Estados Unidos.)

termos do quadro de referência do *outro* e não no do *próprio*. Concentra seu trabalho antes sobre o "cliente" (ele não diz paciente) e seus sentimentos, do que sobre o "aconselhador" (não diz, também, médico, psicólogo, especialista ou perito) e o que este julga conhecer de psicologia ou da vida do cliente e seus problemas. É a *"client-centered-therapy"* (terapia concentrada no cliente). *A relação que se estabelece entre o aconselhador e o cliente,* e o clima democrático de cooperação, é essencial nessa perspectiva: o aconselhador faz abstração de si mesmo, do que conhece em psicologia, e evita até examinar os antecedentes do cliente, para não se deixar influenciar por notas ou opiniões exteriores e para, assim, concentrar-se ùnicamente sobre o ponto de vista do cliente a respeito de si mesmo. Procura compreender o outro, tão completamente quanto possível, ser o outro, por assim dizer (aproximando-se daquilo que faz o *"double"* em psicodrama, o qual é um outro *eu* do protagonista, e o representa, utilizando-se de todos os recursos da comunicação não-verbal — a identidade de expressão através de gestos, postura, expressão muscular e respiratória, — como ponto de apoio para a compreensão da totalidade do outro). Essa concepção rogeriana aproxima-se também da descrição que faz ROLLO MAY da atitude real do psicoterapeuta existencial, o qual tende a entrar no mundo do *outro,* tal como ele se mostra para o paciente ou para o cliente. O aconselhador rogeriano recusa intervir e orientar o cliente por meio de conselhos; recusa fixar a duração, o número, a freqüência e o conteúdo das sessões. (Essa recusa não quer dizer todavia que ele se deixe manipular pelo cliente: o aconselhador é um ser humano, com uma vida pessoal diferente da sua vida profissional; um homem que tem horários de trabalho que são, portanto, imperativos da realidade.) Na relação aconselhador-cliente, aquele escuta atentamente, tanto com o coração quanto com os ouvidos; procura *perceber e penetrar no "mundo" do cliente;* procura introduzir-se no seu "set", na sua perspectiva, segundo o ponto de vista dele; e *procura devolver ao cliente os sentimentos que ele expressa. Crê profundamente nas possibilidades humanas de amadurecimento de todo indivíduo (growth).* Dá *crédito* a essa possibilidade de maturação de seu cliente, e tem uma atitude de *compreensão total e incondicional de tudo quanto o cliente possa dizer* e trazer à consulta.

Nesse clima, outrora chamado *permissivo,* e *não-diretivo,*[1] e que está tão longe da passividade e do *laissez-faire* quanto do fingir acreditar nos bons sentimentos, o cliente reage aos sentimentos verdadeiros do aconselhador, e não àquilo que suas pa-

---

[1] Rogers está, atualmente, modificando um pouco a sua terminologia, temendo mal-entendidos entre "não-diretivo" e "passivo", por parte de pessoas não muito bem informadas.

lavras exprimem, tomando consciência daquilo que ele quer exprimir. O cliente experimenta a igualdade da relação. A confiança que o aconselhador incute nas suas forças (dele, cliente), permite-lhe encontrá-las ou reencontrá-las em si mesmo, seja ele um adulto ou uma criança, um doente ou um criminoso. No extremo, se um cliente diz que deseja suicidar-se e vai fazê-lo, o aconselhador apresentar-lhe-á, como um eco ou um espelho, seu desejo de eliminar-se, de punir alguém em seu ambiente ou a si mesmo (mas não intervirá diretamente, nem falará da confiança), abrindo assim a porta para a manifestação dos sentimentos que levaram o cliente a essa situação.

Essa fé nas possibilidades humanas, mostrada por CARL ROGERS, encontra-se, aliás, em SÓCRATES e ARISTÓTELES, sendo o terapeuta "o servo que ajuda, na necessidade, o homem a exorcizar-se dos seus demônios", se ele não consegue fazê-lo sozinho. Essa é uma concepção democrática que se encontra, aliás, em Moreno; este acha que qualquer pessoa, num momento dado, pode desempenhar um papel de terapeuta para outra, como na psicanálise existencial americana de TILLICH, MAY, ELKIN.

CARL ROGERS começou a trabalhar com orientação profissional; posteriormente, dedicou-se ao aconselhamento mais pessoal e realizou tratamentos não-diretivos de curta duração (3 a 15 sessões, por exemplo). Depois de alguns anos, ampliou o campo de aplicação de seu método, tratando de doentes cada vez mais graves e mesmo de doentes mentais. A duração e o número de sessões foram aumentados e, a partir de 1950, sua freqüência passou de 12 e mesmo de 30 para 100 sessões. (Lembremo-nos de que os americanos consideram que é necessário um número de 500 sessões para uma psicanálise.)

Elaborou uma teoria e formou equipes de trabalho, que associam a pesquisa à formação (cf. *Client-Centered Therapy,* 1951, Houtghton Mifflin, U.S.A.). Insiste sobre o fato de que a tarefa do aconselhador é *clarear* e *tornar verbalizados e objetivos os sentimentos* do cliente, que, por si só, é capaz de *autodeterminar-se.* Fez ele um estudo dos diferentes tipos de respostas que um aconselhador apresenta:

— reformulação dos sentimentos;
— repetição;
— esclarecimento;
— aceitação;
— encorajamento;
— interpretação e outras.

Vemos respostas diferentes, mas, em princípio, o aconselhador é apenas um eco; ele não julga, não interpreta, nem aconselha. Às vezes, na realidade, ele pode fazer isso, como acontece, aliás, com qualquer ser humano.

Na *reflexão dos sentimentos* trata-se, naturalmente, de refletir os sentimentos e não de repetir as palavras, nem de fazer um simples "hum, hum". Enunciando novamente os sentimentos ressentidos (e, às vezes, mal expressos) do cliente, o aconselhador mostra que os compreendeu. (Essa maneira pode ser, talvez, chamada interpretativa, mas trata-se de interpretação do consciente do cliente, do que ia dizer ou queria dizer, e não de seu inconsciente, no sentido psicanalítico do termo). (O tom de voz, a atitude do aconselhador, são tão importantes quanto as palavras que usa). O aconselhador, não estruturando a situação, não retifica as idéias erradas que o cliente possa ter dele, de seu papel e de suas posições ideológicas e teóricas (o aconselhador, por exemplo, aceita ser tomado, no início, por psicanalista, deixando ao cliente o cuidado de rever, durante o tratamento, a concepção que faz da terapia). Não representa o papel de perito, nem o de esfinge; no sentido profundo do termo, ele *é*.

Grande número de psicólogos sociais é influenciado por CARL ROGERS *na sua maneira de ser,* e a concepção "não-diretiva" e "concentrada no cliente" tende a predominar na concepção do grupo de formação, qualquer que seja a tendência ou a formação do monitor (por exemplo, ainda que a parte ativa do psicodrama seja dirigida, os psicodramatistas são, muitas vezes, ao mesmo tempo, rogerianos, e fazem *psicodrama triádico,* com utilização das técnicas de dinâmica de grupo e do método não-diretivo de grupo, como faz JAMES ENNEIS, de Washington).

Na filosofia do T *Grupo, o monitor é não-diretivo e permissivo, sempre a ouvir* o que se passa no grupo; ajuda-o a tomar consciência de sua realidade.

Se o *monitor* se desvia para o caminho da contra-transferência, da demagogia, da aceitação verbal não profundamente sentida, da manipulação do grupo, da satisfação das necessidades pessoais, o *observador* coloca-o novamente no caminho certo, fazendo-o renunciar à sua "necessidade da fazer algo pelo grupo" (a qual ele classificaria mais o quadro das necessidades individuais do que no sentido da responsabilidade do monitor diante do grupo), porque isso não é confiar na capacidade de autodeterminação do grupo. Discutiria então a possibilidade de existirem "sentimentos induzidos" no grupo, pela atitude da equipe de monitores, animadores, observadores, organizadores, etc., pelos seus problemas e tensões internas, pelos seus sentimentos reais, conscientes ou não, com relação ao que se passa no grupo; e diria, com ROGERS, que o indivíduo, como o grupo, *reage aos sentimentos ressen-*

tidos e não ao que é verbal ou conscientemente expresso. O aconselhador ou monitor reconhecerá, então, a dificuldade que poderá surgir, se permanecer em silêncio ou inativo, se aceitar todos os sentimentos — o tédio e a agressividade, — ou se se deixar levar pelo elogio ou pela expressão de bons sentimentos, ou se favorecer tal ou qual atitude do grupo. Esse reconhecimento tornará clara a situação.

ROGERS acentua a importância dos sentimentos reais e do conhecimento dos próprios sentimentos, tanto pelo cliente quanto pelo grupo, tanto pelo aconselhador quanto pelo monitor ou observador [24, pág. 420].

W. R. BION

Partindo de um trabalho de readaptação de prisioneiros de guerra pelos métodos de grupo, em 1944-45, o psicanalista inglês W. R. BION veio a adaptar seu método à psicoterapia psicanalítica, na Tavistock Clinic de Londres, e mais tarde à pedagogia. Sua técnica baseia-se não em uma teoria de grupo, mas em uma experiência pragmática, imaginada sob a forma de "hipóteses de base" (*"basic assumptions"*), nas quais encontramos certa visão psicanalítica. BION publicou o resultado de sua experiência numa série de sete artigos na revista *Human Relations,* de 1948 a 1951 [4]. Começando seus grupos de modo não diretivo, constatou que o grupo irritava-se porque era limitado no tempo (as sessões tinham a duração, geralmente, de 90 minutos); constatou também que essa irritação era determinada porque o monitor silenciava, "nada fazia daquilo que deveria fazer", porque "cada um tem geralmente seus afazeres e responsabilidades e o tempo é precioso", e "porque as pessoas não agem no grupo de modo coerente, nada nele ocorre de especial".

Mesmo quando o grupo se reúne para realizar uma tarefa dada, ocorrem sempre, e simultâneamente, dois tipos de fenômenos, em dois níveis diferentes: o nível da tarefa e o nível de valência (correspondendo às noções morenianas de psicogrupo e sociogrupo).

Para BION [4, pp. 116-17, 136, 156] o grupo trabalha ora no *nível da tarefa* (colaboração e cooperação conscientes, comparáveis ao comportamento do Eu no nível consciente), ora no *nível da "valência"* (atividades protomentais), percebidas como dinâmicas, tendo como resultante comum uma poderosa força afetiva, *em geral inconsciente,* sendo a cooperação uma identificação inconsciente.

Em um grupo, *as atividades subjacentes de uma situação de trabalho* constituem aquilo que BION chama de *valência:* a "química social" é que nos permitiria compreender por que certos elementos podem vir a "ligar-se" aqui e não em outro lugar. Que elemento dá aos participantes a possibilidade de cooperarem inconscientemente, de *"agirem em conjunto"*, criando a *coesão* do grupo? Em outras palavras, segundo uma de suas colaboradoras, E. L. HERBERT, BION define a valência da seguinte maneira: "É a capacidade que os indivíduos têm reunidos em grupo de *se combinar de modo instantâneo e involuntário,* segundo uma hipótese de base" (BION utiliza o conceito de "valência" em sentido próximo, mas diferente do de KURT LEWIN: "Campo de forças, cuja estrutura é de um campo central e que seria positivo ou negativo"; e em sentido diferente da libido de Freud; seria uma libido desviada de seu objetivo sexual).

Acontece freqüentemente que a primeira divisão do grupo se faz em dois pólos, que se encontram naqueles dois níveis diferentes; os participantes procuram, então, atingir objetivos, os quais, em determinado momento da evolução do grupo, são opostos. Mas, não podendo enunciá-los, e muito menos compreendê-los, bloqueiam assim a marcha do grupo, e com isso este sofre. O grupo progride quando as necessidades inconscientes convergem e se superpõem às necessidades conscientes, ou quando as necessidades inconscientes são reconhecidas ou satisfeitas, quer dizer, quando há encontro dos níveis de tarefa e dos níveis de valência.

As três *"hipóteses básicas"* de BION são as seguintes:

1 — *Dependência ("dependency")*

2 — *Luta-fuga ("fight-flight")* (ou ataque, agressividade e afastamento do campo)

3 — *Empareamento ("pairing")*, isto é, criação de um bipolo, de um tripolo ou de subgrupos dentro do grupo.

1. BION admite que, no início, o grupo vive em função do monitor, do qual espera tudo ("alimento espiritual" do grupo, normas, conselhos, disciplina, organização, etc.). A rede de comunicações parece passar pelo monitor, a quem os participantes formulam perguntas, esperando que ele responda. Não chegam a falar diretamente entre si; é a fase da *dependência.*

Pode haver, então, para o monitor, uma tentação de conivência entre a necessidade de dependência do grupo e sua própria necessidade de exercer autoridade.

2. Se o monitor proporciona ao grupo o de que ele precisa, há certa satisfação, mas nenhum progresso se registra na tomada de consciência e no acesso à maturidade e à autonomia; o "cordão umbilical" não pode ser cortado. Caso se recuse, o grupo, frustrado, insurge-se contra ele, com animosidade. Os "companheiros

CATEGORIAS DE OBSERVAÇÃO DO PROCESSO DE INTERAÇÃO DE BALES
(Adaptação de A. Ancelin-Schutzenberger, 1961.)

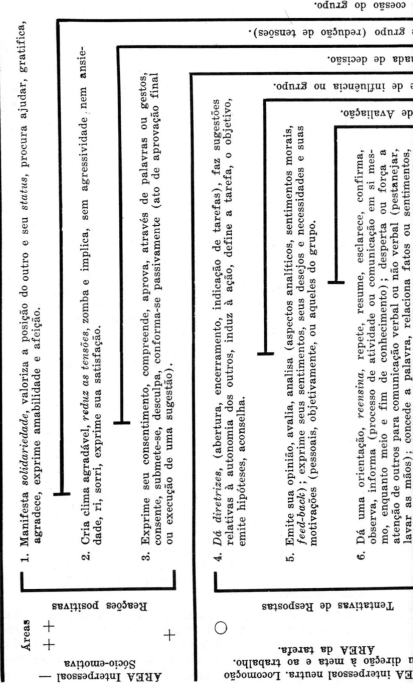

Áreas		
++ ++	ÁREA Interpessoal — Sócio-emotiva	Reações positivas

1. Manifesta *solidariedade*, valoriza a posição do outro e seu *status*, procura ajudar, gratifica, agradece, exprime amabilidade e afeição.

2. Cria clima agradável, *reduz as tensões*, zomba e implica, sem agressividade, nem ansiedade, ri, sorri, exprime sua satisfação.

3. Exprime seu consentimento, compreende, aprova, através de palavras ou gestos, consente, submete-se, desculpa, conforma-se passivamente (ato de aprovação final ou execução de uma sugestão).

○ Tentativas de Respostas

4. *Dá diretrizes*, (abertura, encerramento, indicação de tarefas), faz sugestões relativas à autonomia dos outros, induz à ação, define a tarefa, o objetivo, emite hipóteses, aconselha.

5. Emite sua opinião, avalia, analisa (aspectos analíticos, sentimentos morais, *feed-back*); exprime seus sentimentos, seus desejos e necessidades e suas motivações (pessoais, objetivamente, ou aqueles do grupo.

6. Dá uma orientação, *reensina*, repete, resume, esclarece, confirma, observa, informa (processo de atividade ou comunicação em si mesmo, enquanto meio e fim de conhecimento); desperta ou força a atenção de outros para comunicação verbal ou não verbal (pestanejar, lavar as mãos); concede a palavra, relaciona fatos ou sentimentos,

ÁREA interpessoal neutra. Locomoção em direção à meta e ao trabalho.
ÁREA da tarefa.

[...] de Avaliação.
[...] de influência no grupo.
[...]ada de decisão.
[...] grupo (redução de tensões).
[...] coesão do grupo.

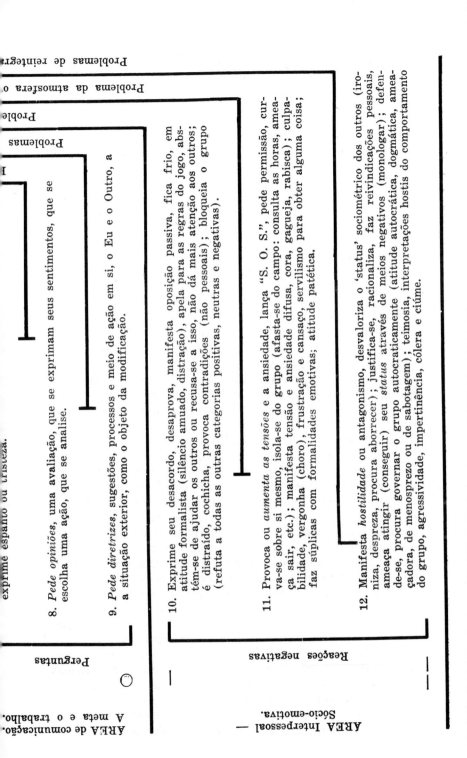

8. *Pede opiniões*, uma avaliação, que se exprimam seus sentimentos, que se escolha uma ação, que se analise.

9. *Pede diretrizes*, sugestões, processos e meio de ação em si, o Eu e o Outro, a a situação exterior, como o objeto da modificação.

10. Exprime seu desacordo, desaprova, manifesta oposição passiva, fica frio, em atitude formalista (silêncio amuado, distração), apela para as regras do jogo, abstém-se de ajudar os outros ou recusa-se a isso, não dá mais atenção aos outros; é distraído, cochicha, provoca contradições (não pessoais); bloqueia o grupo (refuta a todas as outras categorias positivas, neutras e negativas).

11. Provoca ou *aumenta as tensões* e a ansiedade, lança "S. O. S.", pede permissão, curva-se sobre si mesmo, isola-se do grupo (afasta-se do campo: consulta as horas, ameaça sair, etc.); manifesta tensão e ansiedade difusa, cora, gagueja, rabisca); culpabilidade, vergonha (choro), frustração e cansaço, servilismo para obter alguma coisa; faz súplicas com formalidades emotivas; atitude patética.

12. Manifesta *hostilidade* ou antagonismo, desvaloriza o 'status' sociométrico dos outros (ironiza, despreza, procura aborrecer); justifica-se, racionaliza, faz reivindicações pessoais, ameaça atingir (conseguir) seu *status* através de meios negativos (monologar); defende-se, procura governar o grupo autocraticamente (atitude autocrática, dogmática, ameaçadora, de menosprezo ou de sabotagem); teimosia, interpretações hostis do comportamento do grupo, agressividade, impertinência, cólera e ciúme.

Perguntas

Reações negativas

ÁREA de comunicação.
A meta e o trabalho.

ÁREA Interpessoal —
Sócio-emotiva.

de infortúnio" agrupam-se para fazer face ao monitor (agressividade, luta, combate, contra-dependência). Tentam organizar-se sem ele. Pode acontecer até que o grupo expulse o monitor, ou se reúna sem ele.

Aparece, então, o que se chama, em linguagem psicanalítica, "homicídio simbólico do pai" (cf. Freud, *Totem e Tabu*), que permite aos "filhos" libertarem-se da sua tutela. Se o "pai" ou monitor é capaz de aceitar uma revolta contra o seu papel simbólico de autoridade — porque se sente seguro — o grupo pode atravessar essa fase de contradependência e de luta, e chegar a uma fase de coesão. O monitor, como a monitora, representa tanto o "pai" quanto a "mãe" do grupo.

O monitor é, então, reintegrado como membro do grupo, representando o papel de indivíduo experiente, perito (*"ressource person"*), o papel daquele que sabe e pode auxiliar o grupo a despeito de qualquer hierarquia.

Para BION, diante do perigo da situação, existem ao mesmo tempo *luta e fuga,* ou luta ou *fuga* do campo, no plano do grupo e do indivíduo.

3. A terceira "hipótese básica" é a do *empareamento ou "pairing" em subgrupos.* O grupo tem medo de "perder" o monitor formal (o líder). Há empareamento entre dois participantes, que falam entre si ou com o monitor e tentam estabelecer um elo afetivo com ele. O grupo pode também procurar líderes que não o líder formal.

Dado que todo o grupo é levado a suspeitar da natureza das atrações, há, segundo BION, um perigo sexual (inconsciente) oriundo das necessidades primitivas da libido, que se exprime de uma maneira homo-sexual ou hetero-sexual. Lembremos de passagem a transferência analítica, a transferência lateral da psicanálise de grupos, o "entusiasmo" dos adolescentes por seus professores, e a *"philiae"* que unia afetivamente os efebos gregos e seus professores de filosofia, que não eram nem Eros nem Ágape. Não estamos mais aqui no nível de valência ou de coesão do grupo. Vêem-se aparecer subgrupos de homens e mulheres, e mesmo pequenos namoros. Essa situação exprime-se ora por intercâmbios verbais, ora por trocas de olhares e de atitudes. Os participantes, em geral, não sabem que têm tais necessidades inconscientes, nem que as exprimem indiretamente.

Para BION, o grupo oscila continuamente e de maneira homeostática entre essas três "hipóteses básicas", e vem a ser também determinado pela atitude do monitor e por sua relação com ele, como acontece com o cliente na transferência psicanalítica.

Chega-se, então, a pedir ao observador para anotar cada intervenção do monitor e o efeito que ela produz sobre o grupo, imediatamente ou a longo prazo, e a falar de intervenções pertinentes, úteis, intempestivas ou prematuras para o grupo.

* * *

Segundo Monique LORTIE-LUSSIER [14], se tomarmos as diferentes concepções do grupo, poderemos *distinguir*, com ela, *uma concepção molar e molecular do grupo*.

Concepção Molar

1. CATTEL tenta circunscrever o grupo em uma *Gestalt*. Procura ele explicar por que um grupo funciona como um todo, de modo coerente, através de um conjunto de traços, em relação com (ou em função do) o temperamento, a personalidade, o *savoir-faire* e a habilidade. Esforça-se para fazer uma análise fatorial desses traços e estabelecer o conceito de *sintalidade*.

2. HEMPHILL e WESTLE tendem a estabelecer certo número de temas.
O observador não procura medi-los ou qualificá-los; tenta, porém, percebê-los e depois classificá-los em uma escala. Esta vai da ausência do fenômeno à sua realização completa.

3. THELEN e WHITHALL tentaram criar um método que permitisse ao observador registrar aquilo que ele *sente em razão do clima psicológico do grupo*. Esse método sugere ao observador três posições:

— *objetiva* (o observador deve ser imparcial e estar desligado de qualquer fator de conotação pessoal);

— *projetiva* (o observador tenta colocar-se no lugar de um participante do grupo e ver o grupo "de dentro", embora permanecendo como observador);

— *subjetiva* (são os participantes do grupo que registram para si mesmos o que se passa, inclinando-se para a objetividade).

4. RUESCHET e BATESOW concebem os fenômenos de interação em um grupo como sistemas circulares homeostáticos, que corrigem a si mesmos e que tendem para um nível de organização, requerendo um mínimo possível de modificações, isto é, atingindo um equilíbrio quase estacionário ou meta-estável. Nessa perspectiva, o grupo tenderia por si mesmo a encontrar ou reencontrar seu equilíbrio, através de um movimento de reajustamento, que se processará desde que os indivíduos tomem consciência das mudanças que produziram a ruptura do equilíbrio estabelecido entre eles.

Concepção Molecular

Essa concepção é mais pragmática. É utilizada, sobretudo, para a observação empírica dos grupos de formação (T-grupos) e dos grupos de psicoterapia.

1. CHAPPLE [7; 8, pág. 385] apega-se principalmente ao fenômeno de dependência mútua dos indivíduos em um grupo. Para ele, há uma relação evidente *entre* coisas tão objetivas quanto o total e a duração dos contatos entre os indivíduos *e a* relação emocional entre as pessoas e as atitudes de uns para com os outros. Procura, então, observar a duração e o momento das intervenções, e daí deduz o que se passa no plano emotivo. Observa, também, índices tais como as interrupções, a repetição de idéias, os atrasos na ação; o tempo, a atividade ou a energia, a adaptação, a iniciativa, a dominância, a sincronização, a flexibilidade e a capacidade de ouvir. Não se ocupa de modo algum do conteúdo do que é dito. Aplica seus métodos tanto para a distinção de métodos eficazes e ineficazes de venda, quanto para a distinção entre normais e psicóticos em um grupo.

2. KURT LEWIN e seus discípulos.

3. BENNE e SHEATS [2, 3] procuram descrever e medir as interações sociais dentro do grupo. Estas resultam das relações dos membros do grupo com o líder, da atitude deste. Seu postulado básico é que tanto a quantidade como a qualidade do que o grupo produz dependem essencialmente dos participantes, mas subordinam-se também ao estilo da liderança e às intervenções do monitor.

Esses autores distinguem três tipos de atividade em um grupo:

a) *Atividades voltadas para a tarefa:* prestar esclarecimentos, secretariar a sessão, iniciar as atividades, propor idéias novas, pedir ou dar informações como perito, orientar e definir a posição do grupo em relação a seus objetivos, sugerir alternativas, reformular, resumir. Essas atividades estão em relação direta com a solução do problema que interessa a determinado grupo, quer se trate de uma psicoterapia de grupo, quer de uma decisão a tomar.

b) *Atividades voltadas para a coesão do grupo* e para a manutenção do equilíbrio dentro desse grupo: por exemplo, dar a palavra, encorajar uma pessoa tímida, facilitar a participação de outro, mostrar afeição, compreender o outro, harmonizar as divergências entre os participantes, acalmar os ânimos, facilitar o estabelecimento de um compromisso, propor uma meta ao grupo, admitir seus próprios erros, defender e seguir os outros, concordar com as suas decisões, observar o grupo e fazer comentários sobre o que se passa. São papéis de solidariedade.

c) *Atividades voltadas para a satisfação das necessidades de cada um:* no grupo, como, aliás, em qualquer situação, o indivíduo exprime sua emotividade, direta ou indiretamente, e satisfaz suas necessidades pessoais. Chega mesmo a acontecer, muitas vezes, que a premência da expressão de suas necessidades, "aqui e agora", no grupo, se manifesta de maneira quase neurótica (diga-se, de passagem, que, muitas vezes, nota-se uma regressão a certas fases do grupo, sob o efeito do *stress* e da emoção vivida). Vê-se sempre, no grupo, a manifestação da necessidade de agredir, de bancar o menino travesso, de atrasar ou bloquear o funcionamento do grupo, de ser "do contra", de exibir-se a qualquer preço, de pedir ajuda e simpatia, de usar o grupo como forum para expor suas opiniões pessoais, de tentar impor a própria autoridade, de manifestar abertamente falta de interesse.

A urgência da expressão dessas necessidades pode ser "descodificada". À medida que as necessidades do Eu são satisfeitas, que cada um se sente reconhecido e aceito, é que o grupo se estrutura, atinge uma maior maturidade, adquire sua coesão e pode, finalmente, cumprir sua tarefa. Essa expressão das "necessidades do Eu" pode ser explorada pelo psicodrama ou pela observação, segundo HUTT, FOURIEZOS e GUETZKOW.

O grupo, assim, trabalharia simultânea e sucessivamente nessas três direções.

BENNE e SHEATS avaliam a participação de cada um com base nos papéis representados e em função da proporção dos papéis voltados para a tarefa, para a solidariedade e para as necessidades individuais. Partem da hipótese de que deve haver certa harmonia entre esses diferentes tipos de atividade, para que o grupo funcione e para que os indivíduos possam manifestar-se livremente, integrando-se assim a uma avaliação completa dentro do grupo.

Esse modo de observar dá resultados quase imediatos, o que é muito apreciável na observação, quer se trate de formação, quer de terapia. Permite avaliar de relance a participação de cada um e saber até que ponto o rol de papéis é estereotipado ou aberto.

4. FOURIEZOS tenta observar um grupo em função de dois fatores, que julga essenciais para compreender a motivação de um indivíduo dentro de um grupo:

— *experiência da situação* para a qual o grupo se reúne;

— *razões que cada indivíduo tem para participar desse grupo* (razão real, de seu Eu profundo) [8, pág. 381; 9]. Cinco categorias de necessidades parecem essenciais para ele: dependência, situação, dominação, agressão e catarse. Distingue essas categorias de maneira precisa e sugere índices de comportamento para notá-las. Julga que a produtividade do grupo está em estreita relação com o equilíbrio desses dois tipos de motivação. Ao fim da sessão, o observador faz uma apreciação subjetiva de suas entradas, numa escala de 11 pontos. O zero indica a não-expressão dessas necessidades e o 10 sua expressão completa. O aspecto mais importante desse sistema de observação é que fornece um manual de sinais e índices que mantêm alerta o observador. Este percebe a situação total em que tal comportamento tem lugar. É interessante observar que os autores obtiveram uma correlação de + 0,82 com observadores que conheciam os resultados de uma análise clínica e psicotécnica dos participantes, obtidos através do Rorschach, TAT, completação de sentenças e entrevistas em profundidade.

5. JOEL e SHAPIRA consideram a existência de três tipos de motivações subjacentes em qualquer grupo: o calor, a hostilidade ou a recusa de uma dessas motivações. Observaram, sobretudo, grupos de psicoterapia.

6. STEINZOR [8, pág. 380; 29] fundamenta sua observação em categorias *ligadas* ao conteúdo. Distingue dezoito categorias: atividade, estrutura, diagnóstico nominativo, avaliação, análise, busca de informação, expressão de informação, esclarecimento, defesa, proposição de soluções, conciliação, compreensão, busca de apoio, oposição, deferência, conformidade, distração, diversos. Interessa-se, particularmente, pela atmosfera e pelo clima do grupo; pesquisa as motivações subjacentes. Põe ênfase no comportamento verbal e procura definir a posição de cada um, servindo-se das próprias palavras que cada um utiliza. Após haver descrito, procura definir a direção da intenção: o Eu, o grupo ou o objetivo. Por exemplo: pode-se levantar uma questão, pedir uma informação a qualquer um, informar-se do processo ou se informar sobre os objetivos. Steinzor volta-se para a intenção de quem age e não para as conseqüências das motivações sobre os outros membros do grupo. Parece que a validez desse sistema não é grande, se bem que o observador habituado a ele seja coerente consigo mesmo.

* * *

Todos esses métodos constituem a base das tentativas de ROBERT BALES para reestruturar, simplificar e codificar a observação de grupo.[1] Após ter estudado centenas de grupos em meios os mais diversos (grupos de decisão, de terapia ou de formação na indústria), BALES cria uma codificação complicada (80 entradas), que reduziu depois para 12 tipos de interação (ver quadro da pág...).

BALES observou que os grupos vivem em um sistema de equilíbrio circular homeostático, passando continuamente das *zonas neutras* da tarefa a cumprir (problemas, tentativas de respostas) às *zonas sócio-emotivas,* positivas ou negativas (amor, ódio, agressividade, hostilidade, aceitação, apoio, compreensão).

[1] Cf. Robert Bales, Interaction Process Analys, Nova Iorque, Addison Wesley, 1951, p. 203.

Segundo BALES, o grupo começaria a *explorar a situação* na qual se encontra, à luz dos valores, necessidades e desejos dos membros do grupo, na busca e *formulação dos objetivos.*
Então, apareceriam os *pólos de atração.* O grupo começa a perceber os papéis e as zonas de influência, os subgrupos se chocam para descobrir "quem é o patrão", e quem poderá *controlar os fatores* da situação e as atividades dos outros. Existe, pois, uma subfase de cristalização das *intenções,* ou mesmo das *decisões* do grupo, ou ainda de tentativas de escolha ou de passagem à ação (com uma ligação à fase precedente), com períodos de *descarga de tensão* (risos, brincadeiras, oferecimentos e pedidos de cigarros, etc.).
Somente depois de a situação emocional ter sido clarificada pela *expressão de sentimentos* — *os negativos* e agressivos precedendo geralmente os positivos — é que o grupo entra na fase da *decisão.*
Cumprida a tarefa, a *tensão se relaxa,* o grupo satisfeito se detém; os participantes se felicitam e *se encorajam* reciprocamente, e o grupo encontra sua coesão numa fase de reintegração.
Em síntese, os problemas funcionais de comunicação, avaliação, controle, decisão, redução de tensão e reintegração, constituem fases pelas quais passa o grupo.
Segundo BALES, o mecanismo de evolução do grupo funciona em sentido circular. O grupo, uma vez cumprida a tarefa, "volta à estaca zero" e recomeça a explorar a situação, reestruturando-se para enfrentar uma nova situação.
Para utilizar-se o esquema de observação de BALES, é preciso memorizar suas 12 categorias de interação (após haver compreendido suas nuances) e analisar os dados longa e numericamente. Mas, ainda sem fazer isso, o conhecimento desta perspectiva permite compreender melhor a interação ao vivo.

ALGUNS SISTEMAS DE OBSERVAÇÕES UTILIZADOS NOS GRUPOS DE *[Formação do N.T.L. de Bethel.]*

Desde 1947, diversos esquemas de observação foram elaborados pelas diferentes equipes de psicólogos dedicadas a fazer pesquisas sobre grupos de formação. A maior parte dos especialistas estava influenciada pelo esquema de BION, sem aceitar, contudo, completamente, suas hipóteses de base, e, algumas vezes, sem compreendê-las totalmente.
Lembremos que só em 1961 apareceram, reunidos, artigos que ele havia escrito desde 1948. [4, 5].

Foi HERBERT THELEN [30, 31], psicólogo na Universidade de Chicago, que introduziu, há mais de uma década, a abordagem permissiva de BION no N.T.L., embora fazendo certas restrições quanto ao seu conhecimento do texto, e portanto, quanto à sua apresentação pessoal. Apresentou, realmente, uma teoria pessoal, modificando e adaptando a de BION.

Vários monitores inspiraram-se em Thelen e elaboraram, em seguida, sua própria teoria do T-Grup e do seu desenvolvimento: ROBERT BLAKE (Texas), HUBERT COFFEY (Califórnia), HERBERT SCHEPARD (M.I.T.), JACK GIBB (Colorado); outros fizeram investigações mais pessoais, embora inspiradas naquelas: WILLIAM SCHUTZ (Califórnia-Berkeley) e CHRIS ARGYRIS.

Contudo, CARL ROGERS, KURT LEWIN, MORENO e mesmo BALES, influenciaram diretamente os métodos do N.T.L., tanto quanto BION, revisto por Thelen, o que faz com que as atuais concepções no N.T.L. sejam uma síntese dessas diferentes correntes [23, pág. 12].

WILLIAM C. SCHUTZ [26, 27]

O autor considera que há grandes semelhanças de funcionamento entre um indivíduo, um pequeno grupo e mesmo uma instituição. Baseando-se inicialmente nos trabalhos de SPENCER (1862), e sob a influência de HANS REICHENBACH, ABRAHAN KAPLAN e RUDOLPH CARNAP, dos psicanalistas ANNA FREUD (1936), HEINS HARTMANN (1939-1950) e DAVID RAPAPORT (1954), e do grupo de psicologia do Ego (Gill, 1959), tenta apresentar uma teoria do comportamento interpessoal, dos hábitos lógicos do pensamento e das necessidades do Eu.

Schutz estabelece como primeiro postulado que o ser humano tem necessidade de outros seres humanos (necessidade de aceitação, de compreensão, de inclusão, ou necessidade de relacionamento interpessoal). Para focalizar essa situação, ele complementa o que já sabemos com dados da psicologia clínica, utilizando a dinâmica de grupo, a psicologia genética e a sociologia, e tentando reduzir o número das variáveis.

Essa necessidade interpessoal é uma necessidade que só pode ser satisfeita através da efetivação do relacionamento com outros. A não-satisfação de uma necessidade interpessoal gera no organismo o mesmo sentimento de ansiedade, de frustração ou de *stress* que a não-satisfação de uma necessidade biológica (alimentação, sono, calor, etc.).

Conclui Schutz que certas relações interpessoais se acham nas melhores condições para a satisfação da necessidade interpessoal básica: quando há um equilíbrio e quando o organismo requer um mínimo de seus mecanismos de defesa.

Schutz definiu *três zonas dessa necessidade interpessoal: inclusão, controle* e *afeição,* cada uma definida por duas dimensões:

1. ZONA DE INCLUSÃO: necessidade de sentir-se o indivíduo considerado pelo outro como existente, e de despertar-lhe o interesse.

Definida por duas dimensões:

a) de "estar na origem da interação com todos", a "não estar na origem de uma interação com quem quer que seja".

b) de "suscitar, da parte do outro, que esteja sempre na origem de uma interação consigo mesmo", a fazer com que "o outro nunca esteja na origem de uma interação consigo mesmo".

2. ZONA DE CONTROLE: essa necessidade implica o respeito pela competência e pela responsabilidade alheias, e a consideração alheia da própria competência e responsabilidade.

Definida por duas dimensões:

a) de "controlar inteiramente o comportamento do outro", a "não controlar o comportamento de pessoa alguma".

b) de "levar o outro a sempre exercer seu poder sobre o indivíduo", a fazer com que ele "nunca exerça seu poder sobre o indivíduo".

3. ZONA DE AFEIÇÃO: essa necessidade está ligada ao sentimento mútuo e recíproco de amar e ser amado, isto é, de sentir-se amável:

Definida por duas dimensões:

a) de "ser o iniciador de uma relação afetiva com cada um", a "não ser o iniciador de uma relação pessoal, próxima e íntima, com quem quer que seja".

b) de "fazer com que o outro seja sempre o iniciador de uma relação pessoal, da qual será aquele que suscita o outro pólo", a "nunca suscitar, por parte do outro, que ele seja o iniciador de uma relação afetuosa consigo mesmo".

Essa necessidade interpessoal será satisfeita normalmente por um equilíbrio das relações nessas três zonas: inclusão, controle, afeição.

É, aliás, quando o grupo passa pelas fases de inclusão, de controle e de afeição, que se notam os momentos mais oportunos para interromper uma sessão sem interromper a interação do grupo, desde que se tenha a possibilidade de trabalhar com um horário flexível, deixando margem de uns 20 minutos [32].

O comportamento de cada indivíduo seria uma combinação de quatro tipos de comportamento nessas zonas: o comportamento deficiente, excessivo, patológico ou ideal (este último, desde que a necessidade interpessoal seja inteiramente satisfeita).

Essa tipologia permite a Schutz descrever *quatro tipos de comportamento* em cada uma das zonas descritas.

1) *Na zona de inclusão:*

— O *hipossocial:* tende à introversão e ao afastamento do grupo. No plano consciente, o indivíduo deseja manter uma certa distância entre ele e os outros. No plano inconsciente, deseja, entretanto, que os outros lhe dêem atenção e saibam que ele existe, embora se esforce por ser auto-suficiente. Para ele, a fonte de ansiedade estaria no fato de não ter valor algum.

— O *hipersocial:* tende à extroversão, busca a companhia dos outros e popularidade. Sua dinâmica é como a do hipossocial, mas seu comportamento é o oposto.

De modo inconsciente, tenta forçar os outros a lhe prestarem atenção, por todos os meios possíveis, chegando até a forçar a atenção. Não suporta a solidão. Num grupo, participa intensamente. Às vezes, sua ação é mais útil; ele se entrincheira atrás da posição de outros (citando nomes, por exemplo).

— O *social:* à vontade com outras pessoas, tanto quanto só, a interação não lhe traz nenhum problema. Num grupo, pode, segundo as circunstâncias, tanto participar quanto calar-se, implicar-se ou não, e mesmo representar, à vontade, um papel apagado, sem experimentar ansiedade.

De um modo inconsciente, ele está "à vontade em sua pele", sabe que tem um valor próprio e que a vida merece ser vivida.

É verdadeiramente capaz de se interessar profundamente pelos outros e aspira a que os outros o incluam no que fazem e pensam. Sente-se uma individualidade e uma identidade, e se reconhece em uma configuração composta de muitas pessoas (Moreno diria que ele tem empatia, *telé* positivo e um grande átomo social).

— *Patologia da Inclusão:* traduzida pela ansiedade nos contatos com outros: sentimento de exclusão, rejeição e desestima. Conduz, geralmente, à criação de um mundo de fantasmas, o mundo imaginário em que essa pessoa se sentiria aceita.

2) *Na zona de controle:*

— O *abdicrata:* tenta abdicar do poder e da responsabilidade nas suas relações com outros.

Submete-se ou permanece na posição de subordinado (de lugar-tenente fiel). No plano consciente, não toma jamais decisões que possa transferir a outros e não controla ninguém, mesmo que a situação o exija. Aliás, receia que os outros não possam ou não queiram segui-lo. Inconscientemente, pensa ou crê ser incapaz de tornar-se um adulto responsável por si e pelos outros, e suspeita que os outros notam isso. Parece-lhe que não merece a confiança do grupo, não se atribui nenhuma capacidade e se sente mais à vontade quando em situações que não exigem iniciativa e responsabilidade.

— O *autocrata:* tenta dominar os outros e colocar-se à testa de alguma hierarquia. Acredita que, se não domina, é dominado. Essa necessidade é muitas vezes transformada em superioridade intelectual, esportiva, política ou outras. Poderíamos encontrar nessa atitude uma desconfiança profunda com relação aos outros e o receio de não contar com a confiança de ninguém. Inconscientemente, seria esse um modo de mostrar aos outros, que duvidam disso, aquilo que se sabe fazer.

— O *democrata:* parece ter resolvido suas relações com os outros, nessa zona de controle. Sente-se à vontade em qualquer situação, dando ou recebendo ordens. Sabendo-se capaz de assumir suas responsabilidades, não tem necessidade de evitá-las nem de provar sua competência a todo preço.

— *Patologia do Controle:* a autoridade não foi interiorizada (problema de superego); continua sendo uma força exterior contra a qual se luta. O indivíduo não sabe respeitar os direitos e privilégios alheios, nem utilizar de um modo adulto os recursos que possui, porque lhe falta o controle interior da pessoa adulta.

3) *Na zona da afeição:*

— O *contra-pessoal ou hipopessoal:* tende a evitar as ligações pessoais com outros, a guardar distância e a manter as relações (a dois ou mais) em nível superficial (que qualificamos de "conversações inglesas").

Conscientemente, exprime seu desejo de não se implicar emocionalmente, mas, inconscientemente, procura uma relação afetiva satisfatória, porque teme não ser amado (por outra pessoa ou pelo grupo). Suspeita de seus próprios sentimentos e tem grande dificuldade de amar sinceramente (esse tipo se aproxima da "personalidade em apartamento" — *moving away personality* — de KAREN HORNEY).

Achando penoso o domínio afetivo, tenta evitar toda relação pessoal e, por isso, rejeita e evita os outros, para não correr o risco de se implicar. Quando age de modo mais sutil, parece amistoso frente a cada um, mas num grupo, corta, sem dar isso a perceber, toda situação em que haveria o risco de exprimir sentimentos afetuosos e profundos. Julga que não merece o amor dos outros e que, se fosse melhor conhecido, seria fácil ver por que não é digno de ser amado.

— O *hiperpessoal:* esforça-se para estar próximo dos outros e deseja ser tratado de um modo pessoal, íntimo, até mesmo afetuosamente. Busca ser amado para compensar primeiras experiências afetivas, não raro penosas. Age sempre de maneira direta, pessoal e confiante. De maneira mais sutil, tem tendência para manipular seus amigos e de puni-los por tentarem buscar outras amizades, porque é possessivo (esse tipo aproxima-se da "personalidade em aproximação" — *moving towards personality* — de KAREN HORNEY).

— O *pessoal:* tanto se sente bem numa relação pessoal calorosa e íntima como numa relação mais distante e formal. É-lhe importante ser amado, mas pode aceitar não sê-lo, em certas circunstâncias, dependendo da relação entre ele e os outros (poderíamos dizer que distingue a pessoa, o papel e a situação). Sabendo que é muitas vezes amado, pode aceitar não sê-lo, mas sabe que, quando é melhor conhecido, é mais e melhor amado. Assim, não receia a ligação inter-humana (como diria HESNARD) e é capaz de afeição autêntica.

— *Patologia da afeição:* o indivíduo não integrou, no momento da eclosão de sua sexualidade, as atitudes ligadas à fase fálica, e não pode, então, atingir a fase genital. Não resolveu de maneira satisfatória as experiências infantis de relações heterossexuais e transfere suas distorções para o comportamento adulto.

O comportamento interpessoal é *semelhante,* segundo SCHUTZ, ao comportamento percebido na infância, nas relações interpessoais e, em particular, nas *relações da criança com seus pais.* O que levou SCHUTZ a introduzir o *postulado da "continuidade relacional",* o qual se funda em dois princípios:

1) O *princípio de constância:* quando a posição relacional é vista como semelhante à relação entre pais e filhos, o comportamento do adulto volta ao que era na infância.

2) O *princípio de identificação:* quando o adulto se percebe numa posição análoga à de seus pais, na· relação entre pais e filhos que viveu, seu comportamento torna-se próximo do de seus pais, tal como ele o percebeu quando criança.

SCHUTZ coloca em evidência uma propriedade da relação interpessoal, no nível da relação como tal: a *compatibilidade.* É por essa propriedade que o indivíduo satisfaz a sua necessidade interpessoal e pode chegar a uma coexistência harmoniosa. Três tipos de compatibilidade intervêm em cada uma da zonas da necessidade de interação: *inclusão, controle* e *afeição.*

1) *Compatibilidade recíproca:* duas pessoas combinam tanto mais satisfatoriamente, quanto mais se correspondem num mesmo

comportamento, isto é, a expectativa de uma vai ao encontro da expectativa da outra.

2) *Complementaridade de iniciativa:* duas pessoas serão tanto mais compatíveis, quanto mais uma delas seja do tipo que toma a iniciativa de uma relação interpessoal e a outra prefira que a iniciativa seja tomada pela primeira.

3) *Compatibilidade nas trocas:* o clima ótimo de trocas interpessoais é diferente segundo os indivíduos; alguns o preferem intenso, outros reservado (fala-se muitas vezes de tipos anglo-saxões nórdicos e mediterrâneos expansivos). O clima de trocas mais compatível se observa entre duas pessoas que têm as mesmas preferências e que encontram mais satisfação nessa relação mútua que em qualquer outra.

SCHUTZ elaborou, por meio dessas zonas da necessidade interpessoal, dos tipos de compatibilidade, um questionário que lhe permitiu estudar situações de grupo, papéis assumidos, normas e sanções aceitas. Chegou a escolher os participantes dos T-grupos da Califórnia e de Bethel, em 1961, segundo o teste FIRO-B, para controlar a influência da formação do grupo sobre o seu desenvolvimento.

Fases e estágios de formação e de desenvolvimento de um grupo

Qualquer que seja a duração de um grupo, a zona predominante de interação, segundo SCHUTZ, passa por um *ciclo: inclusão, controle* e *afeição*. Esse ciclo pode repetir-se várias vezes, *a partir do início do grupo, até três intervalos ou sessões antes de terminar o grupo.* (Nas três últimas sessões do grupo, há uma inversão da seqüência, que passa a ser: afeição, controle e, finalmente, inclusão.)

1) *Fase de inclusão:* os participantes, confrontando-se uns com os outros, buscam e encontram o lugar que lhes convém: cada um se sente quer no grupo, quer fora dele, e se acomoda como um indivíduo particular, quer em um lugar privilegiado no grupo, quer na sua periferia.

A essa altura, o grupo estabelece seus *limites*. Cada um decide se vai implicar-se ou comprometer-se, até que ponto vai tornar-se membro do grupo, o que poderá aproveitar para si ou oferecer aos outros. Avalia o que deseja ter como contato real, em que zona e até que ponto pretende comunicar-se. De certo modo, criam-se pólos de atração e subgrupos, cada um escolhe seus parceiros e procura perceber quem é que vê as coisas da sua maneira e como reage a ele o monitor. Cada qual forma uma idéia inicial do objetivo e da composição do grupo, assim como do tipo de papel que espera representar.

2) *Fase do controle:* tão logo cada um tenha "feito sua estréia" no grupo, o interesse deste se volta para o procedimento a utilizar para obter uma *decisão;* essa fase compreende a luta de forças, a distribuição do poder e do controle pelo grupo, a partilha de responsabilidades, a luta pela liderança, a competição fraternal, as discussões sobre os objetivos, a organização, as regras de proceder, os métodos para tomada de decisões.

Cada um busca no grupo uma posição satisfatória para suas necessidades de controle, influência e responsabilidade.

3) *Fase da afeição:* resolvido os problemas de controle da influência, os participantes de um grupo tentam integrar-se nele emocionalmente. Vê-se, então, aparecer, como tão bem assinalou BALES, hostilidade pessoal direta, ciúme, manifestações de sentimentos positivos, "empareamento". Cada um procura expressar e receber manifestações afetivas e estabelece sua norma pessoal, no que concerne à intensidade e ao calor das trocas (diríamos que o grupo procura saber "até que ponto se pode ir mais longe", sem realmente ir "longe demais").

Essas três fases nem sempre são nitidamente distintas, pois os membros do grupo não estão necessariamente no mesmo estágio. Cada um tem de enfrentar o problema da concordância de seu ritmo pessoal com o ritmo do grupo.

As diferentes zonas da necessidade interpessoal são abordadas, à medida que o grupo deixa de encontrar em cada zona a satisfação esperada. É isso que provoca o retôrno à seqüência — inclusão, controle e afeição, — às transformações que se processam na vida do grupo.

Quando se *aproxima o fim do grupo* (horários e duração prèviamente estabelecidos) nota-se, nas três últimas sessões, um afrouxamento na última fase de afeição. O passado do grupo ressurge: retoma-se o que foi feito, procuram-se resolver problemas não resolvidos, o grupo analisa seus sentimentos positivos e negativos (é o que chamamos a fase de auto-avaliação e de *feed-back,* referente aos sentimentos vividos por cada um no curso das sessões). Algumas tomadas de consciência ocorrem nessa ocasião ou tornam-se perceptíveis para o grupo. Vê-se aparecerem trocas a dois ou vários. Em seguida, o grupo se interessa pela maneira com que o monitor dirigiu as sessões; cada um se indaga ou se explica sobre os motivos pessoais de aceitação dos métodos utilizados (em princípio, permissivos) ou de se rebelar contra a autoridade. O grupo ocupa-se, finalmente, das suas possibilidades de sobrevivência (trocam-se endereços, fala-se de visitas ou combina-se um reencontro para mais tarde).

O grupo discute, muitas vezes, o estilo e a causa da integração de cada um ao grupo e o que se poderia fazer. A volta à vida normal, familiar e profissional é, então, muitas vezes, focalizada *("back-home-problems")*, assim como as explicações a serem fornecidas a esse ambiente como mudanças de perspectiva. Observamos, no final do grupo, a inversão das fases habituais na sucessão seguinte: afeição, controle, inclusão.

Essa tipologia e essa descrição por fases e zonas entraram, há alguns anos, nas expressões e no vocabulário de grande número de monitores, que as registram ao lado do conteúdo, em suas observações. Quando se fala de um "bom" ou "mau" grupo, seria interessante saber se é mesmo possível compor "bons" grupos a partir do FIRO-B e modificando as suas proporções, por exemplo, dos contra-pessoais e hiperpessoais, dos autocratas e hipossociais [28, pág. 192].

BERNARD MAILHIOT

Parece-nos importante, agora, retomar as fases de desenvolvimento de um grupo, tais como as compreendemos, desde BENNIS e SHEPARD (N.T.L.) [3, 15], reformadas por BERNARD MAILHIOT (Centro de Pesquisas em Relações Humanas, Universidade de Montreal), que reestruturou as concepções atuais sobre o T-Grupo.

Fase I — Problemas da Dependência

1) Numa primeira fase, o grupo deve resolver o problema da autoridade na situação "aqui e agora". Quem vai dirigir? O grupo vive, então, primeiramente, *a fase de exploração,* numa *dependência* frente à autoridade formal (o monitor). A situação é menos confusa, quando não se utiliza uma linguagem única para falar do líder e para distinguir o "monitor", revestido da autoridade formal de grupo, das "funções de liderança" que o grupo distribui entre os seus membros, espontaneamente.

O grupo é tomado de ansiedade, por se encontrar numa situação em que os sinais são confusos, em um território cujas fronteiras são pouco definidas e onde tudo é móvel e flutuante. Nele, o monitor não desempenha nenhum dos papéis habituais de autoridade.

Poderíamos dizer que essa situação ambígua faz vir à superfície uma ansiedade existencial e a grande piedade e o medo da tragédia grega, para tomar uma expressão de KAREN HORNEY: "O homem se sente só, perdido num mundo desconhecido e hostil" (o castigo de Kafka, por assim dizer).

Essa ansiedade, embora seja geral em todos os grupos, pode tomar formas individuais variadas. O monitor deve, então, estar muito atento e ser bastante sensível a toda manifestação de ansiedade, para ver se certos participantes não teriam necessidade de ajuda especial, no decurso do grupo, por não poderem suportar o *stress* dessa situação, que seria altamente geradora de ansiedade para eles e conteria o risco de fazer abalar a estabilidade de um equilíbrio talvez precário. Embora seja geral a ansiedade, são raros os casos de pessoas que realmente correm o risco de serem traumatizadas; todavia, é conveniente vigiar sempre e tomar as medidas necessárias para fornecer, no momento preciso, a ajuda de que alguns venham a precisar.

Seja como for, o grupo se organiza a si mesmo e sem o dizer, para lutar contra essa ansiedade. Por isso, procura objetivos, um tema, um líder e, algumas vezes, uma organização (certos grupos elegem um secretário de sessão, um presidente, e fazem uma ordem do dia, mas, geralmente, as tomadas de posição e as votações malogram). (Outros experimentam exercícios.)

A ansiedade experimentada pelo grupo é aumentada pela atitude não-diretiva do monitor, pois ele se recusa a ocupar-se do grupo de modo tradicional e de assumir o papel de líder.

Este primeiro estágio é chamado *dependência-fuga (dependence--fight)*.

2) O grupo vive a *"contra-dependência"* e a luta. Participantes tomam a situação nas mãos. Mostram-se hostis ao monitor e procuram congregar os dependentes nesta hostilidade. Qualquer coisa que o monitor faça nesse momento é objeto de reprovação, suas intervenções são consideradas como ineficazes, não funcionais; são contrariadas, ou ignoradas e não entendidas.

Os "contra-dependentes" que têm a situação nas mãos percebem as intervenções do monitor como interrupções intempestivas e uma sabotagem de sua ação.

Esse segundo estágio se chama *contra-dependência e luta (counter-dependence-fight)*.

3) Esta situação se resolve, finalmente, por si mesma. A fase de dependência termina com a resolução do problema da dependência do grupo à autoridade formal do monitor e com a transferência das preocupações do grupo para o problema da divisão das responsabilidades dentro dele.

A acreditar na escola de LEWIN, existem, em cada grupo, personalidades dependentes, contra-dependentes e independentes.

À medida que o grupo evolui, são os independentes que assumem, pouco a pouco, o papel mais importante. Acabam aceitando o fato de que a liderança é uma função coletiva em

grupo "democrático" ou cooperativo, evoluindo num clima "permissivo".
Esse terceiro estágio é o da *resolução* e da *catarse*.

Fase II — Problema da Interdependência

1) O grupo é então capaz de progredir e de trabalhar com um sentimento de coesão e euforia. É a fase *"do encantamento"*. O grupo chega à maturidade. As responsabilidades são divididas. As funções de liderança são assumidas por diferentes membros, o trabalho é executado, o grupo sente-se unido, a atmosfera é de compreensão, de amizade, de criatividade; verifica-se uma eclosão de bons sentimentos (transferência positiva sobre os outros e sobre o grupo).

(Chama-se essa fase, em Bethel, a fase do "balão", quando atinge grandes proporções). Os próprios participantes zombam de sua "grupite" (entusiasmo pelo "grupo", de que se tornam os novos profetas, apresentando, em seguida o "complexo-B^2", o complexo de Bethel. "É preciso ter participado do grupo, ter ido a essa Meca, para compreender e resolver o problema das relações humanas!").

Este quarto estágio é o do *encantamento-fuga (enchantment-fight)*.

De fato, essa situação eufórica é precária, porque implica um desconhecimento da situação real e atenua as oposições, sob o efeito da pressão do grupo para a uniformidade dos (bons) sentimentos.

Envolvido por um clima de euforia, o grupo foge dos problemas de interdependência e acredita perder a coesão adquirida.

2) Vê-se, então, aparecer *outra espécie de clivagem;* "os *hiper-pessoais*" procuram aproveitar-se dessa euforia para resolver seus problemas pessoais. É a fase do "Eu-Mim", do desejo de ser compreendido, aceito e estimado pelo grupo.

No outro extremo do grupo, os *"contra-pessoais"* consideram toda referência pessoal aos outros como uma "exibição de sentimentos", como um *"striptease* mental". Procuram impedir os "pessoais" de falar de si mesmos, porque se sentem em perigo, ameaçados, lesados, procurando não dar ouvidos ao que se diz ou ao que se vive no grupo.

Entre esses dois pólos, existem os *"pessoais"*, participantes bem equilibrados que têm mobilidade e passam do extremo "hiper-pessoal" ao extremo "contra-pessoal", conforme o momento.

Esses três grupos são conhecidos também por outros nomes: "psico-grupos" e "sócio-grupos", pessoas centradas nos outros (*"people-oriented-people"*) e pessoas centradas na tarefa (*"task-oriented-people"*).

Esse quinto estágio é o do *desencantamento e luta* (*desenchant-ment-fight*).

3) A fase seguinte seria a *fase de identidade:* o grupo pergunta a si mesmo "até que ponto se pode chegar, sem ir longe demais", nas relações humanas e na comunicação no seio do grupo: quais são os limites da experiência, para que ela produza bons frutos? Como se podem resolver os problemas que "aparecem" no grupo? Que se irá fazer depois? Pode-se recorrer ao grupo e ao monitor, para fazer face a esses problemas? Ou será preciso "suspender os trabalhos" imediatamente (e enviar as pessoas fracas ou com problemas a outro lugar ou à terapia, para "se curarem", porque nada se poderia fazer no tempo dado e com os recursos do grupo... ou porque os problemas reais são por demais importantes)?

Esse sexto estágio é o do *acordo* e da *intimidade* (*comensual validation*).

É raro ver grupos em que problemas pessoais não surjam a todo instante (a não ser que, inconscientemente, um monitor incipiente bloqueie essa aparição no grupo, faça que não a vê e a afaste, ou que a escamoteie). Isto é quase tão traumatizante para o grupo, quanto o que ocorre quando o monitor projeta os seus sentimentos sobre o grupo e, provoca de maneira inconseqüente, uma angústia que não pode mais controlar.

Estatisticamente, pode-se considerar, com Juliette FAVEZ-BOU-TONIER, que em todo grupo, mesmo de recrutamento profissional ou com o objetivo unicamente técnico, há mais ou menos 15% de personalidades neuropáticas, que procuram resolver tais problemas (mas pode-se optar por resolvê-los fora das sessões e por um especialista, nos casos graves e nos grupos dirigidos por monitores com insuficiente formação clínica).

A "fase de encantamento" é normalmente curta; às vezes, porém, personalidades bloqueiam o grupo, nessa fase, nela permanecendo demasiado tempo, por necessidade de terapia individual.

Os grupos passam, em seguida, a uma "fase de *desencantamento* e de *agressividade*": os hiperpessoais procuram obter calor e compreensão; os contra-pessoais tentam evitar o sentirem-se rejeitados, rejeitando primeiro os outros e aquilo que o grupo faz no terreno dos "sentimentos". Sentem-se ameaçados pela emoção, tanto a deles quanto a dos outros, e se opõem a toda manifestação de sentimentos pessoais.

Depois, sob pressão do *momento do adeus* (isto é, o *fim do grupo,* diferente da *morte do grupo* já antes experimentada: Paul SIVADON fala da *vertigem* que assalta os doentes hospitalizados, quando se aproxima a hora da alta, por causa da sua angústia diante do mundo exterior), o grupo resolve com grande rapidez os seus problemas, para encontrar coesão e consenso; desejaria *estar tranqüilo* quanto à sua evolução, e poder separar-se com bons sentimentos e com a euforia do trabalho concluído. O que de importante deveria ser dito e feito é então feito e dito, rapidamente, "na soleira da porta". Os contra-pessoais furtam-se a essa fase; os hiper-pessoais às vezes hesitam, temendo implicar-se demasiadamente e, essencialmente, temendo abandonar o grupo; os pessoais se adiantam e se oferecem para fazer o trabalho de avaliação da vida do grupo e do que foi realizado, dito, sentido, e dão sinal de partida para uma auto-avaliação, ou fornecem para ela o exemplo e a norma.

Então, o grupo lança mão da sua própria dinâmica e das finalidades reais de cada um, assim como da experiência; vê-se surgirem os valores (dissociam-se as diferenças individuais e as divergências dos valores), seus conflitos e oposições são dissociados dos problemas afetivos, separam-se os papéis desempenhados no grupo da pessoa real dos participantes. Percebe-se o consenso como algo que não pode ser imposto de fora para dentro.

O grupo percebe que a participação em um grupo só pode ser feita com lucidez em face daquilo que se passa realmente e vê as relações entre o conteúdo e o processo, que ultrapassa em profundidade o que é feito ou dito. Vê-se então aparecer aquilo que é subjacente ao grupo: o que, efetivamente, "quer dizer o falar", depois que o grupo está reunido.

O significado da linguagem e a ordem secreta do dia, a rede sociométrica informal, a importância da comunicação não-verbal, da aceitação dos outros sem julgamento, etc., são postos a nu. Tudo isso transforma a compreensão daquilo que se passa e se passou no grupo, e conduz a tomadas de consciência, no nível do grupo.

É evidente que este esquema da vida e da evolução de um grupo nem sempre segue a realidade de todos os grupos, em particular porque certos grupos se demoram mais ou menos em sua evolução, ou levam mais ou menos tempo neste ou naquele estado, apesar de se organizarem inconscientemente em função do tempo dado. Mas conhecer estes esquemas, explicações ou hipóteses, e utilizá-los como hipóteses de trabalho sobre aquilo que ocorre realmente em um grupo, permite, geralmente, compreender melhor a sua dinâmica.

BIBLIOGRAFIA

1. ANCELIN-SCHUTZENBDERGER, A., "Notes de conférences", Ann Arbor, Michigan (E.U.A.), setembro de 1960.
2. BENNE, Kenneth, *Human Relations in Curriculum Change*, Nova Iorque, Dryden Press.

2. BENNE, Kenneth, e SHEATS, Paul, "Functional Roles of Group Members", *The Journal of Social Issues*, vol. 4, n.º 2, primavera, 1948, pp. 41-50.
3. BENNIS, Warren, e SHEPARD, Herbert, "A Theory of Group Development", *Human Relations*, vol. IX, 1956, pp. 415-37. N.T.L. Publications, 1955-1960. Ver também n.º 15, adiante.
4. BION, W. R., "Experience in Groups", *Human Relations*, vol. I, n.º 3 e 4, 1948; n.º 1 e 4, 1949; n.º 1 e 4, 1950; n.º 3, 1951. *International Journal of Psycho-Analysis* n.º 33, 1952, pp. 325-47.
5. —, *Experience in Groups and Other Popers*, Tavistock Publications, 1961.
6. CARTWRIGHT, Dorwin, e Harary, Frank, *Group Dynamies*, 1960.
7. CHAPPLE, E. D., *Meusuring Human Relations: an Introduction to the Study of the Interaction of Individuals*, Genetic Psychology Monographs 22, 1940, pp. 1-147.
8. HEYAS, Roger, e LIPPITT, Ronald, "Systematic Observational Techiniques", *Handbook of Social Psychology*, vol. 1, cap. 10, pp. 370-404.
9. HUTT, FOURIEZOS, GUETZKOW, "Measurement of Self-Oriented Needs in Discussion Groups", *Journal of Abnormal and Social Psychology*, n.º 45, 1950, pp. 682-90.
11. LEWIN, Kurt, *A Dynamic Theory of Personality*, Nova Iorque, McGraw-Hill, 1935.
12. —, *Resolving Social Conflicts*, Nova Iorque, Harper, Brothers, 1948.
13. —, *Field Theory in Social Science*, Nova Iorque, Harper & Brothers, 1951.
14. LORTIE-LUSSIER, Monique, "Les Différentes conceptions du groupe", tese defendida na Universidade de Montreal, Canadá, 1952.
15. MAILHIOT, Bernard, "Le 'T Group' selon de N.T.L. de BETHEL et l'atelier d'apprentissage aux relations humaines de Montreal" (curso mimeografado do grupo francês de Sociometria), Paris, 1959-60.
16. MAY, Rollo, ANGEL, Ernest, e ELLENBERGER, Henri, *Existence*, Nova Iorque, Basic Books, 1958. Ver especialmente "The Origins and Significance of the Existential Movement in Psychology", introdução de May.
17. MORENO, J. L., *Psychodrama*, vol. I, Nova Iorque, Beacon House, 1946.
18. —, *Who Shall Survive?*, Nova Iorque, Beacon House, 1953.
19. —, "Transference, Countertransference and Télé", *Psychodrama*, vol. II, Nova Iorque, Beacon House, 1959, pp. 3-14.
20. —, "Einladung zu einer Begegnung", *Gruppenpsychotherapie und Psychodrama*, Estugarda, Georg Thieme Verlag, 1959. Publicado originalmente em Viena, 1914.
21. —, "Theory of Interpersonal Networks", *The Sociometry Reader*, Glencoe, Illinois (E.U.A.), 1960, pp. 67-80.
22. —, "The Social Atom", *The Sociometry Reader*, pp. 52-67.
23. N.T.L. Publications, *N.T.L. Trainers Workbook*, Washington,
24. ROGERS, Carl, *On Becoming a Person*, Boston, Houghton Mifflin, 1961.

25. SARTRE, Jean-Paul, *Critique de la raison dialectique*, Paris, Gallimard, 1960.
26. SCHUTZ, William C., *FIRO-B, A Three-Dimensional Theory of Interpersonal Behavior*, Nova Iorque, Rinehart, 1958.
27. —, "The Ego", "FIRO Theory" e "The Leader as Completer", in *Leadership and Interpersonal Behavior*, Petrullo e Bass, organizadores, Nova Iorque, Holt, Rinehart and Winston, 1961. Ver também os documentos mimeografados, Universidade da Califórnia (Berkeley), Institute of Personality Assessment and Research, "Department of Education." (FIRO-B, Fundamental Interpersonal Relations Orientation-Behavior.)
28. —, "Procedures for Identifying Persons With Potential for Public School Administrative Positions: An Application and Extension of the FIRO-B Theory of Interpersonal Behavior", Department of Education, Universidade da Califórnia (Berkeley), 1961. (Mimeografado.)
29. STEINZOR, S., "The Development and Evaluation of a Measure of Social Interaction", *Human Relations*, vol. II, 1949, pp. 103-22.
30. STOCK, Dorothy, e THELEN, Herbert A., "Emotional Dynamics and Group Culture", *Experimental Studies of Individual and Group Behavior*, Nova Iorque, N.T.L. Publications, N.Y.U. Press, 1958.
31. TMELEN, Herbert A., *Dynamics of Groups*, Chicago, U. of Chicago Press, 1954
32. WELKENHUYZEN, Lucien, "Une théorie du comportement interpersonnel: phases dans l'évolution du groupe" (conferência no curso do grupo de Sociometria), Paris, abril de 1962.
33. ZANDER, Alvin *Recherches actuelles du R.C.G.D.*
34. ZEIGARNIK, "Tâches achevées et inachevées", *Deutsch. Forsch*, 1928 (sob a direção de Kurt Lewin).

SEGUNDA PARTE

OBSERVAÇÕES SOBRE O DRH

CAPÍTULO 1

Descrição da Técnica de Grupo DRH

CÉLIO GARCIA

Conforme já se indicou na Introdução, no DRH a técnica de grupo utilizada pode variar, conforme os objetivos que se têm em mira; para grupos naturais, Van Bockstaele, inspirado no "T Group" de Bethel, elaborou o que chamava antigamente de Socioanálise e que batizou, mais recentemente, de Grupo Experiencial.

A descrição que se segue refere-se a essa técnica, na seguinte ordem: 1. Composição do Grupo; 2. Objetivo das reuniões e tarefa a executar; 3. Desenvolvimento das reuniões de Grupo de DRH; 4. O grupo de psicólogos; 5. Horário.

No fim do volume, o leitor encontrará a descrição do "T Group" ou "Grupo de Sensibilização", que também é utilizada pelos autores como técnica de Grupo de DRH.

1. COMPOSIÇÃO DO GRUPO

O número de participantes que podem figurar num mesmo grupo varia de 10 a 20, sendo que o ideal se encontra em torno de 16. Os participantes (de dez a vinte) se encontram presentes a todas as reuniões. O grupo é dividido em dois subgrupos: o primeiro, dito de *verbalização;* o segundo, dito de *ressonância*.

Antes de cada uma das duas ou três primeiras reuniões, um sorteio determina em que grupo deve encontrar-se o participante.

Se ele se encontra no de verbalização, deverá sentar-se em torno de uma mesa redonda, em companhia de dois psicólogos. Encontrando-se no grupo de ressonância, deverá sentar-se em uma mesa disposta em torno da mesa de verbalização.

Somente os participantes em posição de verbalização são convidados a falar. Os psicólogos sentados à mesa de verbalização fazem intervenções, ficando a seu critério a forma, o conteúdo e o momento dessas intervenções. Assim, o psicólogo não responde às perguntas que lhe são feitas por membros do grupo. O terceiro psicólogo, que se encontra com o grupo de ressonância, fala ao microfone em voz baixa, somente sendo ouvido pelos participantes desse subgrupo.

Veremos, posteriormente, em que diferem as intervenções feitas pelos psicólogos (para o grupo de verbalização ou para o grupo de ressonância).

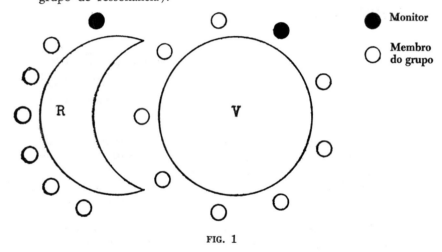

FIG. 1

A partir da segunda ou terceira reunião, a escala dos subgrupos é feita pelos psicólogos, apoiados em hipóteses psico-sociológicas do tipo:

— separação por sexos;

— separação por idade;

— separação por grau de participação em termos de introversão-extroversão;

— separação através do *status* definido em termos de instrução e lugar ocupado na hierarquia.

Um terceiro critério, que é algumas vezes adotado para a escala dos subgrupos, consiste em dar aos participantes a oportunidade de se agruparem como bem entenderem. Esse critério, por não ser explicitado pelos psicólogos, tem-se revelado rico de informações de que necessita o psicólogo ao levantar suas hipóteses de trabalho, confirmando, adiando ou abandonando interpretações.

2. OBJETIVO DAS REUNIÕES E TAREFA A EXECUTAR

Os grupos em que atuam três psicólogos, podem constar de 14 a 18 participantes, não devendo nunca esta cifra ser ultrapassada, pois um número elevado concorre sobremaneira para diminuição de tensão necessária ao bom funcionamento das inter-relações pessoais. Não existem restrições quanto a sexo, idade ou nível cultural dos membros de um grupo de DRH. Todavia, a experiência tem demonstrado que a demasiada heterogeneidade, sobretudo cultural ou de posição hierárquica, acarreta sérias dificuldades no interior do grupo DRH. Aumenta a inibição, a ponto de impedir, por vezes, qualquer verbalização por parte da maioria dos membros do grupo. Sendo possível contar com a atuação de uma equipe de mais de quatro psicólogos, pode-se dobrar o número de participantes, dividindo-os em dois subgrupos que funcionam simultaneamente, em salas diferentes.

Na reunião inicial, a equipe de psicólogos presta ao grupo todos os esclarecimentos a respeito da experiência, exceto indicações que possam criar indução — por exemplo, a respeito do aspecto projetivo da técnica, indicação de temas a abordar, etc.

Essa palestra visa, essencialmente, facilitar a assimilação das regras e familiarizar os membros do grupo com a tarefa que eles vão empreender.

REGRAS:

As regras propostas formam uma espécie de constituição inteiramente diversa das normas que haviam até então regido a vida de cada participante em situação de grupo. São como que uma abolição temporária, mas necessária, das convenções da vida social, de tudo aquilo, em suma, que norteia a existência de cada ser humano em sua vivência cotidiana, fazendo com que os mecanismos de censura e de defesa intervenham constantemente, impedindo que se diga *tudo o que se pensa ou sente* a respeito dos semelhantes.

As regras visam, pois, neutralizar estas forças de controle e liberar as camadas profundas da personalidade do império da censura e das resistências, oferecendo aos participantes liberdade irrestrita na escolha de assuntos a verbalizar.

Surge aqui um problema: a extrema simplicidade (falar sobre qualquer tema que lhe venha à mente) encerra o grupo na sensação penosa de enredar-se num emaranhado de suprema complexidade. Não obstante a conferência preliminar, toda ela centrada sobre a elucidação das regras, os dois primeiros dias da experiência decorrem num clima de ensaios e erros, na busca de um rumo. Semelhante ambiente favorece o aparecimento de sentimentos de dependência, de angústia, de necessidade de aprovação, de intolerância, de agressividade, de competição, frustração, autodesvalorização, de compensação, etc.

As regras que norteiam o grupo de DRH são, em essência, as mesmas da Socioanálise. Podem ser resumidas em:

1 — *Regra da não-omissão:* — cada um deve dizer, sem omitir, nem modificar tudo aquilo que, segundo o interessado (participante), os psicólogos pensam e experimentam em suas relações entre eles e em suas relações com o grupo.

2 — *Regra da abstenção:* a) durante as reuniões, fica proibida a verbalização de todo e qualquer pensamento ou sentimento fora daquilo que se delimitou na regra anterior, assim como está proibido todo o comportamento não verbal; b) fora das reuniões, os participantes devem abster-se de falar a quem quer que seja sobre o que se passou durante as reuniões, ou sobre o que ele (participante) sentiu ou experimentou.

Papel dos participantes: tornar explícito, todos juntos, o funcionamento da equipe de psicólogos, respeitando as regras acima, ou, em outras palavras, imaginar como os psicólogos vivem a situação atual.

Funcionamento das sessões: O grupo é dividido em duas partes iguais, que se alternam na verbalização. A função do psicólogo consiste em vigiar o não afastamento das regras e interpretar, em linguagem neutra, sem criar indução, os fenômenos que possam surgir. Os membros do subgrupo em verbalização ocupam, como já disse, uma mesa redonda. O subgrupo em ressonância toma assento ao longo de uma mesa em forma de meia-lua, voltada para o subgrupo em verbalização, a fim de que todos possam observar facilmente o comportamento de seus companheiros. O psicólogo que ocupa a extremidade da mesa usa um aparelho de fones para transmitir mensagens. Estas devem ter cunho essencialmente didático. O comentário sobre o grupo em verbalização deve concorrer para o amadurecimento do subgrupo de ressonância, que, ao passar para a verbalização, levará assim maior bagagem de informações e uma consciência mais clara dos problemas a tratar.

Estabelece-se, desta arte, uma ação do tipo *feed back.* Como este assunto merecerá um capítulo à parte, por enquanto, não será aqui abordado mais longamente. Costuma-se, ao fim de cada dia, reunir os dois subgrupos em uma mesma mesa de verbalização. Esta operação facilita a que se ponham, em comum, os problemas verbalizados pelos subgrupos em separado, numa tentativa de síntese, que normalmente concorre grandemente para a coesão do grupo.

3. DESENVOLVIMENTO DAS REUNIÕES DO GRUPO DRH

Neste parágrafo estará resumido o que se passa com um grupo durante uma experiência de DRH. Todo o transcorrer da experiência não está aí representado; quisemos somente ilustrar a idéia de fases: uma implicando provavelmente a existência da seguinte.

1.ª *fase:* Os participantes estão divididos em dois grupos: o grupo de verbalização (no centro da figura) em torno da mesa oval, e o grupo de ressonância à mesa em forma de arco, à direita da mesa de verbalização. O grupo, depois de alguns minutos de silêncio, lança-se à luta. Poucos participantes falam. Alguns são esquecidos. Há uma espécie de monólogo a três ou quatro vozes. Alguns mais audaciosos fazem tentativas isoladas de solucionar o problema, utilizando decisões drásticas.

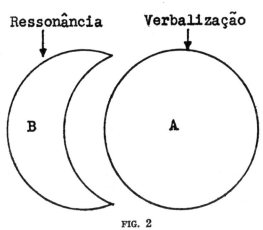

FIG. 2

2.ª *fase:* A equipe que, na primeira fase, se encontrava em verbalização, ocupa a posição de ressonância, e vice-versa. O psicólogo não responde às solicitações do grupo de verbalização. Então, o grupo passa a hostilizar o psicólogo, visto que este não vem em seu socorro. O grupo produz pouco e chega a adotar o silêncio como solução.

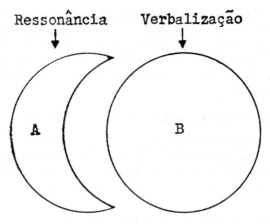

FIG. 3

3.ª fase: Os grupos de verbalização e observação, em nova escala, se misturam. O psicólogo intervém raramente. O grupo adquiriu sua autonomia e funciona com seu rendimento máximo.

Trata-se de uma fase adiantada, que pode sobrevir no terceiro ou quarto dia da experiência.

Trabalhar em equipe, aprender a identificar as reações do interlocutor, são, em nossa sociedade, fatores sem dúvida de grande valia para o sucesso em atividades profissionais. Além disso, existe uma estrutura própria, que dá unidade aos diferentes acontecimentos da vida de um grupo.

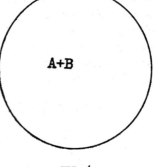

FIG. 4

A reação B no indivíduo X só foi possível tendo-se em vista a ação A no indivíduo Y (o interlocutor). Mais ainda, a ação A não é senão o resultado de uma série de experiências que constituem, por assim dizer, a história que antecede e que, de certa maneira, faz com que Y tome a atitude A em função daquilo que ele pensa que X vai responder-lhe. É o que podemos chamar uma reação em cadeia, um circuito fechado, onde a energia dispendida num momento T é reintegrada no momento T'.

Nosso trabalho durante o DRH consistiu em proceder à desmontagem do sistema já existente no grupo para melhor compreendê-lo e podermos agir sobre ele.

A situação de DRH reproduz um sem número de situações da vida de trabalho de todos os dias. Aos participantes é dada, então, a oportunidade de experimentar diversos tipos de decisão, com relação a indivíduos variados.

Dentro dessa gama de situações e de indivíduos, encontra-se justamente a reprodução daquelas situações que, na vida quotidiana, impedem um bom rendimento do grupo em questão: coloca, portanto, o grupo em situação de experimentação, protegido pelo dispositivo adequado e, o que é mais, suprido em suas deficiências pelo exercício momentâneo daquelas situações, por parte da equipe de psicólogos. *

Na vida quotidiana, estamos impossibilitados de experimentar soluções variadas, desde que essa variação atinja um nível que será considerado pelo grupo como fator de insegurança. Como essa variação é estreita, reduzida, as pessoas implicadas acabam por se convencer que o ponto de vista é o único que não deforma a realidade.

No DRH, os porquês das situações-problema, como em um microscópio, aparecem desvendados aos próprios participantes que, até então, viviam aquelas situações-problema sem lhes encontrarem o nexo e, mais ainda, sem "descobrir" saídas.

4. O Grupo de Psicólogos

Este grupo é habitualmente composto de três psicólogos: dois homens e uma mulher. Desde cedo, apercebeu-se de que o grupo de base, o grupo de referência fundamental, é de fato o casal: um homem e uma mulher. Daí a composição do grupo de psicólogos, que inclui, sistematicamente, pelo menos, um homem e uma mulher. Da socioanálise, em que o DRH foi buscar muitos dos seus princípios básicos, se disse que foi elaborada, inventada, por um casal; em todo caso, o que nos interessa, no DRH, é o grupo de base, e a esse deverão referir-se os participantes.

Uma outra circunstância deve ser lembrada, quando se discute a composição da equipe de psicólogos que funciona em um grupo de DRH. Com efeito, muitos dos comportamentos inovadores, geradores de zonas de desgaste e de consequente mau funcionamento dos grupos, em nossa cultura, são, ao que parece, provenientes da definição dos novos papéis da mulher. Donde o interesse em ver vivenciado este problema.

Intervenções feitas pelos psicólogos:

O DRH coloca o grupo de participantes numa posição em que esse grupo representa a fonte de energia, enquanto que os psicólogos representam o aspecto informacional do sistema. **

---
* (Veja-se em capítulo anterior a repartição das funções entre o grupo de participantes e a equipe de psicólogos funcionando em sistema *"couplé"*.)
** (Veja-se Jacques von Bockstaele.)

Assim, as intervenções fornecidas pelos psicólogos são de caráter:

— *antecipado:* quando se procura mostrar ao grupo a margem de erro presente na iniciativa do grupo em direção ao seu objetivo;

— *integrativo:* quando se procura fazer com que o grupo assimile e utilize uma informação disponível na situação;

— *de correção do atraso:* quando se procura tornar o grupo mais sensível aos fenômenos da comunicação e adverti-lo para a imperfeição do código, do canal de transmissão ou do tradutor interessado na mensagem.

Quanto ao psicólogo em companhia do grupo de ressonância, uma ressalva deve ser feita:

— Como ficou dito, utiliza ele uma cadeia de fones, instalada a partir de um altofalante controlado pelo psicólogo. As intervenções transmitidas através do sistema acima descrito diferem das intervenções dos dois outros psicólogos, por isso que elas têm um caráter especificamente didático.

As informações contidas nessas intervenções podem ser utilizadas pelos participantes que as receberem, quando em ressonância, já que serão logo mais colocados em posição de Verbalização.

Esse constante experimentar parece constituir uma das notas mais originais do grupo DRH.

5. HORÁRIO

O Grupo DRH pode realizar-se em dois esquemas de trabalho:

se intensivo: comporta quatro a seis reuniões por dia, sendo que cada reunião terá a duração de uma hora. A experiência desenrola-se durante cinco a dez dias, podendo ser repetida meses depois;

se extensivo: comporta uma reunião de duas horas, uma ou duas vezes por semana, durante alguns meses. Aqui, sabemos quando começa, mas não podemos dizer "a priori" quando deve terminar a experiência. Em média, três a seis meses são necessários.

CAPÍTULO 2

Aspectos educacionais do DRH

DJALMA TEIXEIRA DE OLIVEIRA

1. OBJETIVOS

Do ponto de vista educacional, o DRH procura atingir dois objetivos: um, o da reeducação em termos de terapêutica, do indivíduo e do grupo; outro, didático, que procura alcançar através de processos utilizados posteriormente à experiência de grupo, em aulas e entrevistas, com o propósito de promover uma transferência de aprendizagem.

Não se pode afirmar que a experiência crie ou aumente a sensibilidade das pessoas. Provavelmente, ela coloca em condições de dar maior rendimento e de ser mais amplamente utilizado o potencial de sensibilidade existente em cada indivíduo, até então impedido de estabelecer maior sintonia com o meio exterior, por interferência de seus mecanismos de defesa.

Em função desse maior aproveitamento, observa-se a evolução das variáveis egocentrismo-alocentrismo, projetividade-objetividade, controle emocional, expresso em termos de tolerância, receptividade e aceitação.

No grupo natural, a experiência oferece o clima psico-social oportuno a que se processe a correção das cibernoses — "a doença das comunicações", — que provocam os desfuncionamentos de grupo.

O deslocamento de uma posição egocêntrica para uma alocêntrica, de uma posição projetiva para uma objetiva, já constitui parte de uma terapêutica correcional da cibernose. Daí a dificuldade de se estabelecerem os limites e conteúdos das reações individuais e grupais, diante dos estímulos oferecidos pela experiência, uma vez que elas são sinérgicas e envolventes, no sentido grupo-indivíduo, indivíduo-grupo.

Enquanto o grupo DRH funciona como um laboratório de vivências de problemas análogos aos da experiência existencial, os recursos mobilizados nas aulas e entrevistas procuram provocar a transferência da aprendizagem destas vivências, endereçando os novos ângulos de percepção integrados a áreas ligadas às relações de trabalho.

2. METODOLOGIA

Os objetivos do DRH determinam as etapas por que deve passar.

A primeira delas é a da experiência de grupo, que pode variar entre o *Training Group*, ou "Grupo de Sensibilização", a Socioanálise, o Psicodrama, o Grupo Triádico, etc.

A segunda fase realiza a Análise Didática dos fenômenos vividos pelo grupo, através de aulas e entrevistas. Estas, com caráter de voluntariado e de forma "não-diretiva", visam a resolução de problemas de ajustamento pessoal, familiar e profissional, aproveitando a vivência do grupo e os dados obtidos com a aplicação de uma bateria de testes.

O DRH apresenta aspectos educacionais, do ponto de vista didático, a partir da experiência de grupo. A divisão do grupo (no caso da Socioanálise) em dois subgrupos, o de verbalização e o de ressonância, com um psicólogo junto do último, interpretando e explicando os fenômenos que ocorrem no primeiro, cria uma situação semelhante à de uma aula, como mostra o exemplo de uma intervenção-tipo:

A equipe de verbalização vive, aqui e agora, uma situação competitiva. Antes que um participante termine de falar, é interrompido por outro que não está de acordo, *a priori*. Os participantes falam ao mesmo tempo, o que dificulta a comunicação entre eles. Cada um quer falar mais e mais alto, pretendendo impor seu ponto de vista. Os participantes competem entre si.

As intervenções dos psicólogos da verbalização, quer sejam interpretativas, quer sejam orientadoras, no sentido do ajustamento da equipe a uma sistemática imposta pelas regras da experiência, não deixam de trazer um cunho didático-pedagógico. Exemplo de uma intervenção-tipo:

A equipe de verbalização, aqui e agora, vive uma situação de dependência. Já conhece as regras da experiência, sabe que papel desempenhar e, entretanto, aguarda ordens e chega mesmo a perguntar se pode começar e como começar. [Trata-se de uma observação freqüente em quase todos os grupos, ao início da experiência].

a. *As aulas*

O trabalho assume, todavia, uma feição tipicamente educacional, logo após o término da experiência, oportunidade em que um dos psicólogos procura obter do grupo, em reunião especialmente destinada a esse levantamento, a relação dos fenômenos vividos e percebidos pelos participantes. À medida em que vão sendo dados, são anotados, depois de ter sido ouvido todo o grupo, no sentido de esclarecer se se trata de um fenômeno grupal ou individual.

Depois de termos realizado vários trabalhos de dinâmica de grupo, foi possível obter o elenco dos fenômenos que ocorrem com maior freqüência. A partir dessa relação, elaboraram-se planos de aula que passaram a ser ministradas após o grupo DRH.

As matérias foram agrupadas sob duas epígrafes: Relações Humanas no Trabalho e Técnicas de Chefia.

No primeiro grupo, são estudadas:
1. Motivações Humanas e Profissionais
2. Frustração
3. Comunicações
4. Estereótipos
5. Fatores da Personalidade
6. Higiene Física e Mental

No segundo grupo, são estudadas:
1. Técnicas de Direção de Pessoas
2. Competição e Cooperação
3. Técnicas de Entrevista
4. Como recompensar e Punir
5. Como receber um novo funcionário

À guisa de exemplo, damos, nas páginas 73 e 75, dois planos de aulas: um de matéria do primeiro grupo — *Frustração;* — outro de matéria do segundo grupo — *Técnicas de Direção de Pessoas.*

"PLANO DE SESSÃO"

CURSO DO: CT — III Unidade: DRH — Sessões de Estudo
SESSÃO N.º —
TÉCNICA UTILIZADA: Explanação Oral e Debate
ASSUNTO: *Frustração*
OBJETIVOS DA SESSÃO: Baseado na vivência do DRH, fazer compreender o que é frustração, os modos de reagir a ela; provocar transferência da aprendizagem cognitiva para esfera da Agência.
TEMPO: 3 horas
MATERIAL: a — Questionário N.º 5 (20 exemplares)
               b — Mapas n.º III — a, b, c.
               c — Artigo de Tarnopol (20 exemplares)
               d — Cópia dos mapas   (20 exemplares)

FASES	PONTOS-CHAVE	TEMPO
1. *Definir o termo:* É a situação criada quando, no caminho da realização de uma necessidade, surge um obstáculo.	Mostrar o Mapa *a*. Escrever a definição no quadro negro.	
2. Lembrar as necessidades fundamentais estudadas na sessão anterior sobre motivação.	Mostrar o Mapa *b*.	
3. *Perguntar ao grupo:* quais as situações de frustração vividas durante o DRH? Depois de cada exemplo, perguntar qual o desejo em jogo. Qual foi o obstáculo? Colocar respostas sintetizadas no quadro negro. Caso o grupo não se lembre, ajudá-lo por meio de perguntas baseadas por protocolos do DRH.	Usar o quadro negro. Dividi-lo nas seguintes colunas verticais: { Que foi observado? | Natureza da necessidade frustrada. | Obstáculo e necessidade que se encontra atrás. } 1. 1. 1. 2. 2. 2.	
4. *Perguntar ao grupo:* como o grupo reagiu às frustrações? Classificar as respostas segundo o tipo de reação: — Tensão, Inibição. — Fuga do Obstáculo. — Distribuição do Obstáculo (Agressão, Ironia, etc.). — Contorno do obstáculo (Procura de solução do problema). — Regressão. — Apatia.	a — Mostrar o Mapa *c* depois das respostas. b — Usar o quadro negro. Dividi-lo nas seguintes colunas verticais: { Modo de reagir do grupo ou das pessoas. | Tipo de reação. } 1. 1. 2. 2.	
5. *Pedir ao grupo exemplos de frustração na sua Agência.*	Colocar os exemplos no quadro negro. Analisá-los conforme item V e VI.	
6. Como evitar ou tratar as reações à frustração.	Dramatização: de uma ou duas situações de frustração em Agência. Aproveitar a dramatização para mostrar que: 1 — No caso da situação em que se evita a frustração, na realidade, trata-se de eliminar o obstáculo. 2 — No caso da situação em que se dramatiza o tratamento de uma reação à frustração, colocar no quadro, após discussão, as etapas por que passou a solução do caso. Convém acentuar, sobretudo, que isso nem sempre se faz por uma entrevista só, como se fosse passe de mágica. 3 — Lembrar que alguém costuma levar a culpa em situações de frustrações. *Bode expiatório como desvio da agressão.*	
7. Distribuição do artigo sobre *Frustração* para leitura individual, visando *preencher questionário de aprendizagem no dia seguinte.* "Motivação nas Relações Humanas". Parte 2 — Frustração, de Lester Tarnopol. Distribuição da cópia dos Mapas.	Pedir para ler o artigo fora da sessão, avisando que haverá um questionário sobre o assunto, na sessão seguinte (dizer em que sessão e a que horas). Caso sobrar tempo, o início da leitura pode ser feito dentro da sessão.	

"PLANO DE SESSÃO"

CURSO: CAT — III Unidade — Sessões de Estudo
SESSÃO N.º: —
TÉCNICA UTILIZADA: Filme — Explanação oral — *Role Playing* e Debate.
ASSUNTO: *Técnicas de Direção de Pessoas*
OBJETIVOS: Partindo da vivência do grupo DRH, procurar fazer com que os participantes compreendam as diversas maneiras de se dirigir um grupo e as reações dos membros do grupo a cada uma das maneiras; tratar o assunto no nível da agência.
TEMPO: 3 horas
MATERIAL:
— Filme: *Sargento Waldemar*
— Mapa: (Técnicas de Direção de Pessoas)
— "O que é líder" — Prof. Pierre Weil
— Carta aos titulados n.º 14 e 15
— O dirigente examina os dilemas da liderança — W. H. Schmidt
— Questionário

FASES	PONTOS-CHAVE	TEMPO
1 — Perguntar aos participantes se houve problema de liderança do grupo durante a E. G.; se todos que tentaram liderar tiveram êxito e que tipo de liderança usaram.	O grupo responde.	5'
2 — Passar o filme *Sargento Waldemar*, que mostra três maneiras de que um chefe lançou mão para dirigir seu pessoal.	Interromper o filme no término da 1.ª e 2.ª fases, para chamar a atenção do grupo para as mudanças que ocorreram na chefia.	35"
3 — Dividir o grupo em três subgrupos, pedindo que cada um faça o seguinte: a. Descrever as três maneiras de direção do Waldemar. b. Como os funcionários reagiram a cada uma delas?	Escrever no quadro-negro as duas tarefas pedidas.	10"
1 — Pedir a cada subgrupo que leia suas conclusões, uma de cada vez.	Escrever um resumo dessas conclusões no quadro-negro que, para tanto, será dividido da seguinte maneira: Tipo de direção: 1.___ 2.___ 3.___ Modo: Reação:	15"

2 — Descrever a experiência de Kurt Lewin (modelagem de máscaras) com adolescentes e mostrar o triângulo das três maneiras de dirigir e os tipos intermediários.	a) Mostrar o mapa n.º 2. b) Perguntar ao grupo se aqueles tipos ocorreram na E. G. c) Perguntar qual o tipo mais comum no Banco (Paternalista).	10"
3 — Dar as características das atitudes do chefe durante as três fases do filme, comentá-las e relacioná-las com a E. G. e com fatos da Agência.	a) Mostrar os Mapas ns. 4, 5, 6, 7. b) Correlacionar as respostas dos mapas com aquelas dadas pelo grupo e escritas no quadro (fase 1).	10"
4 — Em seguida, mostrar a Reação do pessoal às atitudes do chefe nas três fases: comentar essas reações, relacioná-las com a E. G. e com fatos da Agência.	a) Mostrar os mapas ns. 9, 10, 11 e 12. b) Correlacionar as respostas do mapa com aquelas dadas pelo grupo e escritas no quadro (fase 1).	10"
5 — Dizer da apostila "O que é o líder", do Prof. Pierre, que dá diversas definições do líder.	Colocar as apostilas sobre a mesa e dizer que cada interessado poderá apanhar um exemplar.	5'
1 — Perguntar ao grupo se é possível usar autoridade sem eliminar a liderança.	a) Colher as respostas do grupo, que dão exemplos da Agência. b) Mostrar o mapa n.º 13.	5'
2 — Perguntar ao grupo a diferença entre chefe autocrata e aquele que usa energia.	a) O grupo responde. b) Mostrar o mapa n.º 14.	5'
3 — Tipos de decisões.	Mapa n.º 15.	5'
4 — Dramatizar um caso em que o chefe: a — dê uma ordem; ou b — exerça boa liderança.	— Fazer o *Role Playing*. — Discutir o caso.	30"
5 — Finalmente: perguntar qual das maneiras mostradas é a mais adequada para dirigir o pessoal. É interessante variar conforme o momento, caso e pessoal?	O grupo responde.	5'
6 — Distribuir a Carta aos Titulados: n.º 14 e 15. I — (O que é ser Bom Chefe). II — (Como decidir antes de dar uma Ordem). III — (Como dar Ordens).	Avisar que na Carta 14, no capítulo II: "Como Decidir antes de Dar uma Ordem", há um exercício.	2'

As aulas transcorrem em ambiente no qual o participante faz jus a essa condição e participa realmente, contribuindo com sua experiência pessoal, para o enriquecimento dos debates.

Os professores ou instrutores, escolhidos de preferência entre os psicólogos que dirigiram o grupo DRH, são treinados em Cursos de Liderança de Reuniões e outros, a fim de que possam dominar técnicas que lhes permitam obter participação.

Recursos complementares de ensino, visuais e auditivos, como filmes cinematográficos, *slides,* disco-*slides,* gravadores, quadros sinópticos, etc., são convenientemente usados para ajudar não só na aprendizagem, mas também para evitar as aulas do tipo puramente expositivo.

No final de um agrupamento de aulas sobre um tema comum, como Relações Humanas, realiza-se uma reunião em que se oferece oportunidade a que os participantes façam uma revisão, na qual deve ficar bem nítida a idéia de unidade didática que foi examinada por partes.

b. *As entrevistas*

Ao mesmo tempo em que o pessoal em treinamento comparece às aulas, submete-se, com caráter de voluntariado, a uma bateria de testes de inteligência, bem como a um teste projetivo, o Rorschach ou TAT. Uma primeira entrevista — entrevista de anamnese — é feita com o objetivo de sistematizar a localização de problemas nas áreas vital, familiar, profissional, escolar e sócio-econômica, principalmente. Posteriormente, faz-se uma ou mais entrevistas, de acordo com a natureza e necessidade do caso, entrevistas de orientação, em que o psicólogo já conta com elementos obtidos no resultado dos testes aplicados.

Casos especiais, que o exigem, são encaminhados a especialistas.

O intercâmbio dos psicólogos com um clínico, que submete o pessoal em treinamento a exame médico, permite a obtenção de dados que constituem subsídio, muitas vezes importante, na entrevista de orientação.

Nas entrevistas, é comum ouvir do entrevistado a informação de que, durante a experiência de grupo e durante as aulas, se dera conta (tomada de consciência) de atitudes indesejáveis de sua parte para com os outros, as quais podiam explicar dificuldades no seu relacionamento.

A entrevista de orientação representa o coroamento de todo um processo psico-didático-pedagógico que, a partir da dinâmica de grupo, procura promover um Desenvolvimento em Relações Humanas.

CAPÍTULO 3

O Grupo DRH no Nível da Psicologia Individual

PIERRE WEIL

No nível individual as atividades do Grupo DRH constituem campo riquíssimo de observações; a situação de implicação dos participantes é tão intensa, que se delineia naturalmente a personalidade de cada um deles, seja através do seu comportamento social, seja através das suas projeções. Descrever esses comportamentos, catalogá-los, eis o objetivo do presente capítulo. Imediatamente após a descrição de cada fenômeno, daremos alguns exemplos de como eles se manifestaram.

Criamos quatro categorias para explanação das observações do nível individual: uma se refere aos comportamentos propriamente ditos; outra visa a descrição dos aspectos psicanalíticos; consagramos, enfim, dois parágrafos especiais: um a mostrar as funções individuais na vida do grupo, e outro para mostrar o fenômeno de maturação e maturidade emocional.

1. TIPOS DE COMPORTAMENTO

Toda variedade de conduta pode ser observada, e a presente lista não é limitativa.

1. *A introversão - extroversão:* Em geral, no meio da evolução do DRH, o grupo toma consciência da presença de indivíduos que ainda não se manifestaram, e sente necessidade de ouvi-los:

Observações - Tipo:
"Vamos ouvir fulano".
"Aqui há os peixes e os papagaios".

2. *A verborréia:* Em quase todos os grupos, há um indivíduo que fala demais; em geral, o grupo reage contra isto, dentro ou fora das sessões; esses indivíduos tomam então consciência do exagero, e se efetua, na maioria dos casos, uma regulação no sentido de diminuir a produção verbal; em outros casos, o grupo passa a aceitar tal conduta, mostrando-se tolerante com essa deficiência alheia.

Observações - Tipo:
"Eu sei que falo demais"
"Esse DRH deu-me a oportunidade de descobrir que falo demais; vou procurar controlar isto."
"Você só quer falar, e não deixa os outros falarem".

3. *A Perseveração:* Certos indivíduos apresentam viscosidade de pensamento; têm dificuldade em passar de um assunto a outro; entravam a evolução do grupo e insistem em que prevaleça o seu ponto de vista; permanecem num estado anterior à evolução.

Observações - Tipo:
"Enquanto o grupo já concluiu há muito tempo que os psicólogos não são máquinas, não fazem espionagem, um indivíduo desse tipo continua insistindo no sentido contrário."

4. *A agressão:* A situação do DRH facilita a eclosão de conflitos, pois a ablação das funções normais de um grupo (ver Introdução) e a acumulação da energia criam ambiente de tensão tal que os temperamentos agressivos se revelam rapidamente.

Observações - Tipo:
"Você está ficando bravo."
"Isto aqui é uma palhaçada."
"Nós viemos aqui receber aulas; esse pessoal (os psicólogos) não faz nada."
Às vezes, a agressão se traduz sob a forma de ironia:
"Olha as múmias..."

5. *A conduta afetiva:* Nos momentos de conflito ou na ocasião da interpretação paranóide do papel dos psicólogos, pelo grupo, há quase sempre um ou vários indivíduos que procuram "fazer as pazes" ou que protestam contra a opinião dos que acham os psicólogos gente fria ou máquinas.

Observações - Tipo:
"Todos os homens têm coração."
"Gente, vamos acabar com isso (brigas)."
"Eles fazem parte do nosso grupo."
"Não sejamos maldosos com eles."
"Todos são amigos."

6. *A conduta racional:* A situação do "aqui agora" força o grupo a uma constante atualização e revisão do ponto de vista, que cria, a cada momento, confusão nos debates; isso dá aos indivíduos de maior senso lógico oportunidade de tentar colocar ordem na discussão e forçar o grupo a colocar clareza na explanação das idéias.

Observações - Tipo:
"Cada um tem que falar por sua vez."
"Vamos colocar ordem nisto."
"Vamos resumir as nossas conclusões no quadro-negro."
"Temos de sair dessa confusão."

7. *Controle emocional:* O fato de os psicólogos não falarem e não reagirem, inclusive a agressões verbais dos participantes em verbalização, faz com que estes fiquem admirados com o controle emocional dos psicólogos. Essa constatação é salutar, pois, através de um processo de identificação, muitos dos participantes procurarão adotar a conduta dos psicólogos em situação de *stress*.

Observações - Tipo:
"Que força de vontade eles devem ter, para agüentar isso."
"Se fosse eu, já teria dado socos e pontapés."
"Eles também devem ter vontade de se manifestar, mas as regras não permitem."

2. ASPECTOS PSICANALÍTICOS

Praticamente, todos os fenômenos psicanalíticos podem ser observados; no entanto, nem sempre se manifestam claramente. É muito difícil dissociar o que é fenômeno individual e o que é adoção por um indivíduo das manifestações grupais; por isso, tudo que será dito neste parágrafo vale também para as manifestações grupais.

Iremos, a seguir, enumerar alguns dos fenômenos e mecanismos de defesa, dando exemplos de observações-tipo, feitas a respeito.

1. *Transferência:* A percepção dos psicólogos pelos participantes varia do início ao fim do DRH; essa variação é, provàvelmente, devida a mecanismos de transferência positiva ou negativa, a deslocamentos de sentimentos pessoais dos participantes em relação aos seus pais ou chefes; pelo menos no início do DRH, a relação de dependência criada pela ablação das funções de grupo cria forçosamente uma situação de relação de dependência, que lembra a parental, escolar ou profissional.

Os psicólogos são sucessivamente vistos como antipáticos, simpáticos ou mesmo é ignorada a sua presença.

Observações - Tipo:
"Eles são como se fossem padres, confessores em quem podemos confiar."

"Eles nos julgam, nos observam."
"Eles devem estar nos achando burrinhos."
"Eu gosto de fulano; não gosto de beltrano" (Referência aos psicólogos).

2. *Identificação e Introjeção:* Durante o grupo DRH, nota-se que certos indivíduos passam a introjetar as regras e a se identificar com os psicólogos, imitando-os até no tom da voz e no estilo.

Observações - Tipo:
"O grupo em verbalização está aqui agora experimentando uma situação de tensão, etc. etc..."
(Frase em geral pronunciada por participantes, como se fossem os psicólogos).

3. *Projeção:* O fato de os psicólogos não falarem, e de a técnica pedir que se diga o que eles pensam e vivem na situação atual, leva os participantes, em verbalização, a emprestarem aos psicólogos uma série de pensamentos e sentimentos reais ou imaginados; a situação facilita, por conseguinte, os mecanismos projetivos. Os psicólogos têm, nesse caso, função comparável às manchas de tinta do Rorschach ou melhor ainda, às pranchas do TAT.

Observações - Tipo:
Todas as frases em que se emprestam aos psicólogos sentimentos ou pensamentos que eles não têm, são projetivas.
Exemplos: "Eles devem pensar que somos burros" (projeção de complexo de inferioridade).
"Eles são cientistas frios; não sentem nada" (projeção em geral feita até o fim do DRH por tipos cerebrotônicos extremos).
"Eles nos têm como cobaias" (idem). "Fulano é o chefe dele, é mais velho e está desatualizado."
"Eles nos espiam" (projeção do sentimento de culpa).

4. *Resistências e fugas:* As resistências se manifestam de várias maneiras:

a — *Fuga das Regras:* o grupo sai completamente do assunto.

b — *Refúgio* em afirmações gerais. Exemplo: "Eles são como nós".
(Sem que se diga como são ou como somos).

c — *Análise* gramatical ou crítica das regras.

d — *Concentração* sob aspectos da vida do grupo, *fora da situação* do grupo DRH.

e — *Silêncio.*

f — *Referências* aos psicólogos como uma entidade abstrata, sem individualização de cada um deles.

g — *Comentários* sobre os objetivos do DRH ou das regras.

h — Em geral, por todas as manifestações que permitem *evitar* ou *adiar maior implicação emocional* na situação. O grupo utiliza mais particularmente a *intelectualização* (ou isolamento), que consiste em tratar do assunto num plano puramente intelectual, tal como ocorre na conduta *obsessiva,* que elimina todos os aspectos emocionais do pensamento e da ação.

5. *Catarse:* Os fenômenos de catarse individual são freqüentes no DRH, sendo funções do ambiente "permissivo" criado intencionalmente.

Observações - Tipo:
"Eu não tenho cultura."
"Esse DRH faz mêdo na gente."
"Essa coisa aqui é chata."
"Isto aqui é uma palhaçada, eu não vim aqui para isto."
A catarse de problemas individuais também se faz através das projeções.

6. *Tomada de consciência:* A situação de constante frustração criada pelo DRH, força, a cada momento, os indivíduos a tomarem posição diante de uma série de situações: a implicação em que cada um se encontra põe em evidência uma série de aspectos da personalidade, que eram até então ignorados. Muitas vêzes, é o próprio grupo que provoca a tomada de consciência, seja através das suas reações contrárias a um traço da personalidade prejudicial à vida do grupo, seja apontando-o de maneira mais direta.

Observações - Tipo:
"Eu sou calado mesmo; eu sou assim."
"Sou teimoso, igual aos meus pais" (ver também I-A-2).
Poder-se-ia estender a lista a outros mecanismos de defesa; quisemos aqui apenas dar exemplos da riqueza do grupo DRH, no campo psicanalítico, o que, aliás, não tem nada de novo, já que técnicas análogas visam a psicanálise de grupos.

3. FUNÇÕES INDIVIDUAIS NA VIDA DO GRUPO

O grupo evolui para o seu objetivo, auxiliado por certos indivíduos que, identificando-se com os psicólogos e introjetando as suas mensagens e as regras, chamam a atenção do grupo sôbre elas. Essas funções são as que já descrevemos na "Introdução Histórica" e foram isoladas por Van Bockestaele. Elas se traduzem pelos seguintes tipos de conduta:

1.ª *Função de Integração:*

Custa ao grupo assimilar inteiramente as regras e as mensagens; certos indivíduos (em geral sempre os mesmos) procuram interpretar para o grupo o que os psicólogos disseram, ou buscam explicar detalhadamente as regras. Eles ajudam o grupo a assimilar a informação recebida.

2.ª *Função de Correção do Atraso:*

O grupo ou alguns membros do grupo encontram-se com certo descompasso em relação aos objetivos; por exemplo, um dos membros observa as reações individuais de cada psicólogo e verifica que eles têm conduta diferente entre si; enquanto isso, o resto do grupo interpreta, de maneira abstrata, os psicólogos, como se fossem cientistas que agem, pensam e sentem da mesma maneira. O grupo está em atraso em relação à descoberta dessa realidade; se o indivíduo que já realizou a nova aprendizagem, conseguir fazer evoluir o grupo, terá realizado a função de "Correção do Atraso".

Essa função existe, por conseguinte, cada vez que um indivíduo (ou parte do grupo) faz evoluir o grupo no sentido do objetivo.

3.ª *Função de Antecipação:*

Trata-se da percepção do objetivo a alcançar ou também da previsão do que vai acontecer. Por exemplo, certos indivíduos prevêem o que os psicólogos vão dizer, ou então, nas primeiras reuniões, um dos participantes diz: "Eles estão aqui para nos estimular e para ajudar-nos a desenvolver-nos a nós mesmos."

Resta saber qual o significado diagnóstico, quando determinado indivíduo toma as funções na mão. Parece-nos que elas se confundem com o que se costuma chamar de liderança e, provavelmente, os indivíduos que a exercem têm qualidades pessoais para liderar.

4. MATURIDADE EMOCIONAL

O conceito de maturidade emocional é de difícil definição e varia provavelmente em função da cultura: em certas regiões do Brasil, por exemplo, tomar atitudes drásticas é sinal de maturidade, enquanto, em outras regiões, a paciência e a diplomacia são as atitudes valorizadas. Feita essa ressalva, propomos a utilização de um critério operacional inspirado em H. Saxenian. O critério de maturidade proposto leva em consideração o modo pelo qual o indivíduo emite e recebe opiniões. Assim sendo, considera-se como tendo maturidade emocional o indivíduo que:

1. "Expõe as suas opiniões e expressa os seus sentimentos com franqueza."

2. "Que toma em consideração os pensamentos e sentimentos alheios, respeitando-os."

3. "Que não se deixa impressionar pela expressão dos sentimentos, tanto os próprios como os alheios, isto é, não tem medo de dizer o que pensa e sente, nem de ouvir as opiniões e sentimentos alheios."

Tais critérios, aplicados na situação de grupo DRH, levaram-nos, embora ainda sem sistematização, a observar não somente os indivíduos maduros mas, ainda, a verificar processos de amadurecimento emocional durante o DRH.

Com efeito, o DRH cria situações constantes, que forçam os indivíduos a pensar e a sentir o que os outros pensam e sentem, isto é, desenvolve a empatia; a própria regra pede que se faça isso, em relação aos psicólogos. Os que tinham uma linguagem egocêntrica passam, progressivamente, a ouvir e procuram compreender o ponto de vista alheio. A "regra da não omissão" obriga à franqueza, porém a proibição de todo comportamento não verbal impede a agressão física. Quanto à agressão oral, ela se dissolve progressivamente, à medida que o grupo se aproxima dos psicólogos, passa a compreendê-los melhor e as razões das agressões são analisadas.

Em resumo, o indivíduo aprende a falar francamente, a ouvir e a compreender o ponto de vista alheio, e a estabelecer comunicações sem ansiedade. O DRH parece desenvolver a "maturidade emocional", de maneira bastante eficiente, pelo menos no sentido operacional adotado aqui para o termo.

Quando falamos "parece", é porque não temos pesquisas sistematicamente organizadas que permitam afirmar isto com segurança. Há, no entanto, indícios, nas pesquisas relatadas neste livro, de que isso ocorre.

BIBLIOGRAFIA

1. BLAKE, T. R. P., "Applied Group Dynamics Training Laboratories", ASTD, feb. 1960.
2. BRYANT, A. L., "Functions of Participation" — Masters Thesis, Boston University School of Education.
3. SAXENIAN, H., "Criterion for Emotional Maturity", *Harvard Bus. Rev.*, Vol. 36, nov. 1958.

CAPÍTULO 4

Antropologia Cultural e DRH

OSMAR DE PAULA PINTO

1. INTRODUÇÃO

Trabalhando no Serviço de Orientação Psicológica do Banco da Lavoura, tivemos a oportunidade de participar de várias experiências de grupo. No início, duvidávamos que essas experiências pudessem trazer algo de importante para a Antropologia Cultural; mas, com o passar do tempo, começamos a perceber a significação dessas observações para o estudo de inúmeros problemas que preocupam nossa Ciência.

Além disso, nossa satisfação aumentava à medida que operávamos com outros especialistas do comportamento humano, principalmente psicólogos. Sentíamos, assim, que já havia passado aquela época em que os antropólogos se interessavam mais pela organização formal das diferentes culturas que pela forma em que a cultura determina a personalidade; da época em que os psicólogos se limitavam a estudar a conduta humana em laboratórios padronizados, esquecendo as tão significativas influências do meio. Felizmente, em nossos dias, os antropólogos descobriram a personalidade, e os psicólogos, a cultura, e ambas ás disciplinas começaram a colaborar frutiferamente no problema da interação entre esses dois fatores: Personalidade e Cultura.

O primeiro problema que nos preocupou foi o seguinte: Qual seria a função do DRH em nossa cultura, ou, mais precisamente, qual a sua função cultural na chamada Civilização Cristã Ocidental? Após algumas experiências, a questão foi esclarecida: ele constitui uma técnica para a incorporação ou ajustamento dos indivíduos no sistema de valores sociais e para a preparação desses mesmos indivíduos para ocuparem certos lugares de determinada estrutura social.

Outros problemas foram surgindo e, à medida que adquiríamos sensibilidade para os fenômenos que se passavam nos grupos e nos indivíduos, pudemos encontrar, na Antropologia Cultural, respostas e explicações para os mesmos.

Observamos na história de vida dos indivíduos a importância da acomodação às normas e pontos tradicionalmente transmitidos por sua comunidade. No nível de grupo, esclarecemo-nos sobre o condicionamento cultural da agressividade, da competição, da cooperação, do conflito, das comunicações, do controle emocional, etc.

Justificada, dessa forma, nossa participação no presente trabalho, passaremos agora, à análise de alguns tópicos nos quais nos foi possível maior colheita de dados.

Queremos, também, ressalvar que esta exposição constitui uma primeira tentativa de estudo dos fenômenos culturais, através de experiências de grupo; sujeita, portanto, a enganos e distorções. Se a fizemos, foi com a esperança de que suscite o interesse daqueles que lidam com Antropologia Cultural, no sentido de se preocuparem com as imensas possibilidades que as experiências de grupo oferecem para o esclarecimento de muitos problemas culturais.

2. Folkways e Mores

Durante as sessões de DRH, percebemos, através da verbalização, manifestações de *folkways* e *mores* pertencentes à nossa cultura. Antes, porém, de enumerá-los, transcreveremos as conceituações de Sumner e de Pierson sobre estes fenômenos.

Sumner [9] assim as caracteriza:

FOLKWAYS — são hábitos do indivíduo e costumes da sociedade que surgem dos esforços feitos para satisfazer necessidades; estão entrelaçados com fantasmagoria, com demonismo e com noções primitivas sobre a sorte, adquirindo desta maneira a autoridade da tradição, tornando-se, depois, reguladores das gerações sucessoras e assumindo o caráter de força social. Ninguém sabe de onde vêm nem como surgem. Desenvolvem-se como se movidos pela ação da energia interna. Podem ser modificados, mas só até certo ponto, pelos esforços deliberados dos homens. Com o tempo, perdem sua força, declinam e morrem ou transformam-se. Enquanto em vigor, controlam muito extensamente os empreendimentos individuais e sociais, produzem e alimentam idéias de filosofia e mística de vida. Entretanto, não são orgânicos nem materiais. Pertencem a um sistema superorgânico de relações, convenções e disposições institucionais. Seu estudo é exigido por seu caráter social, em virtude do qual são fatores importantes na ciência da sociedade.

MORES — são usos e tradições populares, quando incluem julgamento de serem proveitosos ao bem-estar social e de *exercerem coerção* para que o indivíduo se conforme com eles embora não estejam coordenados por nenhuma autoridade.

Pierson [7] os especifica da seguinte maneira:

FOLKWAYS — são formas de conduta que um povo desenvolveu durante a sua vida.

MORES — são formas de comportamento que são prezadas, consideradas com sentimento caloroso, mantidas com tenacidade.

A violação de um *folkway* por parte de um indivíduo de determinada cultura, provoca nos outros indivíduos dessa mesma cultura o riso e a ridicularização. A violação de um *more* traz uma reação de choque e indignação.

Nos grupos que tivemos ocasião de observar, anotamos os seguintes:

Folkways:

1. *Sobre o assunto Casamento:*

    Observações - Tipo:
    "A M. deve estar arrependida de estudar muito. Moça que quer casar não deve ficar estudando muito; assim, não arranja marido nenhum."
    "O C. não vai casar com uma moça sem conhecer a família dela."
    "Em muitas regiões do Brasil, são toleráveis as aventuras extra-conjugais do homem casado."
    "O Amor de C. e L. não é razão para desquite. As esposas se conformam"; e, *justificando:*
    "Tem mais lógica que o elemento másculo procure outro elemento para procriação... Ninguém nunca viu num terreiro cinqüenta galos e uma galinha."
    "Casamento, para ser bom, tem de ser bendito por Deus."

    Nestes casos, localizam-se os seguintes *folkways:*
    Mòça que quer casar não deve estudar muito; o rapaz, antes de casar, deve conhecer a família da noiva; o homem casado pode ter outras mulheres, além da esposa; o casamento feliz é aquele que é abençoado por Deus.

2. *Sobre o assunto Competição:*

    a) A competição é produto da vaidade humana.

    Observações - Tipo:
    "É natural que entre os homens, pela própria vaidade, haja competição."
    "Ela quis subir porque é vaidosa."

    b) Alguns métodos, apesar de recriminados, são aceitos na competição: *traição, protecionismo, espionagem, puxa-saquismo* (bajulação), etc.

Observações - Tipo:
"O R. já percebeu que o D. quer jogá-lo fora; então, como ele não tem recursos para competir, acha de puxar o saco dele."
"E. sabe que a L. é protegida de C. e tem, portanto, mais chance de subir."
"O R. quer fazer a 'caveira' do D. com a diretoria, para poder ser o chefe."
"O E. anda espionando o C., para ver se o pega em alguma tramóia. Se conseguir, ele conta tudo para o chefe e vai ter melhores chances."

c) A dignidade do Homem exige que ele use meios lícitos ao competir.

Observações - Tipo:
"L. trabalhou, esforçou-se, o prêmio é justo."
"E. continua estudando para chegar ao posto."
"L. vai ter uma atitude moral boa, para conseguir uma posição."
"O E. pensa em aperfeiçoar-se para futuras oportunidades."

2. *Sobre o assunto Mulher:*

a) O homem deve ser delicado, quando em presença de mulheres.

Observações - Tipo:
"Não podemos falar pornografia. Tem moça presente."
"Devemos ser polidos com as moças."
"Numa mulher não se bate nem com uma flor."

b) A mulher é feita para o lar; não deve trabalhar fora de casa.

Observações - Tipo:
"A M. está pensando que se, em vez de ter estudado Psicologia, estivesse na cozinha preparando pratos e preparando-se para o casamento, em vez de estar sentada nessas cadeiras duras, que dão até calos, estaria lucrando muito mais."
"Imagino que ela tem sua parte de mulher: gerar e criar filhos, ter um marido e um lar. Se não conseguir isso, ela não se sentirá bem."
"M., depois de casada, vai preferir ficar em casa."
"L. vive o drama de ficar velha sem se casar."
"L. alimenta a esperança de ter um lar ao qual possa dedicar a sua vida."

c) Nas relações Homem x Mulher, o homem deve ter ascendência.

Observações - Tipo:
"Ele, sendo do sexo superior, pode facilmente fazê-la submeter-se aos seus desejos."
"Normalmente, o homem deve ter ascendência sobre a mulher."
"Aos homens pertence o primeiro lugar. Não aceitarei jamais ordens de mulher."

"É um fracasso ser chefiado por mulher."
"A mulher não tem a mesma autoridade do homem."

Mores

1. *Sobre o assunto Casamento:*

   a) O homem casado deve arcar com as responsabilidades financeiras da família.

   Observações - Tipo:
   "E. acha que o ordenado é pouco. Não pode casar-se."
   "Ele não ganha o suficiente para sustentar uma família."
   "O E. é um homem falido, não tem mais dinheiro para sustentar a esposa e os filhos."

   b) O homem casado não deve permitir a traição da esposa.

   Observações - Tipo:
   "C. ficou furioso vendo a esposa nos braços de outro."
   "É uma desonra o homem casado ser traído pela mulher."

2. *Sobre o assunto Competição:*

   Um cargo de confiança não se pede: consegue-se.

   Observações - Tipo:
   O D. tem valor, pois fez muito esforço para chegar à chefia."
   "O E. é malandrão, quer posição sem trabalhar."
   "Subiu porque demonstrou competência."
   "Ele não presta, subiu por meios ilícitos."

Com essas observações, cremos ter demonstrado a validade da experiência de grupo, como técnica a ser utilizada para catalogação de *folkways* e *mores* de determinada cultura ou subcultura.

3. VALORES

O aparecimento de uma civilização urbana industrializada, modificando estruturas sócio-econômicas, acarretou uma transformação profunda nos valores culturais de vários povos. As antigas interpretações do Mundo, da Vida e do Homem ruíram por terra, dando margem ao aparecimento de uma nova ordem de valores culturais, que satisfaz às necessidades teleológicas do homem. Assim, a sociedade industrial moderna criou um novo tipo de personalidade: *o Homem ocidental moderno*. O aumento e a proliferação de grupos, os mais diversos, exige desse novo personagem um maior grau de alocentrismo, isto é, maior sociabilidade nas relações humanas. Aparece, então, o valor *Sociabilidade* como uma necessidade da própria cultura para se manter. Ao mesmo tempo, tornou-se necessária maior objetividade e controle emocional, por parte dos indivíduos integrantes dessa cultura, cujos principais valores são a produtividade e o avanço técnico. Além disso, é imprescindível cuidar das satisfações internas e externas dos personagens envolvidos — o que é alcançado, principalmente, através da correção das cibernoses, isto é, dos disfuncionamentos das comunicações nos grupos.

A *racionalidade,* outro valor cultural de nossos dias, valoriza o tratamento científico das forças sociais, objetivando a modificação do comportamento individual e grupal. Dessa forma, os trabalhos de reeducação, através das técnicas de grupo, têm grande importância atualmente.

Já foram fixados no início do presente volume os objetivos do DRH. Pode-se notar que as suas principais funções são a conscientização e o fortalecimento dos valores considerados importantes para a manutenção desta nova fase cultural do Ocidente. *

4. ESTEREÓTIPOS

Nossas opiniões e atitudes são grandemente influenciadas por estereótipos ("imagens mentais"). Muitos cientistas sociais afirmam que somente parte de nosso conceito de um objeto é constituída por impressões sensoriais imediatas ou acumuladas; assim, a outra parte é formada por idéias acerca da classe a que pertence o objeto, na maioria das vezes com provas insuficientes. Dessa forma, nosso conceito torna-se um composto de caráter real e suposto do objeto.

Alguns estudiosos do assunto, levando em consideração a freqüência e a larga aceitação dos estereótipos, sugeriram que êles devem ser verdadeiros, ao menos em parte, apesar de pesquisas recentes demonstrarem que eles se desenvolvem sem qualquer base na realidade objetiva.

Para as Relações Humanas, é de grande importância o estudo dos estereótipos, pois êles falseiam consideravelmente os julgamentos.

Enumeramos, abaixo, uma série de estereótipos, sobre alguns assuntos, que conseguimos captar nas diferentes experiências de grupo de que participamos:

1. *Sobre Mulher*

    Observações - Tipo:
    "A mulher não sabe pensar como o homem."
    "A mulher tem sentimentos nobres. Não é assim tão bestial como o homem."
    "Mulher é só sexo."
    "Mulher não serve para mandar."

* Ver "Introdução Histórica", Quadro Sinótico n.º 1 pág. ...

2. *Sobre o Casamento*

   Observações - Tipo:
   "Casamento não presta."
   "Casamento é só para mulher."
   "Casamento foi feito para trouxas."
   "O casamento é a melhor coisa do mundo."

3. *Sobre Psicólogo*

   Observações - Tipo:
   "Psicólogo não pensa em dinheiro."
   "Psicólogos sabem suportar a dor e o orgulho."
   "Psicólogo é metido a mago."
   "São adivinhões."
   "São feiticeiros."
   "Psicólogo adivinha o pensamento."
   "Psicólogo trata de doido."
   "Os psicólogos conhecem pelo mínimo gesto."
   "Os psicólogos conhecem pela letra."
   "Os psicólogos vêem as coisas teoricamente."

4. *Sobre outros assuntos*

   Observações - Tipo:
   "Paulista é arrogante; carioca, malandro; baiano, comedor de jabá."
   "Negro é burro."
   "Não gosto de gente estudada; eles acham que sabem tudo."
   "Rico desajustado é nervoso, e pobre é doido."
   "Mineiro é pão-duro e desconfiado."

5. DRH COMO DIAGNÓSTICO DE MUDANÇA CULTURAL

Quando, numa determinada sociedade, os indivíduos se sentem livres para debater determinados assuntos, que antes eram considerados tabus, estamos em presença de uma situação de transformação cultural. Assim, o DRH constitui um bom campo de observação antropológica, pois, através dos debates, o estudioso tem oportunidade de perceber opiniões favoráveis e desfavoráveis sobre certos padrões de comportamento.

Como exemplificação, transcreveremos, a seguir, alguns diálogos que apontam, claramente, certas modificações que vêm sofrendo nossa cultura.

1. ASSUNTO: *A mulher começa a competir com o homem.*

   Observações - Tipo:
   "O D. está pensando: será que a Diretoria do Banco não pensou que admitir moças no Banco seria o maior abacaxi? Mulher não pode enfrentar os mesmos problemas do homem. E o Banco já vai só enchendo de mulheres e isso é um grande abacaxi."
   "O D. pensa que isso não é verdade, porque a percentagem de mulheres é pequena e elas se saem muito bem nos cargos que ocupam."

"Toda mulher que compete com o homem acha que o mundo é dela."
"A mulher está competindo com o homem em todos os sentidos. E isto é muito bom para nós e para elas."
"É, mas não fica bem um homem ser chefiado por uma mulher."

2. ASSUNTO: *Hábito de fumar entre as mulheres.*

   Observações - Tipo:
   "O E. desaprova o hábito de L. fumar, porque é uma coisa abominável e feia para a mulher."
   "Podia fumar em casa, mas aqui não."
   "E. pensa que a mulher fuma nos tempos atuais; por que não? Ela está competindo com o homem em tudo."
   "E. acha que no Brasil, o vício de fumar para a mulher é condenável."
   "Imagino que D. pensa que L. fuma para se distinguir, se destacar, não há mal nisso."

3. ASSUNTO: *Aventuras extra-conjugais e dissolução do casamento.*

   Observações - Tipo:
   "O homem casado não deve sair da linha."
   "Não é desonra um homem casado gostar de uma moça, e vice-versa, desde que haja respeito."
   "Mas o casamento é indissolúvel."
   "Para que existe o desquite?"

6. IMPORTÂNCIA DAS INTERVENÇÕES DE CARÁTER ANTROPOLÓGICO NO DRH.

As intervenções de caráter antropológico no DRH visam conscientizar os participantes dos condicionamentos culturais a que está sujeita sua conduta. Assim, modificando-lhes a mentalidade comunitária para uma mentalidade cosmopolita, êles terão oportunidade de encarar com maior compreensão e objetividade certos problemas de relações humanas que podem surgir em suas relações sociais.

BIBLIOGRAFIA

1. FROMN; E., *Psicanálise da Sociedade Contemporânea*, Rio de Janeiro, Zahar Editores, 1959.
2. HERSKOVITS, M. J., *El hombre y sus obras*, México, F.C.E., 1952.
3. HORNEY, K., *A Personalidade Neurótica de Nosso Tempo*, São Paulo: Editora Civilização Brasileira, S/A., 1959.
4. KLINEBERG, O., *Psicologia Social*, Rio de Janeiro, Editora Fundo de Cultura S/A., 1959.
5. KLUCKHOHN, C., *Antropologia — Um Espelho para o Homem*, Belo Horizonte, Editora Itatiaia, 1962.
6. OGBURN, W. F., e NIMKOFF, M. F., *Sociología*, Madrid, Aguilar, 1958.

7. PIERSON, D., *Teoria e Pesquisa em Sociologia*, São Paulo, Edições Melhoramentos, 1948.
8. SOROKIN, P. A., *Sociedad, Cultura y Personalidad*, Madrid, Aguilar, 1961.
9. SUMNER, G., *Folkways*, São Paulo, Livraria Martins, 1950.

CAPÍTULO 5

DRH e Psicopatologia
J. ENNES RODRIGUES JR.

Manifestações individuais de cunho psicopatológico podem ser observadas no decorrer das sessões de DRH (grupo). Algumas são confirmadas pelos testes projetivos ou mesmo nas entrevistas de seguimento à dinâmica de grupo e, ainda, nas aulas teóricas. Essas manifestações, que abrangem quase toda a gama de nosologia psicopatológica, não obrigam, necessariamente, à formulação de diagnósticos psiquiátricos. Trata-se de pessoas que, pela função de dirigentes numa empresa, demonstram um grau de equilíbrio e ajustamento que deve satisfazer às exigências mínimas de "normalidade" psicológica. Por isso, preferimos rotular essas manifestações como *de cunho psicopatológico,* ao invés de francamente psicopatológicas. A natureza do trabalho, o ambiente e as normas da empresa se encarregam, automaticamente, de uma triagem natural.

Eventualmente, podem ser observados casos que, a despeito da seleção natural, e à luz do processo de orientação, se apresentem como larvados, involutivos ou processuais. São raros, e sua detecção pelo psicólogo sem formação clínica ou psiquiátrica nem sempre é fácil. A grande maioria dessas manifestações, que denominamos *de cunho psicopatológico,* representa traços exaltados de mescla com fatores reacionais ou situacionais. A situação de insegurança, conflito, tensão e ansiedade, criada e mantida pelas regras estritas de funcionamento e pelos entrechoques intra e inter-pessoais, intra e inter-grupais, constitui o caldo de cultura que permite a reprodução, *in vitro,* da fenomenologia vivencial básica.

De um modo ou de outro, o indivíduo trai, então, as suas debilidades estruturais fronteiriças. Assistimos, assim, ao encontro do biofísico com o biossocial — que é a característica marcante da psicologia grupal.

Faltou-nos, de algum modo, no decorrer de nossas observações, o ensejo da organização de uma instrumentalidade sistemática, que nos permitisse um tratamento específico dos dados colhidos. Nossa observação, presa a outros objetivos, foi, nesse sentido, acidental e errática. Por isso, a finalidade deste capítulo, longe de ser pretensiosa, é o simples registro de acidentes psicopatológicos no decorrer de uma experiência de grupo, repetida a intervalos.

Um esquema nos ocorreu *a posteriori* que, embora simplista e artificial, guarda as vantagens da abrangência e da acentuação fronteiriça das manifestações, o que atende a nossas condições.

Classificamos os fenômenos nas seguintes categorias:

1. *Neuróticos* ....
   - Obsessividade
   - Compulsividade
   - Histeroidia
   - Neurastenia
   - Ansiedade
   - Angústia
   - Fobia

2. *Paranóides* ....
   - Desconfiança
   - Projetividade

3. *Esquizóides* ....
   - Autismo
   - Indiferença (anafetividade)

4. *Epileptóides* ....
   - Descargas afetivo-motoras
   - Viscosidade

5. *Ciclóides* ....
   - Elação
   - Depressão
   - Alternância afetiva

6. *Psicopáticos* ....

7. *Distúrbios psico-fisiológicos* ....
   - Digestivos
   - Respiratórios
   - Circulatórios
   - Urinários

8. *Psicopatologia Sexual* ....

9. *Regressões* ....

Faremos, agora, um breve comentário sobre cada tipo de manifestação, tal como se apresenta, geralmente, no grupo DRH.

Obsessividade: O participante se preocupa e se angustia com detalhes de horário das sessões, posição dos componentes e/ou minúcias do funcionamento. Sua escrupulosidade geralmente enfada, irrita e atrasa o grupo. Costuma querer estabelecer uma seqüência rígida de verbalização. É manifestação mais freqüente nos grupos compostos de pessoas que trabalham em serviços internos e de rigor.

Compulsividade: Fenômeno muito ligado ao anterior, de que é parte, evidencia-se em impulsos incontroláveis para falar, interferir, sistematizar, resumir, recomeçar, etc. Conforme as características e desenvolvimento do grupo, pode ser sentido pelo mesmo como útil ou perturbador.

Histeroidia: É muito rara a conversão simbólica padronizada. Encontramos manifestações histeróides, como exibições teatrais, afirmação egocêntrica, habilidade, imaturidade e condutas reivindicadoras e/ou culpabilizantes. Riso histérico em momentos de tensão é manifestação freqüente.

Neurastenia: Manifesta-se por irritabilidade, impaciência e intolerância, fadiga fácil e mau-humor constante. O indivíduo costuma ser percebido pelo grupo como o "do contra", "desmancha-prazer", etc.

Ansiedade: É o fenômeno mais corrente, como seria de esperar. Tratamo-lo, aqui, num nível um tanto exacerbado, já que, pelo nosso esquema, não caberia falar da ansiedade "comum". Há casos em que o participante desenvolve uma ansiedade tão intensa que pode acercar-se da dissociação. Houve um, mesmo, que teve reativada dipsomania, exigindo orientação à parte, bem sucedida, a tal ponto que se tornou um dos participantes mais atuantes. O próprio grupo passa a se preocupar, às vezes, com esses casos.

Angústia: Essa designação é aqui reservada para a ansiedade que se exterioriza por perturbações dramáticas de natureza física: palpitações, dispnéia, palidez, inquietude, etc. Na técnica do DRH, são bastante raras.

Fobia: Manifestações de caráter fóbico são observáveis e, às vezes, confessadas pelos participantes. Quase sempre, estão longe de apresentar a feição aguda, intensa e dramática do quadro fóbico tradicional.

* * *

Paranoidia: As manifestações paranóides mais evidentes são a *suspeitabilidade* e a *projeção*. No grupo DRH, aparecem com grande freqüência. A própria situação à base de um mecanismo projetivo imposto pelas regras, favorece o seu aparecimento. Dever-se-ia, inclusive, determinar até que ponto tal exigência seria nociva, do ângulo psico-higiênico. Observam-se casos em que a projeção vai bem longe, distanciando-se da limitação imposta pelo espírito de jogo e pela objetividade remanescente. De certa forma, o participante ingressa em verdadeiro delírio. Ainda não foi verificada, contudo, precipitação de quadro psicótico, sobre mais de 1500 pessoas, o que quase anula a probabilidade de ocorrer tal fenômeno.

A suspeitabilidade se manifesta através da preocupação de que existam gravadores ocultos na sala de sessões ou observadores disfarçados. Também é freqüente a idéia de que as anotações se destinam a fins secretos, comprometedores, junto à Empresa, que estaria usando a técnica para obter informações sob disfarce.

Idéias de perseguição aparecem mais raramente.

Parece que os grupos compostos por indivíduos que trabalham em fiscalização são mais propensos às manifestações paranóides. Haveria, aí, o fator deformação profissional.

Esquizoidia: Os fenômenos mais observáveis, nesse sentido, são o *autismo* e a *anafetividade.* Houve casos de o indivíduo, durante todo o tempo, não pronunciar uma palavra sequer e manter-se praticamente alienado do grupo. À parte de qualquer envolvimento, não sentindo com o grupo. Casos assim, conforme o grupo, podem suscitar preocupações de integração por parte do grupo, atraso de desenvolvimento ou rejeição.

Epileptoidia: Observam-se casos de *descargas afetivo-motoras,* como resultado de características afetivo-acumulativas. O indivíduo, aparentemente quieto e alheio, de repente explode, dando murros na mesa, gritando impropérios, em pranto, ou evadindo-se da sala. Às vezes, ameaça os psicólogos, ou bate a porta com estrondo.

A *viscosidade* é muito freqüente, pelo que temos podido observar. O participante mói e remói as palavras, repete, resume e retoca as expressões, fica como que preso ao que diz, numa verbalização interminável. Quase sempre o grupo se ressente; impacienta-se, pede pressa ao participante, não lhe dá ouvidos, sentindo-o como estorvo ao seu desenvolvimento. Às vezes, critica-o abertamente, de modo acerbo ou com ironias. Muitas vezes, leva-o a um silêncio azedo.

Cicloidia: É possível observar reações afetivas polares, unilaterais ou alternantes, no grupo DRH. Independentemente das reações grupais, respostas às fases por que passa o grupo — como certa *depressão,* nos momentos de fracasso, e *elação,* quando o grupo assimila as regras e recebe o *"referendum* dos psicólogos, — salientam-se tonalidades individuais características.

Psicopatia: Há manifestações individuais que lembram estados psicopáticos. Aqui, porém, pela complexidade do problema, há uma insegurança total de avaliação, a menos que, posteriormente, as entrevistas e testes projetivos venham a confirmar ou infirmar suspeitas. Vários síndromes psicopáticos podem ser observados: ansiosa, ostênica, instável, agressiva, associal, etc.

Distúrbios psico-fisiológicos: Incluímos aqui todas as repercussões *cardiovasculares, respiratórias, digestivas, urinárias, cutâneas* e *fonéticas* de caráter agudo (situacional) e de natureza psicogênica. Há, talvez, certa superposição com as reações emocionais em geral, no seu componente visceral. Não se enquadram aqui os distúrbios de natureza crônica, estruturada simbólica, conversiva ou neurótica-vegetativa. Por isso, evitamos o termo abrangente "psicossomático".

Disenterias, anorexias, dispnéia, polaciúria, hipo e hipertensão, gastrite, palpitação, insônia, tonturas, espermatorréia, discinéias biliares, plifagia, enurese, gagueira, etc., são algumas das manifestações vistas. O problema, aqui, está em se fazer um estudo sistemático para separar os fatores fortuitos dos da causalidade defendida. Nossa observação, porém, coloca fora de dúvida a vinculação dessas manifestações, pelo menos como fator desencadeante, com a situação da experiência.

Psicopatologia sexual: Através das verbalizações e situações artificialmente criadas pelo grupo, surgem reflexos de problemática sexual, na riqueza de sua gama. Um dos fenômenos que aparecem com insistência é a repressão sexual — produto da nossa cultura.

A falta de naturalidade, a inibição e timidez com que o grupo trata o assunto, refletem isso. Às vezes, nota-se o contrário. Colocado em situação que exige espontaneidade e implicação (como advertem os psicólogos), o grupo chega a uma autêntica catarse sexual. A presença da psicóloga (há sempre uma psicóloga nas equipes) oferece um estímulo variável, ora inibindo o grupo, ora espicaçando o prazer exibicionista e sádico de dizer pornografias na frente dela, imaginando situações carregadas de erotismo. Chegou mesmo a criar-se a tradição informal de que, em matéria de DRH, "o negócio era falar de sexo", o que trai a extensão e profundidade da repressão sexual.

É muito variada a apresentação de aspectos sexuais no DRH, quase a exigir um estudo à parte. Limitar-nos-emos a citar, sem comentários, os fenômenos mais freqüentes: *repressão sexual, sadismo, masoquismo, exibicionismo, erotomania* (obsessão sexual), *voyeurismo, fetichismo,* etc. A homossexualidade é sempre referida com pejorativos e utilizada, inclusive, para agredir os psicólogos (imaginando que eles a pratiquem).

Uma observação interessante é a de que os participantes do grupo obtêm uma satisfação sexual substitutiva, imaginando a psicóloga como amante do psicólogo, com o qual se identificam. A intolerância frente à infidelidade da mulher é uma observação freqüente.

Regressões: Se, no nível grupal, se nota, antes de sua integração, que o grupo passa por uma fase de regressão, no plano individual também se observam fenômenos semelhantes.

Chacotas, brincadeiras, jogos, enfim, todo um comportamento infantil assinala manifestações tipicamente regressivas. Escondem objetos dos psicólogos, como maços de cigarros, canetas, etc. Fazem, durante os intervalos, desenhos humorísticos no quadro negro, representando situações do grupo. Colocaram, certa vez, um chuchu na mesa dos psicólogos.

Essas manifestações constituem, às vezes, um desafio a que os psicólogos se comuniquem emocionalmente com o grupo, ou expressem competição ou agressividade para com os seus membros.

Conclusões:

É preciso repetir, ao final deste capítulo, que todas as manifestações descritas se processam no nível "normal"; isto é, embora *de cunho psicopatológico,* pertencem a pessoas que se situam na faixa de "normalidade psicológica".

É bom salientar, também, o caráter agudo, situacional e irreversível dos fenômenos comentados, que encontram o seu tratamento na própria evolução do grupo. Aliás, ocorrem em qualquer tipo de grupo, como reuniões, congressos, etc.

A técnica do grupo DRH — concluímos — é uma experiência delicada, rica e complexa, exigindo do psicólogo que a orienta o tino e a oportunidade para localizar e apoiar casos fronteiriços extremos, exacerbados pela situação.

Nada parece possuir, porém, de técnica fantasma ou perigosa.

CAPÍTULO 6

Modelos Matemáticos e Cibernéticos

CÉLIO GARCIA

PRIMEIRAS CONSIDERAÇÕES

Já muitos autores colocaram como primeira frase de seus trabalhos aquela em que se assinala o progresso das Ciências Sociais nestes últimos tempos. Será em um contexto de progresso (aceito pela maioria) que vamos colocar nossas reflexões. Certamente que, em Ciências Sociais como em outras Ciências, a geração que se sucede aos primeiros tem a curiosidade de verificar se os resultados encontrados uma vez serão confirmados. Assim, nada mais natural do que este esforço de delimitação das variáveis em jogo, atualmente em voga. Já o desenrolar de uma pesquisa encaminha, quase que necessariamente, o pesquisador para uma formulação mais rigorosa das premissas anteriormente propostas, assim como seus instrumentos de trabalho podem vir a se tornar inadaptados às soluções que se fazem urgentes para a continuação dos trabalhos. Por outro lado, o material manipulado atualmente pelos técnicos em Ciências Sociais parece bastante complexo e está a exigir do pesquisador que ele consiga resumir com simplicidade e clareza os primeiros passos, os fundamentos de sua pesquisa. Em fase mais avançada, se não dispõe de uma formalização rigorosa, ressente-se da pobreza de seus postulados. Somente um modêlo de amplas perspectivas permite a incorporação de novas hipóteses. Ora, acontece que o vocabulário utilizado até bem pouco tempo pelas Ciências Sociais era todo eivado de conotações estranhas a essa Ciência. Não era dado ao pesquisador em Ciências Sociais levar até as últimas conseqüências aqueles dados que haviam sido recolhidos e controlados em seu trabalho, por vezes original e rico em sugestões para Ciências afins.

A PROCURA DE UM NOVO ALFABETO

Uma tradição vinda de Condorcet e Cournot, na França (vejam-se Fernando de Azevedo [2] e Robert Pages [12]), fornecia no momento oportuno aquilo de que os estudiosos mais precisavam.

Dizemos "no momento oportuno" em virtude das tentativas bem sucedidas que havia empreendido a Economia, no sentido de utilizar modelos e sugestões provenientes da Matemática. Assim sendo, foi relativamente fácil para os estudiosos em Ciências Sociais encaminharem-se para uma nova etapa no desenvolvimento dessa Ciência.

O primeiro entre os modernos a haver tentado a utilização de modelos matemáticos em Ciências Sociais foi KURT LEWIN, quando procurou adaptar os princípios da Topologia aos problemas de *life space* e de Psicologia Dinâmica [8, 9, 10].

Sobre o que queria LEWIN, nem todos os que comentaram sua obra estão de acordo. Assim é que, para alguns, as fórmulas propostas por LEWIN não seriam senão instrumentos de representação; para outros, a representação e o raciocínio estariam fundados em modelos matemáticos. Segundo esta última perspectiva, LEWIN teria aberto uma pista para a abordagem do estudo dos grupos, fundada, por exemplo, na teoria dos gráficos, gráficos que seriam uma representação a partir da qual trabalhariam os pesquisadores.

Sendo BAVELAS um dos autores que adotaram o segundo ponto de vista, tendo contribuído com pesquisas que vão mais adiante comentadas, vejamos como ele se define:

Na verdade, Lewin nunca pretendeu utilizar a geometria como um meio para produzir diagramas ou ilustrações. Suas representações geométricas não eram unicamente analogias que pudessem ser abandonadas desde o momento em que determinadas implicações as tornassem inconvenientes.

Portanto, as representações geométricas em questão tinham a pretensão de ser uma colocação matemática das relações estudadas: não uma colocação daquilo que a situação parece ser, mas uma colocação daquilo que a situação é [3].

Desde então, não tem cessado o interesse pela procura de uma exposição mais coerente, mais consistente, que seja capaz de proporcionar às Ciências Sociais o âmbito de expansão de que ela se torna capaz. Essa coerência, essa consistência, têm sido conseguidas ao se isolar o aspecto formal dos assuntos, merecendo ele tratamento especial fora do quadro concreto sociológico ou psicológico [5].

Esses autores apontam ainda as seguintes vantagens em resposta à pergunta: por que seriam utilizados nas Ciências Sociais os modelos matemáticos?

a) maiores facilidades no sentido da aplicação da lógica dedutiva;

b) criação de uma fonte de novas hipóteses, susceptíveis de serem testadas experimentalmente;

c) criação de um quadro capaz de testar a adequação de antigos conceitos;

d) torna possível a manipulação de postulados e definições, em vez de situações e entidades, o que resulta em maior desembaraço para o pesquisador.

A PROCURA DE TÉCNICAS

CLAUDE LEVI-STRAUSS e GEORGE GUILBAUD [7], o primeiro, etnólogo e professor no Collège de France, o segundo, matemático e diretor do Institute des Sciences Humaines Appliquées, travaram certa vez um debate em que o matemático procurava convencer o etnólogo de que a matemática é cousa fácil e ao alcance de todos. Resultado: pelo menos, aparentemente, não conseguiu. Mas uma das idéias fundamentais ventiladas nessa discussão consistiu em dizer (e sobre isto ambos concordaram): há, no domínio das ciências humanas, pessoas perfeitamente convencidas de que a especialidade de cada um só terá a ganhar com a utilização das matemáticas; encaram esses técnicos o momento em que essa convicção poderá transformar-se em realidade, como verdadeira terra prometida, mas consideram que os membros desta geração chegam muito velhos a essa fronteira...

De fato, torna-se difícil, para não dizer impossível, que, dada a estrutura atual de nosso ensino, um técnico em Ciências Sociais possua, ao mesmo tempo, a formação matemática suficiente para levar a cabo, sem a cooperação de outros técnicos, os trabalhos exigidos pelo desenvolvimento desta ciência. E, no entanto, a moderna literatura em Ciências Sociais está toda eivada de termos como estrutura, *pattern,* configuração, que nada são senão manifestações do mesmo conceito abstrato já definido na teoria dos gráficos (veja-se HARARY e NORMAN [5].

Dentro deste período de transição, em que as contradições são várias, surgem certas objeções, as quais, como era de se esperar, combatem o emprêgo das matemáticas, quando aplicadas às Ciências Sociais. Aqui, não discutiremos estas objeções. Cabe-lhes, de qualquer forma, o mérito de haver criticado o emprego indevido, provocado pela ousadia de um pesquisador mais novo, de instrumentos ainda não completamente elaborados: o bom senso e a intuição do pesquisador serão mais úteis que as fórmulas matemáticas baseadas sobre observações quantitativas.

KENNETH J. ARROW [1] lembra que as objeções podem ser enumeradas, dos seguintes pontos de vista:

a) não se poderia converter seres humanos em fórmulas matemáticas;

b) o domínio das Ciências Sociais estaria ligado à análise qualificativa, enquanto que a análise matemática seria essencialmente quantitativa;

c) a intuição do pesquisador hábil seria bem mais útil que fórmulas matemáticas baseadas em observações quantitativas.

d) os modelos matemáticos seriam excessivamente simplistas, incapazes de traduzir a complexidade da "realidade".

e) os técnicos em Ciências Sociais teriam preferido evitar a utilização da matemática, devido à grande aridez dessa Ciência e conseqüente dificuldade de abordagem inicial.

Não discutiremos, como já dissemos acima, essas objeções. Não tem essa pretensão o presente artigo. Lembramos uma solução prática que nos parece adaptada à atual situação. Nos Estados Unidos, o Social Science Research Council, juntamente com a Ford Foundation, tem patrocinado seminários destinados a fornecer formação matemática a técnicos em Ciências Sociais, assim como formação em Ciências Sociais a estudiosos da matemática. Na França, GEORGES GUILBAUD, ROBERT PAGÉS e outros têm organizado, no quadro de atividades da Ecole des Hautes Études, seminários com as mesmas características que seus congêneres americanos. Além disso, a cooperação no interior da mesma equipe tem sido utilizada: o Research Center for Group Dynamics conta com a colaboração permanente de matemáticos, cuja presença tem, no mínimo, evitado que se redescubram certas cousas que a matemática conhece há bastante tempo, ou que se dêem nomes diferentes a conceitos já formulados e submetidos a prova em diferentes setores da matemática. Afinal de contas, como lembra LAZARSFELD [6], nem as Ciências Sociais nem as Matemáticas estão encerradas uma vez por todas em seu estado atual, e a evolução estará provavelmente sendo influenciada por esse contato, que se anuncia promissor.

O CASO DAS APLICAÇÕES DA TEORIA DA DINÂMICA DE GRUPO

Desde KURT LEWIN, vem sendo tentada uma série de aplicações mais ou menos felizes da teoria da Dinâmica de Grupo. *

O grupo é então utilizado como um meio para fornecer informação e sobretudo para transformar indivíduos. Instrumento terapêutico, meio de formação e treinamento em relações humanas, meio de pressão sobre o indivíduo, o grupo é um meio para se alcançar mudança de hábitos, atitudes e preconceitos. O desenvolvimento impressionante dessas técnicas, desenvolvimento este nem sempre apoiado por uma reflexão teórica suficiente, aguça o problema de uma formalização rigorosa que possa vir a preencher uma lacuna ressentida pelos técnicos na rotina profissional. G. DE MONTMOLLIN [11] chama a atenção para a escassa validade com a qual possam contar os profissionais, assim como para a ausência de base teórica com relação a estas aplicações. No entanto, acrescenta MONTMOLLIN, quaisquer que sejam os limites atuais dessas tentativas, elas existem; tornaram-se mesmo um dos capítulos mais importantes da Psicologia Social e uma das novas formas da Psicologia contemporânea. Em virtude dessas considerações é que achamos oportuno chamar a atenção para estudos recentes que visam justamente preencher esta lacuna.

RASHEVSKY [6] analisa os efeitos dos contatos a que estão submetidas as pessoas em um grupo, nos seguintes termos: cada pessoa em um grupo possui certos traços e certa probabilidade de contato com as outras pessoas do grupo. Os traços de cada indivíduo serão mais ou menos afetados em virtude dos contatos mútuos mantidos. Sendo dada uma distribuição inicial de traços, que novas distribuições podem ser previstas, uma vez vivenciados os contatos?

Evidentemente, as coisas, na realidade, são mais complicadas do que pode deixar transparecer a leitura deste artigo. E não vamos entrar no desenvolvimento do trabalho de RASHEVSKY. O próprio organizador da publicação, PAUL LAZARSFELD [6], reconhece que o equipamento matemático de RASHEVSKY não é simples. Há neste mesmo livro, a pedido do organizador, outro capítulo destinado a esclarecer certos pontos abordados por RASHEVSKY, exatamente porque a publicação se destina a estudiosos em Ciências Sociais. É mais um exemplo fecundo, em que a colaboração entre técnicos de formação matemática e técnicos de formação em Ciências Sociais podem chegar a colocar o mesmo problema de maneira adequada para ambas perspectivas, fornecendo, ao mesmo tempo, pistas por onde poderão encaminhar-se os dois técnicos para a solução conveniente. Fica aqui consignada, pois, a sugestão e o voto de que venha a ser aplicada em nosso meio.

Sabemos que, na França, merece o assunto especial atenção. Uma das tendências mais interessantes na aplicação de técnicas derivadas da Dinâmica de Grupo envida esforços no sentido de uma adequação das observações já acumuladas dentro de um modelo proveniente da Cibernética.** Uma das aplicações concretas desta abordagem encontrou sua forma em uma utilização particular do chamado "jogo de negócios". Trata-se de um conjunto de conceitos capazes de constituir uma metodologia particular, cujos elementos seriam os seguintes:

a) abordagem informacional de um sistema concreto, simbolizado pela noção de "caixa escura";

b) utilização conceitual sistemática de modelos especialmente descritos para essa abordagem;

c) utilização de uma técnica experimental particular: a simulação, que é baseada na noção de *analogia* ou isomorfismo. ***

Acreditam esses autores na possibilidade de se introduzir no *isomorfo* elementos reais, que não são passíveis de simulação, como por exemplo, a intervenção do fator humano. A simulação poderá então ser utilizada com fim pedagógico ou de formação, permitindo a vivência e o aperfeiçoamento dos processos de decisão específico do nível de atuação do homem.

Ainda utilizando a técnica denominada Socianálise (derivada da Dinâmica de Grupo), JACQUES VAN BOCKSTAELE e outros tentaram o estabelecimento de um modelo cibernético capaz de descrever as funções normalmente exercidas por um grupo em direção ao seu objetivo.

A teoria da transmissão da informação e, conseqüentemente, do tratamento dado a essa informação, teve papel importante no estabelecimento desse modelo. Aproximamo-nos, através desta posição do problema, daqueles trabalhos de BAVELAS [4], ao estudar diferentes tipos de cadeias de comunicação. Como sabemos, o problema proposto por BAVELAS aos participantes de seus grupos experimentais estava baseado em dados perfeitamente estruturados: a solução tinha que ser encontrada em tais e tais condições, e as previsões que o modelo permitia fazer não eram senão o resultado do raciocínio sustentado por este mesmo modelo.

Partindo do pólo oposto, a Socianálise partiu de uma experiência de tipo clínico, onde a vivência era o vocábulo que mais exprimia o que os participantes experimentavam, quanto ao que poderia acontecer durante e após o desenrolar da experiência.

Como terceiro exemplo, para o presente capítulo citaríamos a importância cada vez maior, em Psicoterapia, da maneira como

---

* Veja-se "Origem das Novas Técnicas de Formação em Grupo", de Célio Garcia e Angelina L. R. Garcia.
** Vejam-se os trabalhos de Jacques van Bockstaele e Senouillet.
*** Veja-se "Approche fonctionnelle des systèmes de commande", por Gérard Senouillet (documento distribuído em circulação restrita), novembro de 1960.

se comunicam paciente e terapeuta, em detrimento do *conteúdo*. Veja-se, entre outras publicações, o capítulo "Psychotherapy and communication", de autoria de JURGEN RUESCH, *incluído* no livro publicado sobre a responsabilidade de FRIEDA FROMM-REICHMANN e JACOB L. MORENO, intitulado *Progress in Psychotherapy*.

No Brasil, a equipe de técnicos de Departamento de Orientação e Treinamento do Banco da Lavoura de Minas Gerais, orientada por PIERRE WEIL, tenta uma abordagem do problema a partir de observações colhidas por ocasião da aplicação de técnica semelhante à que na Europa, isto é, na França, se denominou Socioanálise, próxima igualmente do que nos Estados Unidos se chamou *Training Group*.

Não podemos encerrar este capítulo sem uma alusão aos trabalhos de ALEX BAVELAS. Primeiramente, publicou BAVELAS um trabalho intitulado "Comunication patterns in task-oriented groups" [4]. *

Estaria ligado seu esquema experimental muito mais ao problema das comunicações formais, o que nos interessa menos no momento. Pelo desenvolvimento e pela elaboração que foi capaz de encontrar para os resultados obtidos, seu trabalho encontra menção especial. Em publicação posterior [3], BAVELAS propõe um modelo matemático para estruturas de grupo. Partindo da teoria dos gráficos, chega ele a elaborar um modelo capaz de definir o que seria um grupo em equilíbrio. Apresenta particular interesse a afirmação de que, no que diz respeito aos grupos sociais, haveria lugar para dois aspectos que interessam de perto às comunicações:

a) o primeiro, ligado às comunicações entre indivíduos ou entre grupos;

b) o segundo, ligado a problemas de comunicações no que diz respeito à idéia e às atitudes.

Estamos em plena problemática da Psicologia Social.

Acrescenta Bavelas que um bom exemplo seria aquele constituído pelo problema da propagação do rumor, em que os dois aspectos estariam correlacionados.

A literatura é bastante rica em exemplos: esperamos que também em nosso meio, em nossa Universidade, surjam casos de colaboração íntima entre técnicos de formação matemática e técnicos de formação em Ciências Sociais.

---

* **A primeira edição deste artigo data de 1950** — no Journal of the Acoustical Society — Número 22, pp. 725-730.

BIBLIOGRAFIA

1. ARROW, Kenneth J., "Utilization des modèles mathématiques dans les Sciences sociales", in *Les Sciences de la politique aux Etats-Unis — Domaines et techniques*, publicado sob a direção de Harold D. Lasswell e Daniel Lerner, pp. 185-99. Publicação em francês na coleção "Cahiers de la Fondation Nationale des Sciences Politiques", Paris, Librairie Armand Colin, 1951.
2. AZEVEDO, Fernando de, "O Método Dedutivo-Matemático nas Ciências Sociais", em *Princípios de Sociologia*, pp. 145-57. São Paulo, Edições Melhoramentos, 19.
3. BAVELAS, Alex, "A Mathematical Model for Group Structures", in *Applied Antropology — Problems of Human Organization*, vol. 7, n.º 3, 1948.
5. HARARY, Frank, e NORMAN, Robert Z., *Graph Theory as a Mathematical Model in Social Science*, University of Michigan, Institute for Social Research, Ann Arbor, 1953.
6. LAZARFELD, Paul (organizador), *Mathematical Thinking in the Social Sciences*, Columbia University Glencoe (Illionois), The Free Press, 1954. 2.ª ed. rev., 1955.
7. LEVI-STRAUSS, Claude, e GUILBAUD, George, diálogo contido em "Débat — Vive les mathématiques!", artigo publicado em *L'Express*, hebdomadário francês, em 8 de junho de 1961.
8. LEWIN, Kurt, *Psychologie Dynamique — les relations humaines*, Paris, P.U.F., 1959.
9. —, *A Dynamic Theory of Personality: Selected Papers*, Nova Iorque, McGraw-Hill, 1935.
10. —, *Resolving Social Conflicts*, edição organizada por Gertrud Weiss Lewin, Nova Iorque, Harper and Brothers, 1948.
11. MONTMOLLIN, G. de, "Réflexions sur l'étude et l'utilization des petits groupes. II. Le petit groupe comme moyen d'action", in *Bulletin du CERP*, tomo IX, n.º 2, abril-junho de 1960, pp. 109-23. Paris.
12. PAGÉS, Robert, notas de aula pronunciadas na Sorbonne, não publicadas, 1958-1959.

TERCEIRA PARTE

CONTROLES EXPERIMENTAIS

CAPÍTULO 1

Aspectos Metodológicos dos Controles Experimentais

PIERRE WEIL

Enquanto a segunda parte do presente volume apresenta observações feitas pelos autores sobre fenômenos notados no grupo DRH, esta terceira relata verificações experimentais por meio de testes. Todos os que tomam parte no DRH, sejam psicólogos, sejam participantes, afirmam observar ou sentir mudanças nas suas opiniões, atitudes e conduta. Quais essas mudanças? Em que sentido se operam? São perguntas a que as testemunhas respondem com frases tais como:
— Eu sei melhor colocar-me na pele do outro, compreendê-lo melhor!
— Sinto-me mais seguro!
— Sei falar melhor!
— Aprendi a controlar-me!
Essas frases foram ouvidas por nós, dezenas de vezes, por ocasião das reuniões finais dos participantes.
Uma dúvida metodológica surge, no entanto, ao homem de ciência: que valem estes depoimentos? Embora espontâneos, até que ponto não serão eles provocados por um desejo de agradar aos organizadores do Curso?
Por isso, controles rigorosos revelaram-se necessários, controles nos quais devem ser utilizadas técnicas expressivas ou projetivas, onde essa intenção de agradar não entra como variável.

Poucas são ainda as pesquisas de controle deste tipo, feitas em ambiente profissional; basta dizer que só recentemente (1961), foi publicada nos Estados Unidos a primeira revista especializada de pesquisas de controle de treinamento; a preocupação em tôrno do assunto é bastante recente.

Kirkpatrick [1], após ter analisado as pesquisas mais importantes em matéria de controle de treinamento em Relações Humanas, emite a seguinte opinião:

> Uma apreciação sistemática dos resultados do treinamento deveria ser feita em termos de verificação da aprendizagem e de verificação da conduta no próprio serviço.

Lindborn e Osterberg [2] emitem conceitos análogos, quando acham que o controle do treinamento em Relações Humanas e Técnicas de Chefia deveriam fazer-se nos seguintes níveis, e comentam:

> Há, em linhas gerais, três níveis alternativos nos quais se podem avaliar os esforços para o treinamento de supervisores:
> — Em primeiro lugar, no nível da escola.
> — Em segundo lugar, pelo comportamento real do supervisor no trabalho.
> — Em terceiro lugar, pelo comportamento dos funcionários, sob sua supervisão. *(Tradução feita pelo Serviço de Pesquisas do Departamento de Orientação e Treinamento do Banlavoura).*

No sentido de Lindborg e Osterberg, as presentes verificações experimentais foram feitas no "nível da escola".

Não poderíamos, no entanto, deixar de citar o estudo de CARL R. ROGERS, ROSALIND F. DYMOND e Colaboradores [3], que é, sem dúvida alguma, um modelo pioneiro de controle experimental de mudanças da personalidade; embora se trate de verificação de efeitos de técnicas psicoterápicas, o trabalho muito inspirou a segunda parte do presente livro.

O objetivo da pesquisa era o controle dos resultados da psicoterapia "não-diretiva" de ROGERS, ou, seguindo uma expressão mais recente, "centrada sobre o cliente".

Vários grupos foram organizados para controlar as variáveis, a saber:

— Um grupo de controle ao qual se aplicou a bateria de testes 60 dias antes de começar o tratamento, a fim de ver se a motivação provocada pela expectativa do tratamento tinha efeito sobre as mudanças.

— Um grupo experimental, como o primeiro, no *"Counseling Center"* da Universidade de Chicago, composto de trinta pessoas neuróticas ou pré-psicóticas.

Os "conselheiros" tinham uma experiência profissional de um a vinte anos e eram diplomados ou doutores em Psicologia.

A hipótese básica era a seguinte: As variáveis do grupo experimental acusariam mudanças, ainda que as dos grupos de controle não mudassem.

Os instrumentos de medida das mudanças foram escolhidos entre diferentes testes de personalidade, como o T.A.T., uma escala de medida das relações "Eu - Os Outros", uma escala de Maturidade Emocional, um teste de psicodrama; a técnica "Q" de Stephenson foi adaptada para a pesquisa, e consiste em comparar as relações entre a auto-estimação, a heteroestimação com o "eu" ideal do sujeito em vários atributos.

Mudanças significativas foram encontradas:

1.ª) *Diminuição da tensão interna:* O grupo experimental, antes da psicoterapia, acusou uma distância muito grande entre a auto-estimação e o "Seu" ideal. A correlação negativa obtida no início mostra uma estima de si mesmo inferior; melhor ainda, uma auto-depreciação.

Eis as correlações obtidas:

Correlação entre a concepção do Eu e do Eu Ideal

	ANTES DO ACONSE-LHAMENTO	DEPOIS DO ACONSE-LHAMENTO	ACOMPA-NHAMENTO (60 DIAS APÓS)
Grupo experimental	— 0,01	0,34	0,31
Grupo de controle	0,66		0,68
Grupo de pessoas do grupo experimental que fizeram progressos marcantes	0,02	0,44	

Por outro lado, os autores obtiveram igualmente um aumento das correlações entre os conceitos do Eu e dos outros, como o demonstra a tabela seguinte:

Correlação entre os conceitos do Eu e dos outros

Período 0,09
Antes do aconselhamento 0,21
Depois do aconselhamento 0,35
Acompanhamento 0,37

2.ª) *Melhor compreensão de si mesmo, aumento* da *confiança em si.*

3.ª) Uma *evolução* das tendências psicóticas ou neuróticas *na direção da normalidade,* como o mostram os resultados do T.A.T., colhidos graças a uma escala especial:

Grupo experimental:

Antes da terapia 3,4
Depois da terapia 4,0   Diferença significativa a
Acompanhamento 4,0   P = 0,01

Grupo de contrôle:

Antes da terapia **4,1**
Depois da terapia **5,0**

4.ª) Uma *atitude mais tolerante para com os outros* foi notada no grupo em que a terapia foi considerada eficiente.

5.ª) *Aumento da maturidade emocional* medida com a escala de Willoughby.

Eis uma parte dos resultados obtidos:

Escala de Willoughby

AVALIAÇÃO DO SUCESSO PELO CONSELHEIRO	PRÉ-TERAPIA	ACOMPANHAMENTO (60 DIAS APÓS)	DIFERENÇA	N
7-9 (sucesso)	49,1	53,7	4,6	(7)
6 (sucesso relativo)	49,8	55,6	5,8	(5)
1-5 (fracasso)	52,0	43,0	— 9,0	(5)

Como se vê, há um aumento da maturidade no grupo, considerada como resultado do sucesso terapêutico, já que o grupo fracassado acusa uma diminuição; as diferenças são significativas.

Kirkpatrick faz as seguintes recomendações, quanto às verificações em "termos de aprendizagem" (que correspondem ao "primeiro nível", de Lindborn e Osterberg) [2]:

1. A Aprendizagem de cada pessoa deve ser medida de tal forma que resultados quantitativos possam ser determinados.

2. É preciso uma abordagem "antes-depois", de tal forma que qualquer aprendizagem possa ser colocada em relação com o programa.

3. Tanto quanto possível, a aprendizagem deve ser medida numa base objetiva.

4. Onde for possível, um grupo de controle (que não foi submetido a treinamento) deve ser utilizado, a fim de serem confrontados os resultados com os obtidos pelo grupo experimental sujeito a treinamento.

5. Onde fôr possível, os resultados da avaliação devem ser analisados em têrmos estatísticos, de tal forma que a aprendizagem

possa ser comprovada em termos de correlação ou de nível de significância.

Estamos conscientes de que essas recomendações já foram feitas muito tempo antes pela Psicologia e pela Pedagogia Experimental, e constam de qualquer programa de metodologia científica, desde os tempos de CLAUDE BERNARD. No entanto, só agora estão sendo utilizadas por técnicos em Treinamento; por isso, demos a palavra a alguns dos seus representantes mais categorizados, já que o DRH é um método de aperfeiçoamento em Relações Humanas.

As hipóteses de trabalho foram emitidas na parte introdutória do presente volume. Vamos apenas, ao descrever, a seguir, os instrumentos de medida previstos, e cuja finalidade é atender às condições expostas por Kirkpatrick, lembrar essas hipóteses.

1.º) Evoluções na percepção das pessoas em relação a si mesmas. As modificações dessa variável serão pesquisadas com ajuda do teste dos bonecos de R. PAGES.

2.º) Aumento da objetividade no julgamento dos outros e diminuição da projetividade.

3.º) Evolução do sistema de valores na percepção de outrem, medido através do Teste Sociométrico de MORENO.

4.º) Aumento da confiança em si mesmo, traduzida pelo aumento da auto-estimação em relação à heteroavaliação e aos ideais pessoais. Questionário especial foi criado para esse fim, fundamentado em estudos de REY, de ROGERS e de STEPHERSON.

5.º) Modificação de opiniões e atitudes da chefia, no sentido alocentrado. O questionário de chefia, "How to Supervise" de QUENTIN FILE e H. H. REMMEYS, foi utilizado para esse fim. No que tange ao grupo de controle, conseguimos organizar dois grupos, unicamente para aplicação do teste QICE.

A hipótese a verificar é a seguinte:

Se as modificações das diferentes variáveis observadas só se efetuaram nos grupos submetidos ao método DRH, então é provável que seja o DRH a variável independente responsável pelas mudanças ocorridas.

Todos os testes foram aplicados antes e depois do curso, tendo sido o questionário QICE aplicado três vezes.

O detalhe das condições de cada experiência será relatado pelos autores, os quais, tanto quanto possível, procuraram o seguinte plano de explanação:

— Objetivos da pesquisa, compreendendo uma análise e definição operacional das variáveis estudadas;

— Histórico e descrição dos instrumentos de medida;

— Características das amostras ou dos grupos;
— Condições experimentais;
— Resultados obtidos; análise estatística de significância;
— Conclusões e crítica dos dados.

BIBLIOGRAFIA

1. KIRKPATRICK, D. L., "Techniques for Evoluating Training Programs", *Journal of American Society of Training Directors*, nov.-dez., 1959, jan.-fev., 1960.
2. LINDBORN, T., e OSTERBERG W., "Personnel" (AMA) 1154.
3. ROGERS, CARL R., e DYMOND, Rosalind, *Psychoterapy and Personality Changes*, Chicago, Univ. of Chicago Press ,1954.

CAPÍTULO 2

Estudo dos Níveis da Auto-estimação, Aspiração e Heteroestimação

MARCOS GOURSAND DE ARAÚJO

OBJETIVO

CARL ROGERS utilizou, no seu livro *Psychotherapy and Personality Changes,* uma técnica chamada "Q Technique", de Stephenson, que consiste em pedir opiniões dos indivíduos sobre uma série de atributos, por meio de escolha de cartões, dentro de um baralho. Cada cartão corresponde a um atributo da pessoa.

Segundo os resultados obtidos, várias modificações foram notadas, e já citadas na introdução da terceira parte deste volume.

A presente pesquisa tem por finalidade verificar possíveis modificações nos níveis de *Auto-estimação, Heteroestimação* e *Ideal do Eu,* pela experiência de grupo de Desenvolvimento em Relações Humanas (DRH).

Foi feita por PIERRE WEIL uma adaptação da técnica de Stephenson, utilizando também um processo imaginado por A. REY, o qual consiste em dar uma nota (0 a 10), em relação a uma lista de atributos e no que se refere à auto-estimação (como eu me acho), heteroestimação (como acho os outros) e aspiração (como gostaria de ser).

INSTRUMENTO

O instrumento utilizado foi o "Questionário do Ideal, do Comum, do "Eu" (QICE), de PIERRE WEIL, que consta de um

Banco da Lavoura de Minas Gerais, S.A.

DEPARTAMENTO DE ORIENTAÇÃO E TREINAMENTO

N.º   Data: / / /

		1	2	3	4	5	6	7	8	9	10
1	Cultura Geral										
2	Inteligência										
3	Memória										
4	Fôrça física										
5	Sucesso na vida										
6	Fôrça de vontade										
7	Cortesia										
8	Moralidade										
9	Generosidade										
10	Paciência										

E: P: T
S.E: P:
CO: P:
I. E—SE: P:
I. E—CO: P:

1.º Que nota você daria a si mesmo, para cada uma dessas qualidades? Faça um X na coluna correspondente a cada nota, de 0 a 10.

2.º Que nota você acha que a maioria das pessoas, em geral, obteriam, para cada uma dessas qualidades? Faça um O na coluna correspondente a cada nota.

3.º Que nota você gostaria de ter para cada uma dessas qualidades? Ponha um V na coluna corresponde a cada nota.

quadro de 10 colunas de valores — de 1 a 10 —, nas quais o sujeito estabeleceria numericamente seus níveis de "auto-estimação" (variável "x"), "heteroestimação" (variável "0" e de "aspiração" variável "v"), para cada uma das características, conforme o modelo do impresso, reproduzido a seguir.

AMOSTRA

Dentre os Titulados do Banco da Lavoura de Minas Gerais, S.A. que fazem o Curso de Aperfeiçoamento de Titulados, em aproximadamente 40 dias, divididos em 4 unidades de 10 dias cada uma, sendo submetidos à Experiência de Grupo DRH, como uma das técnicas componentes de seu currículo de treinamento, tomamos um Grupo Experimental e um Grupo Controle.

I — **Grupo Experimental**

O Grupo Experimental foi formado por 257 Titulados, que foram submetidos à Dinâmica de Grupo em um período médio aproximado de 9 dias. Nesse grupo, foram feitas duas aplicações do "QICE", uma no início e outra ao término da experiência.

II — **Grupo de Controle**

Paralelamente, foi formado um Grupo de Controle, compreendendo um total de 86 Titulados, que não foram submetidos à técnica.

Esses elementos, como aqueles, tinham aulas e outras atividades comuns e, ainda como no Grupo Experimental, o espaço de tempo entre a primeira e a segunda aplicação do QICE variou de 3 a 17 dias.

Hipóteses Iniciais

I — O Grupo Experimental acusaria modificações, ainda que o Grupo de Controle permanecesse estável.

II — O Grupo Experimental apresentaria uma diminuição da tensão interna, como conseqüência da experiência, fazendo com que as linhas representativas da "Auto-estimação", da "Heteroestimação" e do "Ideal do Eu" se aproximassem.

III — Haveria uma tendência para os indivíduos situarem sua "Auto-estimação" acima da "Heteroestimação" e abaixo do "Ideal do Eu".

IV — Essas modificações corresponderiam a uma melhora na adaptação do indivíduo e viriam confirmar as observações clínicas dos psicólogos e as opiniões dos próprios sujeitos.

Processamento dos Dados

Os indivíduos, separadamente, por grupos, ordem de aplicação, fator estudado, foram distribuídos em 12 quadros de freqüência. Em seguida, encontraram-se as médias aritméticas das 12 variáveis, separadamente, para cada característica, e para o conjunto delas.

Foi ainda determinada a correlação entre as diferenças algébricas da "Auto-estimação" e do "Ideal do Eu", da 1.ª para a 2.ª aplicação nos dois grupos.

Conclusões

Dentro da população estudada, pudemos observar que, de acordo com a média, a "Auto-estimação" se situa acima da "Heteroestimação" e abaixo da "Aspiração", considerando-se em um grau um pouco superior ao comum das pessoas e inferior ao que gostaria de ter.

As curvas do Grupo Experimental e do Grupo de Controle quase se superpõem, sendo que, nas duas aplicações, a "Heteroestimação" é um pouco mais elevada.

Em ambos os grupos, a "Auto-estimação" é menor quanto à Cultura Geral e Força Física e, no Grupo Experimental, quanto à memória. Isso vem confirmar as observações clínicas sobre os sentimentos de inferioridade cultural que, de um modo geral, parecem predominar no grupo estudado.

A "Auto-estimação" mostra uma tendência a se elevar nas características morais, em grau maior que nos aspectos intelectuais e sociais. O elevado índice da característica "Moralidade" parece confirmar a importância com que os sujeitos a vêem na vida bancária. Por outro lado, temos o índice baixo no aspecto "Força Física", tanto para a "Auto-estimação" quanto para a "Aspiração". Precisaríamos, no entanto, obter dados extrabancários para confirmar ou não esta nossa afirmação.

As médias de "Hetero-estimação" se situam entre 6 e 7, não em 5, como seria de se esperar estatisticamente.

Diferentemente do que se esperava, não houve modificações nas médias do Grupo Experimental da 1.ª para a 2.ª aplicação. Pelo contrário, as linhas se apresentaram bastante próximas.

Em vista disso, procuramos estabelecer a correlação entre a 1.ª e a 2.ª aplicação para as diferenças algébricas da "Aspiração" e da "Auto-estimação", isto com sondagem de relações entre pelo menos duas das variáveis.

Por hipótese, o Grupo Experimental apresentaria correlação significativamente mais baixa que o Grupo de Controle, traduzindo assim modificações naquele, ainda que este permanecesse estável. Ambas as correlações, porém, foram razoavelmente elevadas e bastante próximas, como podemos notar pelo quadro abaixo:

CORRELAÇÕES ENTRE A 1.ª E 2.ª APLICAÇÕES DO Q I C E

	Grupo de controle	Grupo experimental
SE — E	—0,596	0,643

Diante disso, surgiram 3 possibilidades:

I — Não houve modificações individuais. A técnica e o tempo não permitiram modificações notáveis.

II — O instrumento utilizado (QICE) não registraria as possíveis mudanças, não sendo adequado a este tipo de pesquisa.

III — O instrumento não seria suficientemente sensível para pôr em relevo as variáveis e permitir o tratamento estatístico.

CAPÍTULO 3

Evolução da Variável
Projetividade-Objetividade no DRH

MARINHA DA SILVA
e DÉLCIO VIEIRA SALOMON

1. Antes de expormos o objetivo desta pesquisa, é oportuno lembrar que o interesse por ela surgiu de dois fatos preponderantes: primeiro, a verificação feita pelos psicólogos que, no papel de monitores, trabalharam e trabalham nas experiências de grupo DRH no Banco da Lavoura de Minas Gerais, S.A., quanto à freqüente incidência dos fenômenos de projeção nos primeiros dias da experiência; segundo, o depoimento quase generalizado de quantos participam dela, ao arrolarem, entre os efeitos produzidos, a aquisição de maior objetividade na análise dos problemas de relacionamento humano.

Diante de tais fatos, que se tornaram objeto de estudo em seminários realizados pelos próprios monitores, surgiu a hipótese que mereceria ser verificada: "Contribuiria, de fato, a experiência de grupo DRH para o processamento da evolução da projetividade para a objetividade?"

A tentativa de encontrar resposta a essa indagação é que provocou a pesquisa de que ora nos ocupamos.

2. A fim de conceituarmos, com melhor precisão, as variáveis Projetividade-Objetividade, recorremos aos ensinamentos de MURRAY.

Em sua obra *Explorations in Personality,* considera, de início, a projetividade como o "egocentrismo na percepção, na apercepção e na concepção" [2, pág. 216].

Ao identificar a projetividade como forma de egocentrismo, MURRAY estava ciente de encontrar profunda semelhança entre os fenômenos de manifestação daquela e os manifestados pelo egocentrismo, principalmente na fase infantil. A criança não consegue distinguir o objetivo do subjetivo. Seus devaneios e suas imaginações se misturam com a realidade e, como diz Piaget [3, cap. IV], "suas fabulações são tão reais quanto os fatos necessários". Para esse autor,

> ...a criança é animista e propensa a dar seu apoio às explicações alegóricas e antropomórficas dos acontecimentos naturais: há um homem na lua; o sol é um pai benevolente, as nuvens são diabos maliciosos; o vento é o sopro de Deus. Entrega-se a brinquedos nos quais a ação é mais afetiva que efetiva, isto é, a criança exprime tensões e emoções sem atingir resultados tangíveis [3, cap. IV].

Semelhante é o que se passa com o fenômeno da projetividade: "o sujeito *projeta* sobre os outros seus próprios desejos, temores, interesses e teorias favoritas" [2, pág. 216].

Nota-se a natureza egocêntrica do fenômeno da projetividade, quando se observa a maneira reativa de sua manifestação. Ao "projetar-se", o sujeito pode transformar-se em "animista em frente ao inanimado ou inanimista (projetando uma "máquina") em frente ao animado" [2, pág. 216].

A projetividade pode caracterizar-se pelos seguintes sinais:

— interpretação falsa dos acontecimentos;

— explicações fantasiosas;

— atribuição de motivos diversos às atitudes alheias, com pouco ou nenhum fundamento na realidade (interpretação do olhar dos outros, sob forma de interesse, elogio, censura, desprezo, etc.);

— facilidade em altercar com terceiros por desentendimentos vulgares.

Geralmente, o pensamento é guiado pelo sentimento, por preconceitos, e sofre a influência de suas tendências. Outro sinal típico é o apego às crenças que se conformam com as esperanças e tormentos do sujeito. Este se torna até incapaz de apreender o ponto de vista das outras pessoas. Em casos extremos, apresentam-se alucinações e idéias delirantes evidentes.

Já a objetividade se apresenta como a ausência da projetividade. A percepção não é deformada, nem distorcida da realidade. Como diz MURRAY, "o sujeito é imparcial, desprendido, desinteressado, tolerante, compreensivo" [2, pág. 217].

Podemos assimilar a objetividade quando:

— o sujeito é consciente das condições realmente existentes e responde a elas pela sua ação;

— tem capacidade de observar e até analisar os fatos simples;

— distingue entre o seu e o não-eu;

— chega a ter consciência de seus sentimentos e de suas inclinações;

— observa a conduta dos outros com precisão e faz deduções válidas sobre os estados interiores prováveis das outras pessoas.

3. Sendo o objetivo fundamental desta pesquisa estudar a modificação da percepção, a possível evolução da projetividade para a objetividade, através da dinâmica grupal, achamos que o atingiríamos se atendêssemos a objetivos mais imediatos e concretos: estudo da situação de *início* da experiência e estudo da situação de *fim* da experiência.

Constatada ou comprovada maior incidência de projetividade nas fases iniciais da experiência e maior incidência de objetividade nas fases finais, poder-se-ia deduzir a resposta afirmativa à hipótese levantada. Caso contrário, poder-se-ia concluir que a hipótese ainda permaneceria na categoria das meras conjeturas.

4. As tentativas feitas para atender aos objetivos propostos explicam a dificuldade que se nos deparou desde o início da pesquisa: o uso de critérios para caracterizar as variáveis em estudo .

É que a experiência de grupo DRH (sobretudo quando sócioanálise), muito se aproxima das técnicas projetivas. Isso se evidencia se se atentar para os meios usados: os psicólogos-monitores assumem a função de tela, tal como são usadas as pranchas no Rorschach e no T.A.T.; a verbalização se passa em torno das relações imaginadas entre personagens-tela; os participantes enfrentam as situações, com elementos escassamente estruturados, a fim de que, em forma ativa e espontânea, se desenvolva uma atividade de estruturação verbal, cujos produtos (percepções, escolhas, descrições, interpretações, manipulações, combinações, organizações, criações) objetivam conteúdos *ideacionais* (significações, valores, pontos de vista), *emocionais* (ansiedade, culpa, hostilidade, sensibilidade, anestesia afetiva, etc.) e *de atitudes* (ascendência-submissão, dependência-independência, auto-agressão-heteroagressão, etc.), encobertos ou ignorados pelo próprio sujeito.

Entretanto, a experiência de grupo DRH não é arrolada entre as técnicas projetivas, por lhe faltar, de um lado, o caráter exploratório de modo intencional e sistemático, e de outro, o objetivo de levar o psicólogo a introduzir-se no conhecimento da estrutura e dinâmica subjacentes da personalidade do sujeito. Enquanto proporciona aqueles elementos afins às técnicas projetivas, cria a possibilidade de ser uma técnica que se desenrola dentro de conteúdos e expressões altamente projetivos, tomando a projetividade em seu conceito mais amplo.

Daí a dificuldade de estabelecer critérios seguros para o discernimento entre fenômenos de projetividade e fenômenos de objetividade *dentro do desenvolvimento da experiência em apreço.*

Apesar de tal dificuldade, foram feitas três tentativas de pesquisas.

A *primeira tentativa* consistiu na aplicação do que se convencionou denominar "Teste dos Bonecos". A cada participante era entregue, no início e no fim da experiência, o seguinte material: uma folha onde estavam desenhados oito bonecos, numerados e de tamanhos vários; outra folha, em branco, onde se achavam, em sentido vertical, letras em ordem alfabética correspondentes ao número de psicólogos-monitores, e algarismos arábicos correspondentes ao número de participantes. Pedia-se a cada um dos participantes que atribuísse aos psicólogos, bem como a cada um dos colegas, incluindo-se o próprio sujeito, um número correspondente ao boneco que julgasse de acordo com o "todo" da pessoa. No fim da experiência de grupo, repetia-se a aplicação do teste, acrescida da estatura real dada pelo próprio sujeito. *

O objetivo dessa aplicação era pesquisar a mudança de percepção possivelmente causada pela dinâmica de grupo. Outros colaboradores usaram a mesma técnica com finalidades diferentes (Ver CÉLIO GARCIA).

Essa primeira tentativa não produziu os resultados esperados, por causa da impressão do instrumento e devido à falta de um grupo de controle, apesar de esforços para constituí-lo.

A *segunda tentativa* foi feita através da *análise dos conteúdos de verbalização.*

Os psicólogos, ao lado da função de monitores do grupo, exercem a tarefa de observadores e anotam o conteúdo das verbalizações que se processam durante a experiência. Suas anotações vêm a constituir os *protocolos* da experiência. Para a análise de tais conteúdos, recorreu-se a mais de 30 protocolos diferentes.

Dada a dificuldade, já relatada, de caracterizar uma verbalização como projetiva ou objetiva, foram adotados alguns critérios. Primeiramente a pesquisa se dedicou a analisar os conteúdos do primeiro e do último dia da experiência, como possíveis fases extremas da evolução da Projetividade para a Objetividade. Em segundo lugar, restringiu-se a análise à relação "grupo-psicólogos", pois, apesar de haver muitas situações em que a pesquisa poderia ser feita, a restrição a esta relação haveria de facilitar o trabalho e seria, por natureza, mais objetiva. Ademais, permaneceria a

* Ver modelo na página ....

hipótese para possível indução: se fosse constatado o processamento nessa relação, haveria grande probabilidade de se processar em outras relações, em outras situações.

E para a caracterização propriamente dita da projetividade e da objetividade nos conteúdos de verbalização, partimos das seguintes considerações:

a) A situação de experiência de grupo DRH é neutra. Conforme as regras para a atuação do grupo, os participantes deverão verbalizar "o que acham ou imaginam que os psicólogos estejam pensando ou sentindo". Os psicólogos são o estímulo neutro. Sendo neutros e se apresentando ao grupo como psicólogos que devem ser vistos como "pessoas humanas" quaisquer, cujos dados não são fornecidos ao grupo, toda imaginação construída em torno deles e expressa espontaneamente passa a ser projetiva, no sentido amplo. À pesquisa interessavam apenas as atribuições feitas pelos participantes como caracterizações. Estas, em forma de qualidades atribuídas, *status* fabricados, apreciações, julgamentos, denotam a maneira como os participantes os percebem. A percepção é condicionada à situação criada pela experiência. É sabido e constatado, em qualquer tipo de experiência de grupo, que tais experiências criam para o grupo, no início, estados de tensão, ansiedade, insegurança, em face ao desconhecido. A reação a esta situação far-se-á em forma de projetividade, segundo o ensinamento de MURRAY:

.... sensibilizados pelos desejos pessoais e pelos temores, e a fim de que sintonizem com a peculiar estrutura anímica, os aparelhos de percepção do indivíduo estão prontos para captar, recusar, mutilar ou distorcer a objetividade dos dados da realidade presente. ... Na necessidade de encontrar saída, por exemplo, para o sentimento de desgosto, fastio, desassossego, intranquilidade ou irritação, que um interlocutor produz, esses estados emocionais podem determinar no indivíduo uma inconsciente seleção de temas de discussão (políticos, econômicos, artísticos, etc.), susceptíveis de permitir sua descarga indireta. Em vez de dirigir-se ao interlocutor dizendo: — "Você não me agrada", orienta a conversação para um objeto adequado, o clima, a literatura, o teatro ou o cinema, para queixar-se, por exemplo, de um calor insuportável, de um livro mal escrito ou de uma peça ou película cansativa, etc. Em uma ordem mais geral de fatos: os pontos de vista sociais, artísticos e filosóficos do indivíduo costumam ser meras racionalizações (autojustificações) de vivências extrarracionais. [2, pág. 14].

b) No final da experiência (últimas sessões), os psicólogos continuam a ser caracterizados. O confronto entre essas caracterizações e as primeiras fornece-nos o quadro de comparação entre a projetividade e a objetividade, uma vez que o conteúdo emocional das primeiras sessões difere, em regra geral, do das últimas. No início, o grupo acha-se voltado para si mesmo, projetando nas pessoas dos psicólogos sua própria desconfiança, seus temores e sua insegurança. Na etapa final, se os participantes conseguiram evoluir para a integração e independência, já conseguem estabelecer relações entre os psicólogos, vendo-os mais individualmente, ou seja, dentro de sua estrutura própria. O estado emocional do grupo, nas últimas sessões, em geral, é de tranqüilidade, de segurança e até de euforia. Na realidade, o estado de euforia pode criar situações para fazer funcionar também os mecanismos ligados à projetividade. Aqui, porém, não se notam distorção e mutilação da realidade, típicas dos estados de tensão e temor.

Dentro dessa linha de considerações, estabelecemos o seguinte *quadro-roteiro* para a análise da projetividade e da objetividade nos conteúdos de verbalização:

PROJETIVIDADE	OBJETIVIDADE
1) Egocentrismo na percepção;	1) Imparcialidade nos julgamentos;
2) Egocentrismo na concepção;	2) Não implicação emocional nas expressões;
3) Maior conteúdo emocional nas expressões;	3) Maior tolerância e compreensão do ponto de vista alheio;
4) Elementos fora do sujeito recebem caracterizações que denotam desejos, temores, intranqüilidade, irritação, interesses, concepções favoritas;	4) Observação dos fatos. Análise das pessoas, sem implicação pessoal;
5) Para satisfazer a esses estados emocionais, há seleção inconsciente de temas de discussão, susceptíveis de proporcionar descarga indireta;	5) Distinção entre o subjetivo e o objetivo;
6) A realidade é mutilada e destorcida. As expressões alheias são torcidas no seu sentido;	6) Consciência dos próprios sentimentos e das próprias tendências;
7) O uso da retrospecção e da prospecção é feito como mecanismo de defesa;	7) Capacidade de interpretar razoavelmente os motivos das pessoas;
8) Domínio dos preconceitos;	8) Durante a experiência, os participantes se desprendem da sensação de serem "observados". Consegue o grupo verbalizar em torno de possíveis relações entre os psicólogos. Diminui consideravelmente a preocupação pelo que pensam os psicólogos a respeito do grupo.

9) Explicações fantasiosas para os acontecimentos;

10) O pensamento é mais guiado pelo sentimento;

11) Recusa em admitir a influência deformante de sua tendência;

12) Durante a experiência, há preocupação mais acentuada em imaginar o que os psicólogos estejam pensando a respeito do grupo e não entre si.
O maior entrosamento dos participantes gera clima de segurança e tranqüilidade, propício ao desenvolvimento da objetividade.

A terceira tentativa consistiu na *aplicação do Questionário Q.A.S.* Ao término de cada experiência era aplicado o questionário Q.A.S. (Questionário Anônimo de Seguimento), com o objetivo de possível controle da percepção do grupo a respeito da experiência a que se submeteu.

Com todas as reais deficiências de um instrumento dessa natureza, propunha-se, entre outros objetivos, pesquisar os efeitos da experiência no próprio grupo, através do testemunho anônimo de cada participante. Desde que era anônimo, proporcionava a cada participante maior espontaneidade, podendo-se, assim, eliminar ou diminuir a censura. Através das respostas, ter-se-ia um perfil tanto quanto possível objetivo do grupo: de sua organização, evolução, integração, formas de vivências, sentimentos, benefícios auferidos, etc. *

Ao pesquisar as variáveis projetividade-objetividade, através do Q.A.S., aproveitamos apenas as respostas aos itens 8 e 9.

Ainda que nos faltem critérios inteiramente satisfatórios, para a classificação das respostas em termos de projetividade e objetividade, adotamos aqueles mesmos que foram usados para a análise dos conteúdos de verbalização. Acresce a este o fato de explorarem as perguntas dos itens 4 e 3 a situação do grupo no início e no término da experiência, respectivamente. Julgamos desnecessária a apresentação dos dados colhidos na análise das respostas aos itens 3 e 4, mas podemos adiantar que:

a) A quase totalidade das respostas ao item 4 demonstra que o grupo normalmente se encontra em estado de tensão, ansiedade,

---

* Ver modelo do Q.A.S. na página 138.

intranqüilidade, o que, como já expusemos, proporciona as manifestações de projetividade.

b) A quase totalidade das respostas ao item 3 demonstra que o grupo normalmente se encontra em estado de tranqüilidade, segurança, o que, como já foi exposto, propicia a objetividade.

5. Assinalamos como características dos grupos que serviram de objetivo desta pesquisa as seguintes:

1) São, na realidade, grupos representativos; servem perfeitamente de "amostra", uma vez que mantêm as características comuns aos demais grupos. Por isso é que julgamos desnecessário prosseguir a pesquisa nos setenta e mais grupos, cujos protocolos estavam à nossa disposição.

2) Entre essas características comuns, é importante assinalar que todos os participantes eram titulados da mesma empresa e cada grupo era formado de indivíduos que ocupavam o mesmo grau na hierarquia.

3) Os componentes de cada grupo procediam das mais diferentes regiões do país.

4) Em um mesmo grupo havia indivíduos casados, solteiros e de diferentes idades.

5) A maioria possuía curso secundário incompleto; alguns, somente o primário, e uma minoria, curso superior.

6) De indivíduo para indivíduo, variava o tempo de serviço dentro da empresa.

6. Quanto à primeira tentativa de pesquisa (aplicação do "Teste dos Bonecos"), devemos assinalar que o teste foi aplicado em mais de mil participantes. Já apresentamos as razões por que essa tentativa falhou.

Quanto às demais tentativas (análise de conteúdos de verbalização e análise dos questionários Q.A.S.) devemos considerar que:

1) Foram utilizados mais de trinta protocolos, cujas anotações não obedecem a uma estandardização.

2) Dos protocolos examinados, apenas três são aqui usados como amostra, no que se refere à análise dos conteúdos, e os outros três para a amostra da análise dos questionários Q.A.S.

3) Os protocolos e os questionários de amostra foram escolhidos sem predeterminação. Não se obedeceu a nenhum critério de escolha.

4) O número de participantes de cada grupo varia de 13 a 23.

5) Nos protocolos, não há lançamentos de controle das reações do grupo, seu comportamento, fatos ocorridos à margem da experiência que podem ter influenciado no desenrolar das diversas experiências.

6) Incontrolável também é o relacionamento do grupo, fora das sessões, considerando-se que os participantes, normalmente, se conheciam 24 horas antes do início da experiência, mantinham contactos e viviam num mesmo local de hospedagem e de curso.

7) Foge ainda ao controle a influência das análises dos psicólogos na evolução da projetividade para a objetividade. É de relevar-se que muitas delas se referem a fenômenos de projeção e fornecem ao grupo condições e meios para a conscientização.

8) Finalmente, é conveniente observar que os psicólogos eram praticamente desconhecidos dos participantes, apesar de trabalharem como técnicos dentro da mesma empresa. As normas da experiência não permitiam contacto dos psicólogos-monitores com os participantes durante o período em que a experiência se deserenrolava.

7. Apresentaremos, agora, os resultados obtidos, só não o fazendo quanto à primeira tentativa, visto que esta falhou, por motivos atrás já mencionados.

Resultados da análise de conteúdos de verbalização:

Antes de expormos esses resultados, julgamos conveniente mostrar um modelo de análise de conteúdos de verbalização de um dos grupos, cujo protocolo foi examinado.

Trata-se de simples coleta de expressões, que denotam projetividade ou objetividade, classificadas de acordo com os critérios apresentados na descrição dos instrumentos de medida, na parte referente à análise dos conteúdos (ver n.º 4 — quadro-roteiro). Como ficou dito, levantamos um quadro de 12 sinais para a Projetividade e 8 para a Objetividade. Os números que figuram na coluna abaixo, intitulada "Critérios", referem-se a estes sinais. Na coluna denominada "Projetividade", figuram algumas expressões extraídas do protocolo deste grupo.

MODELO DE ANÁLISE

Parte da Primeira Sessão de um Grupo em Verbalização

[*Observação: "O grupo acha-se em tensão nervosa. Risos. Inquietação. Riso intenso. Silêncio de 15 minutos" (Protocolo).*]

PROJETIVIDADE	CRITÉRIOS
1) "Imagino que D. tenha L. como boa psicóloga. L. é muito eficiente."	5 — 10. (Não há fundamento na realidade.)

2) "Eu imagino que D. esteja fazendo idéia errada do grupo. O grupo que esteve tanto tempo em silêncio dá impressão de um grupo de baixo nível. Mas isto é natural, uma vez que estamos inibidos..."

1 — 2 — 10 — 5 — 12.
(A tensão gera auto-agressão.)

3) "Eu imagino que D. esteja pensando quais seriam as críticas feitas pela L. ante o nosso constrangimento. É melhor esta sua crítica que ser criticado por outros elementos."

4 — 5 — 7 — 8 — 12.
(Auto-agressão e hetero-agressão projetivas.)

4) "D. pensa que E. está cansado, mas ao contrário, pretende dar boas lições. O mesmo pensa L."

4 — 6 — 9 — 10 — 12.
(O grupo, na realidade, é que deseja dar boa impressão.)

5) "Eu imagino que D. esteja pensando que E. está aborrecido com a nossa falta de verbalização."

4 — 6 — 9 — 10 — 12.
(Projeta-se no psicólogo a própria frustração.)

6) *Observação:* "Um dos elementos sugere troca de grupo. Um dos psicólogos intervém e analisa a atitude do grupo." *(Protocolo).* *Eis a reação:* "Eu imagino que D. pensa que L. não devia ter dito o que disse para não ferir homens já formados que conhecem suas responsabilidades."
"Eu imagino que E. não deve ter comungado do pensamento de L. quando L. nos chamou de crianças."

1 — 6 — 11 — 12 — 6 — 8 — 4.
(Uso do mecanismo de racionalização e hetero-agressão.)

7) "Eu imagino que L. não entende nada de psicologia; embora esteja usando esses óculos de professor, nada entende..."
"A L. pensa que D. deve estar se aborrecendo muito com este grupo."

3 — 4 — 8 — 10 — 12.
(Preconceito e hetero-agressividade.)

8) "Eu penso que D. não pensa nada disso, que ele está completamente aéreo."

4 — 9 — 11 — 12.
(Agressividade usada como reação à frustração, que já se vinha desenvolvendo desde o início. Note-se que o grupo provocou, através de elogios, os psicólogos para lhes trazer auxílio. Não conseguindo e sentindo-se frustrado, desencadeia a agressividade. Quanto à verbalização: desde o início está desestruturada.)

Parte da Última Sessão do mesmo Grupo anterior

OBJETIVIDADE	CRITÉRIOS
1) "Eu imagino que E. esteja pensando que D. leva uma vida agitada e não sabe dominar os seus nervos." "Eu penso o contrário. D. sabe controlar-se, é calmo, tanto assim que é gordo, forte, tem uma personalidade tranqüila."	1 — 3 — 4 — 9. (Projetividade no início. Reação em forma objetiva, pela observação da realidade.)
2) *Observação:* Após uma verbalização de conteúdo emocional e bastante projetiva, eis a reação de um dos elementos: "Eu imagino que E. esteja pensando que esta atitude de D. é apenas porque ele está chefiando mais que lá fora. Ele até é uma pessoa cordial. Imagino que para aqui manter este ar de superioridade, ele tem de fazer um grande esforço."	4 — 5 — 7 — 3 — 8. (Distinção de situações. Note-se que a verbalização se passa em torno dos psicólogos, não a respeito do que os psicólogos pensam do grupo. O grupo já se libertou da sensação de ser observado.)
3) "Imagino que E. também pensa: Qual será a atitude real dele? Essa lá de fora ou a daqui?" "Ele pensa que ele se mantém nessa atitude porque aqui ele é obrigado. Na vida real é bem diferente."	2 — 4 — 7 — 5 — 8. (A verbalização é estruturada. Há prosseguimento da análise. Esta começa a ser aprofundada.)
4) "Imagino que E. esteja pensando que neste momento D. é um ator." "L. pensa que o papel de D. aqui é como um ator. Mas na vida real ele é bem diferente." "Mas será que alguém ensaia para ser assim?"	1 — 2 — 3 — 5 — 7 — 8. (Aprofunda-se mais a análise dos papéis que as pessoas assumem na vida real. Note-se que precedeu esta análise, outra sobre a personalidade dos psicólogos.)
5) "L. está pensando que este modo do D. está modificando. Antes, ele vinha todo engravatado. Agora, vem esportivo."	1 — 2 — 3 — 4 — 5 — 7 — 8. (Observação de fatos.)
6) "E. está pensando que este detalhe esportivo não é o que vai absolutamente modificar a personalidade íntima dele."	1 — 2 — 3 — 4 — 5 — 7 — 8. (Capacidade de distinguir realidade de aparência.)

8. Seguindo o método acima apresentado, oferecemos os resultados obtidos dos três grupos examinados (pág. ...).

129

Denominaremos estes grupos com as letras A-B-C, e os resultados serão dados em termos quantitativos referentes ao número de conteúdos classificados dentro de: projetividade — objetividade — sem classificação (nesta última categoria são computados os conteúdos que nos pareceram duvidosos de classificação ou pareceram fugir aos sinais da projetividade ou da objetividade). Dos protocolos examinados, foram destacados sempre conteúdos de verbalização do primeiro e do último dia.

PROJETIVIDADE — OBJETIVIDADE
através da Análise dos Conteúdos de Verbalização em DRH

GRUPO	DIA DA EXPERIÊNCIA	CONTEÚDOS — freqüência e percentagem das expressões em Verbalização coletadas em protocolo.					
		PROJETIVIDADE		OBJETIVIDADE		SEM CLASSIFIC.	TOTAL
		Freq.	— %	Freq.	— %	Freq.	Freq.
A	Primeiro	30	77,0	9	23,0	22	61
B	”	13	74,0	5	26,0	5	23
C	”	134	62,7	80	37,3	18	232
A	Último	13	33,3	26	66,7	4	43
B	”	30	43,4	39	56,6	144	213
C	”	70	33,2	111	66,8	22	243

9. Para a *apuração* das *respostas* dos *questionários Q.A.S.* examinados, obedeceu-se aos mesmos critérios adotados para a análise dos conteúdos de verbalização.

Aqui são apresentados os resultados obtidos pela aplicação do Q.A.S. em três grupos diferentes, que denominaremos de D-E-F.

Como já ficou explicado, o estudo de tais questionários restringiu-se apenas às respostas aos itens 8 e 9, que indagavam sobre a percepção do grupo em relação aos psicólogos, no primeiro e no último dia da experiência.

Julgamos interessante apresentar os resultados desta tentativa em duas partes: na primeira, transcreveremos as respostas dos questionários aplicados nos três grupos; na segunda (página ...), apresentaremos um quadro onde estão, em termos quantitativos, os resultados obtidos da análise dessas respostas.

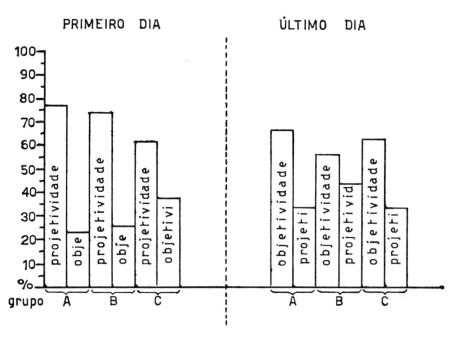

GRUPO "D"

No primeiro dia, o grupo via a equipe de psicólogos como:
— Três autômatos, porém pessoas de carne e osso
— Carrascos
— Carrascos e esnobes
— Carrascos
— Selvagens
— Bichos
— Brutos e sem educação
— Severos
— Antipáticos
— Instrutores dignos de todo respeito
— Professores austeros
— Inimigos
— Pessoas sem senso de responsabilidade
— Ásperos, sem educação
— Pessoas rígidas, sem emoção
— Ditadores
— Pessoas que não podiam conversar com ninguém
— Autoridades
— Verdadeiros inimigos
— Catedráticos pretensiosos
— Elementos vaidosos

- "Amigos da onça"
- Três carrancudos inconformáveis

GRUPO "D"

Hoje o grupo vê a equipe de psicólogos como:

- Bons amigos e humanos como nós
- Amigos
- Amigos e pessoas tão humanas como nós
- Amigos
- Iguais a nós
- Amigos
- Bondosos, educados e delicados
- Amigos e tolerantes
- Amigos e bons conselheiros
- Grandes profissionais
- Instrutores que compreendem, e cumprem a sua missão
- Mestres que procuram nos tornar desinibidos
- Pessoas normais e interessantes
- Ótimas pessoas
- Pessoas bem orientadas e conhecedoras da técnica de Psicologia
- Amigos e instrutores
- Mestres
- Seres humanos como nós
- Bons amigos
- Nossos companheiros de trabalho
- Bons colegas
- Grandes amigos
- Seres perfeitamente humanos

GRUPO "E"

No primeiro dia o grupo via a equipe de psicólogos como:

- Autoridades
- Donos da sala
- Psicólogos
- Autoridades
- Autoridades
- Uma equipe de investigadores
- Chefes-autoridades
- Nossos chefes
- Uma turma de loucos
- Uma equipe de adivinhos
- Umas estátuas
- Autoridades
- Pessoas fora do comum
- Verdadeiro temor
- Autoridades

— Autoridades
— Autoridades
— Pessoas preparadas para estudar a personalidade e caráter

GRUPO "E"

Hoje o grupo vê a equipe de psicólogos como:

— Amigos
— Bons observadores
— Amigos
— Psicólogos
— Bons amigos
— Uma equipe como outra qualquer
— Participantes
— Simples funcionários como nós (do Banco)
— Gente normal, porém estudada
— Nada mais que homens, ou seja, humanos como nós
— Pessoas normais que só procuram o nosso benefício
— Elementos humanos
— Professores e amigos
— Amigos leais e colegas
— Pessoas preparadas
— Colaboradores e mestres

GRUPO "F"

No primeiro dia o grupo via os membros da equipe de psicólogos como:

— Um trio de malucos
— Mal educados
— Elementos arrogantes, indiferentes aos participantes
— Carrascos
— Loucos
— Pretensos entes superiores
— Pessoas que ensejam expectativa
— Humanos, mas rígidos
— Elementos antipáticos
— Incoerentes com os primeiros passos do grupo
— Agressivos
— Um tanto austeros e sem compreensão, de como se sentiria o grupo
— Agressivos
— Elementos nocivos ao meio
— Superiores e auto-suficientes, como entes
— Loucos
— Tarados
— Polícia
— Carrascos de uma determinada matéria
— Carrascos
— Intoleráveis

— Pessoas capacitadas para saber o que somos individualmente
— Pedras: que não tinham sentimentos como os outros.

GRUPO "F"

Hoje o grupo vê os integrantes da equipe de psicólogos como:
— Pessoas compreensivas
— Professores justos e cônscios dos seus deveres
— Amigos
— Amigos
— Bons professores, cuidadosos de seus deveres
— Amigos e beneficiadores
— Amigos
— Bons conselheiros, pessoas que procuram ajudar a humanidade
— Pessoas normais e humanas
— Perfeitos orientadores da vida atual
— Ótimos orientadores dos problemas que precisamos conhecer
— Comunicativos e corteses
— Com muita simpatia
— Bons amigos e grandes cooperadores
— Pessoas normais
— Professores na verdadeira acepção da palavra
— Elementos agradáveis, principalmente a L
— Pessoas normais
— Três bons amigos
— Pessoas tratáveis
— Bons professores e bons amigos
— Como nós mesmos — pessoas humanas

PROJETIVIDADE — OBJETIVIDADE
através da Análise das respostas ao questionário "Q.A.S."

GRUPO	DIA DA APLI-CAÇÃO	PROJETIVIDADE Freq.	— %	OBJETIVIDADE Freq.	— %	SEM CLAS-SIFIC. Freq.	TOTAL Freq.
D	Primeiro	17	85,0	3	15,0	3	23
E	"	8	80,0	2	20,0	8	18
F	"	20	90,9	2	9,1	1	23
D	Último	0	00,0	18	100,0	5	23
E	"	0	00,0	13	100,0	5	18
F	"	0	00,00	21	100,0	2	23

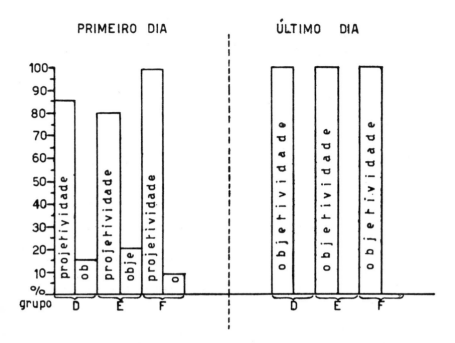

10. ANÁLISE DOS RESULTADOS

a) Pelos resultados obtidos na análise dos conteúdos de verbalização, observa-se:

1) No *primeiro dia* de experiência, a percentagem de *projetividade* é sempre superior à de *objetividade*.

Assim:

No grupo "A" : 77,0% de *projetividade* contra 23,0% de *objetividade*.

No grupo "B" : 74,0% de *projetividade* contra 26,0% de *objetividade*.

No grupo "C" : 62,7% de *projetividade* contra 37,3% de *objetividade*.

2) No *último dia* de experiência, a percentagem de *objetividade* é sempre superior à de *projetividade*.

Assim:

No grupo "A" : 66,7% de *objetividade* contra 33,3% de *projetividade*.

No grupo "B" : 56,6% de *objetividade* contra 43,4% de *projetividade*.

No grupo "C" : 66,8% de *objetividade* contra 33,2% de *projetividade*.

b) Pelos resultados obtidos na análise do Q.A.S. tem-se:

1) No *primeiro dia* da experiência a percentagem de *projetividade* é sempre superior à de *objetividade*.

Assim:

No grupo "D" : 85,0% de *projetividade* contra 15,0% de *objetividade*.

No grupo "E" : 80,0% de *projetividade* contra 20,0% de *objetividade*.

No grupo "F" : 90,9% de *projetividade* contra 9,1% de *objetividade*.

2) No *último dia* da experiência, a percentagem de *objetividade* é sempre superior à de *projetividade*.

Assim:

No grupo "D" : 100,0% de *objetividade* contra 0,00% de *projetividade*.

No grupo "E" : 100,0% de *objetividade* contra 0,00% de *projetividade*.

No grupo "F" : 100,0% de *objetividade* contra 0,00% de *projetividade*.

Esses dados, tomados isoladamente, podem significar pouco.

Entretanto, no seu conjunto, estão a mostrar que a manifestação do fenômeno de projetividade é mais freqüente no início da experiência que o da objetividade e que, no final da experiência, torna-se mais freqüente o aparecimento da objetividade.

11. Conclusão

Como tivemos ocasião de explicar na exposição dos objetivos desta pesquisa, nosso trabalho restringiu-se ao estudo das variáveis Projetividade-Objetividade, no início e no término da experiência de grupo. Outra restrição que nos impusemos como método de análise diz respeito aos tipos de relação e situação criados dentro de uma experiência de dinâmica de grupo. Como essas podem ser inúmeras e variar de experiência para experiência, ocupamo-nos apenas da relação grupo-psicólogos, isto é, da percepção que o grupo tem dos psicólogos que funcionam com ele durante a experiência.

Sendo nosso objetivo verificar se a experiência de grupo DRH contribui para a modificação da percepção no sentido da Projetividade para a Objetividade, acreditamos que as restrições metodológicas assumidas ajudar-nos-iam a atingir tal objetivo, uma vez que:

1.º) Verificada a mudança de percepção no início e no término da experiência, estaria comprovada a existência de um processamento de mudança de percepção;

2.º) Verificada a mudança de percepção no que se refere a relação grupo-psicólogos, é de se esperar que, provavelmente, nas demais relações e nas demais situações, essa mudança se processaria.

Não nos ocupamos do estudo e da análise das causas da mudança de percepção, pois estas, além de várias e variadas, fogem, em sua quase totalidade, ao controle de possíveis instrumentos de medida. Estão muito ligadas ao próprio processo de amadurecimento do grupo e este se faz de maneira mais ou menos sensível, porém incontrolável.

Os resultados obtidos e expressos em termos estatísticos demonstram-nos *que, realmente, pela experiência de grupo DRH, se processa a mudança de percepção dos psicólogos; verifica-se uma evolução, no sentido da Projetividade para a Objetividade.* A transferência dessa aprendizagem para a vida posterior ao grupo resta a ser demonstrada.

BIBLIOGRAFIA

1. Murray, Henry A., *Thematic Appercevtion Test*, Cambridge, Mass. (E.U.A.), Harvard Psychological Clinic, Harvard Univ., 1937. As referências no texto são para a tradução espanhola, *Test de Apercepción Temética (TAT) — Manual para la aplicación*, Buenos Aires, Editorial Paidos, 3.ª ed., 1962.
2. —, *Explorations in Personality*, Nova Iorque, Oxford Univ. Press., 1938. As referências no texto são para a tradução francesa, *Exploration de la personalité*, de A. Ombredane, Paris, P.U.F., 1953.
3. Piaget, Jean, *Le langage et la pensée chez l'enfant*, Neuchatel e Paris, Delachaux & Niestlé, 1923, 4.ª ed. 1956. As referências no texto são para a tradução brasileira, *A Linguagem e o Pensamento da Criança*, de Manuel Campos, Rio, Fundo de Cultura, 1959.

BANCO DA LAVOURA DE MINAS GERAIS S.A.

DEPARTAMENTO DE ORIENTAÇÃO E TREINAMENTO-*DOT*

SERVIÇO DE ORIENTAÇÃO PSICOLÓGICA

QUESTIONÁRIO ANÔNIMO DE SEGUIMENTO

Q.A.S. sobre o grupo DRH

(I)

1. O que o grupo esperava era _____

2. Esse período do DRH foi _____

3. Hoje o grupo está se sentindo _____

4. No início, o grupo estava se sentindo _____

5. O que o grupo mais temia antes da semana era _____

6. O que o grupo mais temia durante a semana era _____

7. O grupo trabalhou melhor quando _____

8. No primeiro dia o grupo via a equipe de psicólogos como

9. Hoje o grupo vê a equipe de psicólogos como _____

10. Quando o grupo voltar para o seu trabalho _____

11. Se me fosse dada outra oportunidade como esta eu _____

12. Quais as suas impressões pessoais sobre a experiência? _____

CAPÍTULO 4

Evolução das Atitudes Democráticas Através do Questionário "Como Chefiar"

NILZA ROCHA
e NADIR TOLENTINO RIBEIRO

INTRODUÇÃO

Uma das atribuições do Departamento de Orientação e Treinamento do Banco da Lavoura de Minas, S.A., é a formação de chefes, sendo que uma das formas de desempenhar tal tarefa é o "Curso de Aperfeiçoamento de Titulados" — CAT. A preocupação desse Curso é a de formar o "bom" chefe, e a dificuldade está exatamente em estabelecer as características desse chefe. Os estudiosos do assunto tornam cada dia mais extensas as "listas" de qualidades que deve possuir o "bom" chefe, a ponto de transformá-lo em um anjo ou um "super-homem".

O problema se torna mais difícil porque o estabelecimento daquelas características se liga a outros conceitos também de definições complexas, dependentes da filosofia de cada empresa, de cada grupo e, portanto, variável. Vê-se, pois, que o conceito de chefia, do tipo de direção, precisa ser alcançado em níveis mais profundos e complexos, e não em simples catalogação de fatos. Infelizmente, a abordagem em tais níveis demandaria técnicas mais apuradas, que não se enquadrariam na programação do presente trabalho. Abordaremos o problema em termos mais simples e em níveis mais superficiais.

Assim é que teremos, como ponto de partida, um questionário americano, o *How Supervise,* ([1]) que já foi estudado em empresas

(1) Teste "Como Chefiar". Edições CEPA, Rio, 1962.

americanas, dando-nos, assim, um ponto de referência que facilita o nosso trabalho, apesar de termos em mente as diferenças culturais entre os países.

Este trabalho não pretende dar soluções — é apenas uma tentativa de abordagem do problema. Como o trabalho proposto refere-se à direção, à liderança, faremos algumas considerações teóricas a respeito do tema, a fim de esclarecer mais o assunto.

1. Evolução do Conceito de Direção

O conceito e o tipo de direção estão intimamente ligados ao meio cultural, fazendo com que os mesmos variem de sociedade em sociedade e de uma época para outra. Vê-se, portanto, que os métodos antigos já não são aceitos na atualidade, não se permitindo, por exemplo, que um supervisor tenha, em relação a um subordinado, atitudes tais como ameaças de violência física, ou outras que firam o que se chama "direitos" da pessoa humana, mesmo em se tratando de um "simples" operário. A direção, no momento, procura voltar-se para o indivíduo, considerado como pessoa humana, valendo-se de conhecimentos mais profundos e apelando mais para suas qualidades e interêsses do que para a posição ocupada.

O "bom" chefe era aquele que fazia com que seus subordinados obedecessem cegamente, centrando-se toda a sua atenção no controle do cumprimento de suas ordens e em se fazer reconhecido como autoridade. Atualmente, o interesse do "bom" chefe deslocou-se de sua pessoa para os seus subordinados, da obediência cega para o cumprimento de obrigações motivadas; enfim, o chefe passou de egocêntrico a alocêntrico. Esse deslocamento, muitas vezes frustrante para alguns chefes, levou as pessoas preocupadas com o problema a procurarem novos pontos de referência que se ajustem às novas condições surgidas.

Vários são os motivos responsáveis por tais mudanças, como a alteração de pontos de vista e possibilidade de pessoas, que não os proprietários das empresas, ocuparem nelas cargos de direção.

Pode-se, ainda, como ilustração, citar o fato de que o chefe, para manter sua autoridade, deve exigir que suas ordens sejam cumpridas e, até há alguns anos atrás, qualquer meio poderia ser usado para alcançar tal objetivo. Desde a 1.ª Guerra Mundial, isso não é mais possível, o que levou os superiores a exigir menos de seus subordinados. Assim, por exemplo, os pais prolongaram as horas de diversão de seus filhos e os diretores baixaram os níveis de produção [1].

É neste clima de mudança que propomos este trabalho, no sentido de um melhor conhecimento da situação relacionada com assuntos de supervisão, no Banco da Lavoura.

Considerações Gerais Sobre Liderança

De um modo geral, as investigações que foram feitas sôbre liderança se orientam em três direções:

1. Levantamento das características daqueles que têm sido reconhecidos como grandes líderes, tanto no passado como no presente, a fim de que se descubra o que apresentam em comum.
2. Estudo, em grupos experimentais, dos líderes eleitos (em tais situações), continuando-se a investigação como no caso anterior.
3. Levantamento das características do líder, através de listas de qualidades que, muitas vezes, são resultantes das idéias dos autores a respeito do que deve ser o "grande líder".

Nosso estudo se localiza mais neste terceiro ponto, com a ressalva de que as listas ou proposições do questionário usado foram feitas através de pesquisas entre os próprios líderes, e não elaborados arbitrariamente.

Segundo J. A. C. Brown [1], um dos trabalhos bibliográficos mais amplos sobre liderança é o de Jenkins, * onde se resumem todas as investigações efetuadas sobre o assunto, durante 30 anos. Nesse trabalho, encontram-se as seguintes conclusões:

1. A personalidade do líder, assim como todas as características da liderança de uma determinada atividade, vão depender do tipo da situação estudada. Tal fato vai contribuir para diferenciar as atitudes e condutas dos líderes nas diversas situações, tornando-se mais diferentes à medida que as situações se modificam.
2. A maioria dos estudos demonstra que o líder tem ascendência sobre os demais elementos do grupo, nem que seja em determinado tipo de capacidades, apesar da variedade destas.

Estudando-se diferentes tipos de grupos (rebelde, sossegado, etc.), chegou-se à conclusão de que as características de uma boa liderança, em determinada situação, pode ter um efeito catastrófico em outras circunstâncias.

Há uma infinidade de classificações dos líderes, com a elaboração de listas de qualidades, mas não há comprovação da eficiência da sua aplicação nas empresas.

Os estudos sociológicos sobre liderança são válidos quando se limitam a considerar os tipos de indivíduos que são escolhidos para liderar em diversos grupos e em situações e épocas diferentes, não resolvendo, porém, o problema do supervisor nas empresas, pois não se definiram com precisão as características que o tornam um bom supervisor. Também as listas de qualidades organizadas pelos psicólogos não solucionam o problema.

---

* W. Jenkins, "Review of Leadership Studies with Particular Reference to Military Problems", *Psych.*, 44, 1947.

Parece natural que o líder de um grupo saudável deve possuir inteligência, equilíbrio e não exibir uma personalidade rígida e egocêntrica, insensível aos sentimentos do grupo. O líder deve sintonizar com os membros do grupo, para que possa receber suas impressões, as quais deverão influenciar as suas decisões, a fim de que haja melhor aceitação por parte do grupo. Tais características são necessárias em um grupo normal sadio, pois, não sendo assim, modificar-se-iam totalmente as qualidades do líder, que deveria representar exatamente o grupo, seja este de que tipo for, como nos casos de líderes que, muitas vezes, são neuróticos, epilépticos, autoritários, etc.

É interessante observar a descrição que o Dr. BERNARD faz a respeito do líder que, às vezes, dá a impressão de

... ser mais um indivíduo "estúpido", um funcionário arbitrário, um simples canal de comunicação e um ladrão de idéias. Em certo sentido isto é certo. Tem que ser bastante estúpido para executar muitas coisas, indiscutivelmente, tem que impor sua autoridade para manter a ordem e, às vezes, se converte em mero centro de comunicação. Se só usasse suas próprias idéias, seria uma espécie de homem-orquestra, e não um bom regente, que é, diga-se de passagem, um líder muito notável.

A dificuldade, continua o autor, está exatamente em se encontrarem pessoas que possuam tais qualidades e que sejam "convenientemente" estúpidas, efetivos canais de comunicação e capazes de apropriar-se das idéias corretas.

A "estupidez", neste sentido, ao invés de excluir a inteligência, a completa, assim como a lucidez e a agilidade de discernimento e sensibilidade, pois é através disso que o líder poderá tirar proveito do contato com os subordinados, permitindo que estes se tornem seus colaboradores, e não meros robôs que executam ordens.

Em tese, parece que tal tipo de líder é o ideal, dependendo, porém, do tipo de direção adotado, sendo aquele bom para a empresa, na medida em que corresponder à filosofia da mesma.

Na maioria das empresas, tal tipo de líder não goza de grande popularidade em todos os níveis, principalmente porque implica alterações na distribuição do poder que, neste caso, é descentralizado, e as pessoas (chefes) muitas vezes sentem, como perda de autoridade a participação de subordinados em suas decisões.

Com relação às modificações de pontos de vista, neste assunto, algumas empresas têm-se esforçado no sentido de investigá-las através do uso de técnicas de grupo, que tentam selecionar e treinar os bons líderes, pois, parece claro que, no momento, se descobriu que os métodos antigos são ineficientes e que as pessoas (funcionários), de modo geral, não apoiam uma direção autoritária, apesar da resistência da maioria das empresas que teimam no uso de métodos de direção já superados.

No presente trabalho, tentou-se exatamente testar a influência da Dinâmica de Grupo (DRH) na mudança de opinião e de atitude dos chefes com relação a assuntos de direção.

OBJETIVO

Perseguiram-se os objetivos seguintes:

1. Comparar os resultados do questionário *Como Chefiar*, aplicados no "Curso de Aperfeiçoamento de Titulados" — CAT, com os obtidos pelo mesmo questionário, em supervisores americanos. Assim é que, indiretamente, tentaremos medir a influência do DRH nas mudanças de opiniões dos alunos, com relação a assuntos de chefia;

2. Comparar os resultados obtidos por titulados, *Antes* de se submeterem ao treinamento (CAT), e os obtidos *Depois* do mesmo;

3. Tentar situar as áreas nas quais há aceitação e discordância por parte dos titulados do Banlavoura, entre si, e em comparação com a filosofia americana.

A nossa hipótese era de que os resultados, antes do Curso, seriam inferiores aos obtidos depois. Esperava-se que os ensinamentos recebidos no CAT (do qual o DRH é integrante) levassem os titulados a atitudes mais alocentradas.

Deve-se lembrar que tal Curso tinha a duração de 30 dias úteis, dividindo-se seu curriculum em 4 unidades:

I — **Relações Humanas**

II — **Técnica de Chefia**

III — **Relações Públicas**

IV — **Serviços Internos**

Na fase de Relações Humanas, vamos encontrar o DRH, que constituiu a parte mais dinâmica de todo o Curso, e da qual se poderiam esperar maiores possibilidades de mudanças de opinião e de atitude.

2. METODOLOGIA

2. 1. Amostra: O teste foi aplicado em 453 titulados do Banlavoura, o que representa 35% do total do pessoal que se submeteu ao treinamento. Os grupos testados foram os seguintes:

I — DIRETOR ADJUNTO, CHEFE DE DEPARTAMENTO, ASSISTENTE, AUXILIAR E CHEFE DE SETOR .... 9 — 2,0%

II — CHEFES DE SERVIÇO E DE SEÇÃO .. 11 — 2,5%

III — INSPETORES .... 34 — 7,8%
IV — GERENTES .... 170 — 39,0%
V — CONTADORES .... 152 — 34,9%
VI — PROCURADORES .... 40 — 9,1%
VII — FUNCIONÁRIOS .... 19 — 4,3%

2. 1. a. Nível Educacional do Pessoal Testado — (N=453)

CURSOS

PRIMÁRIO —	COMPLETO	14 %
	INCOMPLETO	—
GINASIAL —	COMPLETO	15 %
	INCOMPLETO	21 %
COLEGIAL —	COMPLETO	2 %
	INCOMPLETO	4 %
NORMAL —	COMPLETO	1 %
	INCOMPLETO	—
BÁSICO —	COMPLETO	1 %
	INCOMPLETO	2 %
TÉC. COMERCIAL —	COMPLETO	19 %
	INCOMPLETO	7 %
SUPERIOR —	COMPLETO	4 %
	INCOMPLETO	2 %

2. 1. b. Idade do Pessoal Testado — (N=453)

ANOS	FREQUÊNCIA
20 — 25	38
26 — 30	106
31 — 35	103
36 — 40	82
41 — 45	46
46 — 50	33
51 — 55	11
56 — 60	6
61 — 65	1
19	4
EM BRANCO	5

2. 2. Instrumento

2. 2. a. Uso do Instrumento: Aplicou-se a Forma "A" e "B" do Questionário *Como Chefiar*, de QUENTIN W. FILE, Editado por H. H. REMMERS, sendo que a Forma "A" foi aplicada *antes* do treinamento (CAT) e a "B", *depois* do treinamento (CAT).

2. 2. b. Histórico: O *How Supervise* de QUENTIN W. FILE, Editado por H. H. REMMERS, foi traduzido e adaptado pelo Departamento de Orientação e Treinamento, do Banco da Lavoura de Minas Gerais, S.A., com o nome de *Como Chefiar* — instrumento este usado na presente pesquisa. Consta o mesmo de três formas, sendo que a "A" e "B" são equivalentes, constando de problemas referentes a supervisão de pessoal. A Forma "M" é mais apropriada para pessoal de administração ou supervisores de nível muito elevado. As formas "A" e "B" foram publicadas em 1943 e a forma "M", em 1948.

2. 2. c. Informações Gerais [4]

Os problemas ou itens propostos no Questionário *Como Chefiar* foram obtidos através de entrevistas consultivas com supervisores industriais, pessoal de relações industriais e exaustivas pesquisas bibliográficas sobre supervisão.

Cada Forma do Questionário é dividida em três partes:

1 — **Prática de Chefia**
2 — **Ação Administrativa da Empresa**
3 — **Opinião do Chefe**

As duas primeiras referem-se a ações que o supervisor aceita como desejáveis para si e para a empresa. A terceira parte se relaciona com problemas de relações humanas.

Para a seleção de itens foi feita aplicação de uma edição experimental com 2 formas, com 102 itens cada uma, em aproximadamente 750 supervisores de 10 indústrias. Tais indústrias eram muito diversificadas em tamanho, tipo de produção, material fabricado, organização interna e localização geográfica. As melhores respostas foram obtidas na aplicação do questionário em 37 membros do corpo administrativo do programa de TWI do governo e em 8 indivíduos, autores de artigos ou livros sobre relações industriais ou higiene mental.

As respostas que obtiveram freqüências mais altas, nos dois grupos, foram tomadas como as melhores. A correlação entre as chaves de contagem de pontos, baseada nos dois grupos, foi de 0,91, com 5 respostas possíveis para cada item preparado.

Resultados totais desta forma experimental do questionário foram obtidos para cada um dos 750 supervisores testados.

Através do cálculo da significância das diferenças das médias das respostas dos dois grupos, estudou-se a capacidade discriminativa de cada item para supervisores de altos e baixos resultados. Foram eliminados os itens que falharam na discriminação, sendo que 140 melhores foram divididos entre as formas "A" e "B" do Q.C.

As formas "A" e "B" foram consideradas como iguais, baseando-se na dificuldade média do poder de discriminação, variabilidade do item e número de declarações positivas e negativas. A sua aplicação a novos grupos deu médias quase idênticas para as duas formas em cada nível supervisional. Há uma tendência acentuada para que os resultados da forma "B" tenham maior dispersão do que a forma "A", não sendo isto, porém, suficiente para justificar a elaboração de normas separadas para cada forma.

2. 2. d. Fidedignidade

A correlação dos resultados nas formas "A" e "B" deu um coeficiente de fidedignidade do resultado total de 0,87 e o coeficiente foi de 0,77 (N=828).

As companhias que usaram tais formas informaram que a fidedignidade interna corrigida de cada, é um pouco maior do que aquela que a correlação forma "A" x forma "B" indicaria. Foram encontrados valores de 0,80 e 0,85 para uma forma, isoladamente, em amostras de 100 e 50 supervisores.

2. 2. e. Validade

O estudo mais abrangente de validação foi feito em 13 empresas, de tamanho e natureza variados, das quais foram testados 2209 supervisores. Ambas as formas foram aplicadas em 1417 deste total e os supervisores foram classificados de acordo com seu nível de responsabilidade supervisional.

NÍVEL I

— ALTA ADMINISTRAÇÃO, incluindo alta supervisão da administração, chefia dos principais departamentos e os conselheiros deste pessoal.

NÍVEL II

— CAPATAZES GERAIS, supervisores da área de produção e supervisores competentes de escritório.

NÍVEL III

— SUPERVISORES DE PRODUÇÃO, semelhantes aos grupos nos quais o estudo original foi feito. Estes supervisores são encarregados dos trabalhos fora do escritório.

O Questionário *Como Chefiar* mede, aparentemente, as características encontradas com mais freqüência em indivíduos que ocupam posições de responsabilidade do que nos que supervisionam no nível operacional. O valor do presente questionário, portanto, se limita a prognóstico de capacidade para alcançar posições de maior responsabilidade. Pode-se supor que a presença de características que tornam os supervisores melhores candidatos à promoção os tornem também mais eficientes em suas tarefas atuais.

Aplicando-se uma forma antes e outra depois de um treinamento de supervisão em 589 supervisores da indústria da borracha, encontraram-se diferenças significativas nos resultados do questionário.

QUADRO I

COMPARAÇÃO DOS RESULTADOS ANTES E DEPOIS DO TREINAMENTO DE SUPERVISÃO POR NÍVEL SUPERVISIONAL E PARA O GRUPO INTEIRO

NÍVEL	N		MÉDIA	DESVIO-PADRÃO
I	159	Antes	48,9	8,3
		Depois	52,7	7,5
II	229	Antes	49,3	9,6
		Depois	52,9	7,4
III	201	Antes	44,1	10,9
		Depois	49,1	10,2
O grupo inteiro	589	Antes	47,4	10,1
		Depois	51,6	8,7

Estudos em escalas menores deram resultados semelhantes. Em um estudo de 54 homens, o grupo abaixo da mediana mostrou um ganho muito maior que o grupo superior. Pelo exposto, parece que o QC pode ser usado como instrumento de medida, pré-treinamento de um programa de treinamento de supervisores.

Encontra-se nos resultados do "Questionário de Chefia" uma tendência em se harmonizar com a avaliação de pessoas em posições de responsabilidade.

Estudando-se a relação entre as avaliações dos executivos sobre os supervisores e os resultados dos testes dos supervisores, encontrou-se coeficiente de validação entre 0,50 e 0,60. Apesar de serem pequenas as amostras usadas (N=60), os coeficientes estão em harmonia com outras indicações do poder de discriminação do questionário.

2. 2. f. Sugestões para uso da Informação do Questionário

A testagem só tem valor quando usada com proveito dentro de suas limitações e possibilidades, sendo isto válido também para o QC. Este não trata de todos os problemas de supervisão industrial, mas da área das relações administração-trabalhador e da relação do supervisor-empregador-subordinados.

O Questionário de Chefia poderá ser usado com proveito com as seguintes finalidades:

1. Como detector de carência da compreensão dos princípios da boa supervisão, podendo a administração selecionar com maior facilidade os que necessitam treinamento em supervisão e os que estão aptos à promoção.

2. Localização de áreas de supervisão em que o grupo está mais fraco, através da tabulação de cada item, que mostrará aqueles em que há maior incidência de erros. Estes itens passarão a receber uma ênfase especial no período de treinamento.

Dessa tabulação podem-se tirar outras informações, como atitudes dos funcionários ante certas normas da política da companhia, relações administração-trabalhador e prática de Chefia.

3. Medida do aperfeiçoamento do treinamento, aplicando-se o questionário *antes* e *depois* do treinamento. Pode-se aplicar uma forma no início e outra no fim do treinamento, ou ambas no começo e ambas no fim, para a obtenção de dados mais fidedignos.

Para pessoas de supervisão de nível superior, ou da Administração, pode-se substituir a forma "M" pela aplicação das outras formas. Aplicando-se todas as formas, as respostas do funcionário a itens específicos do teste não devem ser discutidas com ele, até que o teste final seja aplicado. Aliás, os aumentos registrados no final do treinamento serão, ao que tudo indica, falsamente elevados. Se a forma "A" é usada uma vez e a forma "B" outra, as respostas da forma aplicada primeiro podem proporcionar um bom ponto de partida para discussão e para o treinamento.

4. Como base para conversas construtivas com o pessoal de supervisão, explorando o interesse que os indivíduos demonstrarem pelos resultados de seus testes, um entrevistador pode obter os pontos fortes e fracos no raciocínio do supervisor e pode ajudar a corrigir essas impressões erradas, explicando as vantagens de tomar linhas de ação alternativas.

2. 2. g. Precauções na Interpretação de Resultados

1. O Questionário de Chefia deve ser usado como um instrumento auxiliar e não como "panacéia" na seleção e colocação do pessoal de supervisão.

2. Toda testagem envolve certo erro de medida. Espera-se, pois, que os resultados, em qualquer forma do questionário, variem um pouco em diferentes aplicações. Pequenas diferenças entre os indivíduos não devem ser consideradas como altamente significantes. O mais importante é considerar a posição do indivíduo, relacionada com a colocação de todo o grupo, ou seja, entre os melhores e piores supervisores.

3. Apesar da validade dos resultados, tanto da forma "A" quanto da "B", para obtenção de dados grupais, sugere-se que ambas as formas sejam aplicadas como questionários de informação, como auxílio na determinação de compreensão supervisional de indivíduos, isoladamente.

Usando-se ambas as formas do teste, a fidedignidade dos resultados obtidos aumenta, acentuadamente. Para pessoal superior de supervisão, a forma "M" dá resultados tão fidedignos como os das formas "A" e "B" combinados, sendo, por isso, preferível a sua aplicação, a menos que se planeje uma testagem repetida.

3. RESULTADOS DA EXPERIÊNCIA DO BANLAVOURA

Com a finalidade de mensuração de efeitos do treinamento, aplicaram-se as duas formas do Questionário de Chefia, obtendo-se os seguintes resultados:

QUADRO II

"MÉDIA DOS PONTOS OBTIDOS POR TODAS AS CATEGORIAS DE TITULADOS"

		MÉDIA ARITMÉTICA	DESVIO-PADRÃO
FORMA "A" 1.ª APLICAÇÃO	ANTES DO C A T	34,24	10,14
FORMA "B" 2.ª APLICAÇÃO	DEPOIS DO C A T	38,90	9,54
	DIFERENÇA	4,66	
ERRO PADRÃO DA MÉDIA		0,49	0,46

Espera-se que uma diferença de 4,66 a favor do grupo "B" apareça em 100% dos casos. Logo podemos dizer que a diferença é significativa. Portanto, sendo a média obtida significativa, pode-se supor que o elemento "acaso" não influenciou, e, ao que parece, esta mudança poderia ser atribuída ao treinamento pelo qual passaram os elementos testados.

O Curso apresentava um programa que se relacionava diretamente com o assunto do questionário *Como Chefiar*, e as discussões das aulas versavam sobre tal assunto. O DRH, com o qual se iniciava o Curso, dava margem a que os participantes tivessem contato direto com os tipos de liderança diferentes, não só da parte dos psicólogos que orientavam os trabalhos, como do próprio grupo que aceitava ou não a liderança dos próprios colegas. Os participantes viviam ativamente os problemas de direção, tendo oportunidade de exercerem papéis de líder e de liderado, sentindo as vantagens e desvantagens dos tipos de direção usados. Isso poderia permitir uma revisão das opiniões a respeito do problema, levando o indivíduo a optar por um tipo de liderança menos egocêntrico, como se vê pelo aumento dos pontos da segunda aplicação do questionário.

Como se pode notar, a diferença da média da Forma "A", antes do treinamento, com a da Forma "B", depois do treinamento, alcançou o mesmo resultado do estudo americano, ou seja, de 4,20, enquanto aquela foi de 4,66. Apesar da diferença do tipo de supervisor americano com o participante do nosso curso, e também pelo fato de aquele estudo ter sido feito em indústria, e o presente trabalho feito em Banco, os ganhos obtidos nos dois foram idênticos.

Lembramos, também, aqui, o que foi realizado por S. Kile [2], que fez um trabalho similar ao que ora apresentamos, obtendo também resultados semelhantes a estes.

O trabalho S. Kile consta do seguinte:

> Um grupo de 377 supervisores foi treinado, sendo dividido em grupos de Controle e Experimental, tendo o primeiro recebido treinamento com o método chamado "de sensibilização orientada", e o segundo, com o método da "exposição-discussão". Ambos os grupos responderam ao "Questionário de Chefia" no começo e no fim do treinamento. A hipótese de que os que se submeteram ao último método tivessem escores mais baixos no *How Supervise*, do que os que se submeteram ao primeiro, foi confirmada nessa experiência. Também alunos de uma escola técnica, submetidos à mesma experiência, obtiveram escores mais altos na Forma "B" do que na "A" (antes e depois do treinamento) e, ainda, resultados superiores aos dos supervisores.

Segundo o autor, esse fato deveu-se a que os alunos da escola técnica eram mais novos e foram submetidos à prova depois do treinamento, não acontecendo o mesmo com os supervisores.

Vê-se, por esse trabalho, que o método chamado "treinamento de sensibilização orientada" aumenta os escores cerca de duas vezes mais do que o treinamento chamado "exposição-discussão". É, ainda, interessante notar o resultado encontrado, de que os treinandos mais "autoritários" tendem a apresentar escores mais "democráticos", após o treinamento.

QUADRO III

CATEGORIAS	FORMA "A" ANTES DO TREINAMENTO (CAT)				FORMA "B" ANTES DO TREINAMENTO (CAT)			
	PRÁTICA DE CHEFIA	AÇÃO ADMINISTRATIVA	OPINIÕES DO CHEFE	TOTAL	PRÁTICA DE CHEFIA	AÇÃO ADMINISTRATIVA	OPINIÕES DO CHEFE	TOTAL
Funcionários	8,68	14,63	6,26	29,57	8,10	17,26	10,42	37,89
Procuradores	9,55	15,52	5,22	29,92	7,95	18,12	10,65	37,15
Chefes de serviço e de seção	10,81	11,54	15,27	41,63	9,27	19,00	15,09	43,27
Contadores	9,34	15,00	8,88	33,23	9,09	17,69	11,63	38,28
Gerentes	9,66	15,45	10,46	35,52	8,98	17,39	13,19	39,44
Diretor adjunto, chefe de departamento, assistente, auxiliar chefe de setor	9,88	15,00	9,11	34,00	10,00	18,66	11,88	40,55
Inspetores	10,32	16,17	11,11	37,61	8,32	16,88	14,05	39,26
Total	9,58	15,21	9,38	34,24	8,86	17,58	12,37	38,90

ANÁLISE DOS RESULTADOS DAS DIVERSAS ÁREAS DO QUESTIONÁRIO, EM TODOS OS GRUPOS — (VER QUADRO III)

A — "Prática de Chefia"

Observando-se o Quadro III, vamos notar que, com exceção da categoria "Diretor Adjunto, Chefe de Departamento, Assistente, Auxiliar e Chefe de Setor" [1] — todas as outras obtiveram, na Forma "B", médias inferiores à Forma "A".

Note-se que essa parte do questionário se refere a "áreas específicas que o supervisor aceita como desejáveis para ele ou para a companhia"; ora, sendo o Curso muito rápido, o tempo de assimilação talvez não tenha permitido uma redefinição daquelas ações, colocando, assim, o indivíduo em dúvida, levando-o a reformular seus conceitos que, no momento de responder ao questionário, não se definiram ainda.

Observando-se o fato de o escore de "Diretor Adjunto, Chefe de Departamento, Assistente, Auxiliar e Chefe de Setor", em "Prática de Chefia", não ter baixado, como aconteceu em todas as outras categorias, seria interessante lembrar que esse grupo ocupa o ápice da pirâmide na hierarquia do Banco, e, ao que se supõe, participa da política efetiva deste, tendo, portanto, maior segurança de princípios a respeito de direção, tendendo mais para uma aproximação das respostas ideais, e não para uma regressão, como nas outras categorias.

Forma "A"

A média mais alta (10,81), aqui obtida, foi encontrada no Grupo II "Chefes de serviço e de seção", e a mais baixa (8,68), no Grupo VII "Funcionários".

Forma "B"

Obtiveram média mais alta (10,00) "Diretor Adjunto, Chefe de Departamento, Assistente, Auxiliar e Chefe de Setor", e a mais baixa (7,95), "Procuradores".

Como se vê, as posições de todas as categorias se alteraram, nesta forma, sendo que o Grupo I ocupou lugar superior ao ocupado na Forma "A", e o Grupo VII, "Funcionários", que obtivera média mais baixa, subiu de escore nesta forma.

B — "Ação Administrativa"

Nenhuma categoria teve seus escores diminuídos nesta área.

Forma "A"

A média mais alta (16,17) foi obtida pelo Grupo III, "Inspetores", e a mais baixa (11,54), pelo Grupo II, "Chefes de Serviço e de Seção".

Forma "B"

O Grupo II, "Chefes de Serviço e de Seção", obteve a média mais alta (19,00), e a mais baixa (16,18), foi obtida pelo Grupo III, "Inspetores" (apesar de ter aumentado 0,17 nesta forma).

Note-se que, na presente área, os resultados da forma "A" foram inversos ao da "B", ou seja, o grupo que tirou média mais alta na forma "A", na forma "B" obteve o escore mais baixo e vice-versa. Note-se, ainda, que os mesmos grupos permaneceram nas primeiras e últimas colocações, em ambas as formas.

C — "Opiniões do Chefe"

A única categoria cujo escore diminuiu foi a do Grupo II, "Chefes de Serviço e de Seção", sendo a diferença muito pequena: 0,18. Não nos detemos em uma análise mais detalhada a seu respeito, apesar de a mesma ter-se apresentado como uma excessão.

Esta parte se refere a Relações Humanas, e é interessante notar que, nesta área, os indivíduos testados se encontram em uma posição mais segura do que na anterior, efeito, talvez, do próprio conteúdo do Curso que procurou mudar opiniões nesse sentido, e, principalmente, na parte referente à dinâmica de grupo, na qual o indivíduo pode viver problemas de Relações Humanas.

Forma "A"

O Grupo II, "Chefes de Serviço e de Seção", teve a média mais alta, que foi de 15,27, descendo esta para 5,22, obtida pelos Procuradores, que ocuparam o lugar inferior.

Forma "B"

O Grupo II, "Chefes de Serviço e de Seção", continua com a média mais alta (15,09), nesta forma, sendo que o Grupo VII, "Funcionários", obteve a mais baixa (10,42). Apesar de o Grupo II ter tido a média mais alta, esta diminuiu de 0,18, da forma "A" para a forma "B", ao passo que o Grupo VII subiu de 4,26, de uma forma para outra.

Parece haver, aqui, uma semelhança com os resultados do estudo de S. KILE, onde foi observado que os treinandos mais "autoritários" tendem a apresentar escores mais "democráticos", após o treinamento. Deve-se lembrar, no entanto, que os funcionários não exerciam, ainda, funções de chefe, não estando, portanto, familiarizados com problemas referentes a tais assuntos.

TOTAL:

Tanto na forma "A" como na forma "B", o escore mais alto, considerando-se o total de perguntas, foi obtido pelo Grupo II, "Chefes de Serviço e de Seção", com um aumento de 1,64 de uma forma para outra.

A média mais baixa, na Forma "A", foi obtida pelo Grupo VII, "Funcionários", e na Forma "B", pelo Grupo VI, "Procuradores".

As extremidades foram ocupadas por grupos intermediários na Forma "B", ou seja, os "Procuradores" ocuparam o 16.º degrau na hierarquia do Banco, e os "Chefes de Serviço e de Seção", o 5.º e o 12.º respectivamente. Já na Forma "A", a extremidade inferior foi ocupada também por funcionário pertencente ao 18.º degrau na hierarquia do Banco.

A diferença da média mais alta para a mais baixa, na Forma "A", foi de 12,06, caindo na Forma "B" para 6,12.

Houve uma aproximação geral, ou seja, a diferença entre os extremos diminuiu, o que talvez se deva ao fato de o "treinamento" haver interferido num mesmo sentido, em todas as categorias, levando-as a um consenso.

Deve-se, ainda, lembrar a possibilidade de os participantes do Curso terem feito uma revisão geral dos princípios e atitudes adotados, com relação aos subordinados e à empresa, o que talvez os levasse a uma aceitação mais homogênea das proposições contidas no Questionário de Chefia.

Considerando-se o total, sem distinção de categorias, a área que obteve escore mais alto foi na Forma "A", "Ação Administrativa", com a média 15,21, e na Forma "B" 17,58; o escore mais baixo, na Forma "A", foi encontrado em "Opiniões do Chefe", com 9,38, e na Forma "B", 8,86, em "Prática de Chefia".

Considerando-se todas as categorias, no total, a média mais alta, em ambas as formas, foi encontrada em "Ação Administrativa", com as médias de 15,21 e 17,58, respectivamente, com um aumento de 2,37, da Forma "A" para a "B".

O escore mais baixo (9,38) da Forma "A", foi obtido em "Opiniões do Chefe" e, na Forma "B", em "Prática de Chefia", com 8,86.

ANÁLISE DAS PORCENTAGENS DE ACERTOS DAS PERGUNTAS DO QUESTIONÁRIO "COMO CHEFIAR", POR CATEGORIA
(Ver quadro na página 162)

Através dos quadros IV-1-2-3-4-5-6-7, anexos ao final deste trabalho, pode-se notar que houve, para todos os grupos, um aumento na Forma "B", do número de perguntas que obtiveram porcentagem 100%, ou seja, da 1.ª para a 2.ª aplicação. (Ver *Gráficos*, páginas ....)

Nenhuma pergunta obteve 100% em todos os grupos. A pergunta mais freqüente nesta percentagem, na Forma "A", foi a pergunta n.º 6: *"Explicar aos funcionários as razões de modificações feitas em seu trabalho."*

Todas as pessoas que fizerem parte dos Grupos I, II, III e IV, deram respostas positivas a essa pergunta.

Pelo enunciado da pergunta, trata-se de relacionamento entre funcionários e as decisões tomadas no que diz respeito a mudanças no trabalho. Neste particular, parece que os 4 grupos ("Diretor Adjunto, Chefe de Departamento, Assistente, Auxiliar e Chefe de Setor" — "Chefes de Serviço e de Seção" — "Inspetores" e "Procuradores"), estão de acordo a respeito da necessidade da aceitação das ordens que implicam mudanças.

Os grupos que não concordam, em termos absolutos (100%), com a resposta considerada certa ("Gerentes", "Contadores" e "Funcionários"), se acham em posições inferiores às dos acima citados na hierarquia do Banco, com excessão de um, que é o grupo de "Funcionários". Isso talvez se deva ao fato de que, nos graus mais altos de hierarquia, já se veja necessidade de evolução na política de pessoal do Banco. É bom lembrar que os Grupos IV, V e VII são compostos de elementos que batalham na "linha de frente", ou seja, são executores da política traçada pela Diretoria, que é influenciada e influencia, com maior intensidade, o pessoal que se acha na sua proximidade, o que talvez aconteça no presente caso, pois, com excessão dos "Procuradores", todos os outros grupos estão colocados em posição mais alta na hierarquia do Banco, com relação aos outros grupos.

A circulação das idéias é mais lenta para os executores, que, muitas vezes, já cristalizaram suas idéias a respeito da direção do pessoal e não perceberam ainda as mudanças de política da empresa.

Na Forma "B", a pergunta n.º 6 não obteve 100% de acertos, apenas nos Grupos III e IV.

Na Forma 'A", o Grupo III, "Inspetores", obteve 100% de acertos, nessa pergunta, baixando a percentagem na segunda aplicação, Forma "B", para 97%. Essa regressão talvez indique a não assimilação dos conhecimentos adquiridos, que se encontravam ainda na fase de transição.

Para os Grupos V e VII, houve um aumento de percentagem, nessa pergunta, que subiu a 100%.

As perguntas que não obtiveram nenhum acerto, na Forma "A", foram: a 58 no Grupo I, a 9 no II e a 64 no III.

Na Forma "B", estas perguntas aumentaram seus escores, sendo que a n.º 16, nos Grupos I e II, e a 60 e 64, no Grupo I, foram as que não tiveram nenhum acerto.

Vejamos o enunciado dessas perguntas:

FORMA "A"

9. *"Punir exemplarmente um funcionário a fim de se evitarem futuros problemas com os outros."*

58. *"Nenhum funcionário de caráter fará greve contra uma empresa que paga bem a seus servidores."*

64. *"A Inspetoria deveria ter plenos poderes para eliminar causas de risco e reforçar as regras de segurança."*

FORMA "B"

16. *"Distribuir os períodos extraordinários entre os funcionários mais eficientes."*

60. *"Todo chefe que realmente toma como seus os interesses da empresa é capaz de realizar o seu trabalho."*

Como se pode observar, pelo seu enunciado, a pergunta n.º 9 se refere à disciplina dos funcionários, podendo-se dizer, pelo resultado (nenhum acerto), que o Grupo II, "Chefes de Serviço e de Seção", ainda acredita na punição exemplar como a melhor forma de disciplina.

A pergunta n.º 58 teve 100% de acertos, apenas no Grupo I, cujos participantes representam mais a empresa, pois se trata de elementos que dirigem áreas da mesma, e, portanto, defendem seus interesses no que diz respeito à reação dos funcionários que sejam prejudiciais, dentro dos moldes traçados por sua política.

Essa pergunta é significativa, no que diz respeito à limitação da liberdade do funcionário, que não poderia ter outra atitude a não ser a preconizada pela empresa, desde que o mesmo perceba bom salário.

Interessante é notar que, na pergunta 64, o grupo que não conseguiu nenhum acerto foi exatamente aquele cujo assunto tocava à sua própria função, isto é, os "Inspetores".

Na pergunta n.º 16, os grupos que não tiveram nenhum acerto foram aqueles que não sofrem na "própria pele" as conseqüências da medida, ou seja, são os que têm a seu cargo problemas de supervisão, pois aqui se trata de "Diretor Adjunto", "Chefe de Departamento", "Assistente, Auxiliar e Chefe de Setor" (I), "Chefes de Serviço e de Seção" (II).

A pergunta n.º 64 não teve acerto no Grupo I, "Diretor Adjunto, Chefe de Departamento, Assistente, Auxiliar e Chefe de Setor". Aqui parece haver a tendência em se colocarem os interesses da empresa como fator primordial no bom andamento dos trabalhos.

Vejamos, agora, no total, os resultados obtidos.

Dentro do quadro V, no total, nenhuma pergunta atingiu a percentagem 100% de acertos, assim como não houve pergunta que não tivesse recebido nenhuma resposta positiva. Isto quer dizer que, nenhuma pergunta, em todos os grupos, alcançou 100% de acertos e nem teve todas as respostas erradas, em todos os grupos.

Assim sendo, pode-se ver pelo quadro V que a percentagem mais alta foi 98%, na Forma "A" e "B", sendo que o número das perguntas variaram de uma Forma para outra.

PERGUNTAS — 98% de Acertos

FORMA "A"

6. *"Explicar a seus subordinados os deveres e responsabilidades de seus serviços."*
8. *"Esforçar-se para eliminar as desavenças pessoais entre seus funcionários."*

FORMA "B"

1. *"Delegar aos funcionários alguma responsabilidade para melhorar condições de trabalho."*
4. *"Dar a cada funcionário uma idéia exata sobre se está melhorando ou não, e, se está, quanto."*
20. *"Manter os funcionários bem informados sobre as perspectivas de crescimento e dos planos da empresa para ajustar-se a eles."*

Como se vê, as perguntas que alcançaram percentagens mais altas se referem à área de "Prática de Chefia", com exceção da pergunta n.º 20, da Forma "A", que faz parte de "Ação Administrativa".

Analisando o conteúdo das perguntas, vamos notar que todas elas tratam do relacionamento chefe-subordinado, e de suas comunicações.

Parece haver, quase na totalidade do grupo (98%), mostrada pelos resultados das perguntas, a tendência a admitir como necessário e proveitoso o reconhecimento da importância do papel do subordinado em uma empresa.

Seria interessante lembrar, aqui, as reflexões de Maier [3], a respeito deste problema e, principalmente, da evolução do mesmo.

VARIAÇÕES DO AUTORITARISMO

Há vários tipos de autoritarismo, desde o *paternalismo,* que valoriza a forma de comunicação pai-filho, numa relação amistosa e bem intencionada entre superior-subordinado, até o *tipo comercial,* que procura vender suas ordens e decisões, a fim de que sejam cumpridas em determinadas zonas.

QUALIDADE DA DECISÃO FRENTE À ACEITAÇÃO SUA

Para que uma decisão seja executada, é necessário que tenha uma boa aceitação emocional, por parte dos membros do grupo, além de um bom critério de escolha.

O maior ou menor valor que se dá à aceitação das ordens ou à qualidade de decisão depende dos métodos que vão aproximar ou distanciar uma da outra.

O Autoritarismo Acentua a Qualidade da Decisão

Antigamente, dava-se maior importância à qualidade da decisão do que à sua aceitação. A racionalização do trabalho, a organização, etc., eram muito mais importantes do que as Relações Humanas. O importante era a decisão estar objetivamente certa, tomada pela alta direção, independente de qualquer interferência das reações dos executores. Para este tipo de direção, os supervisores deviam possuir qualidades quase excepcionais, pois suas decisões eram tomadas, individualmente. Hoje, com o surgimento de forças e objetivos complexos, não se admite que uma empresa alcance sucesso sem a cooperação dos subordinados.

O assessoramento técnico é tão importante e necessário na direção moderna, que as empresas criam departamentos técnicos para estudar os seus problemas, relacionados não só com os serviços mas também com a situação do empregado, suas características, suas motivações, seu moral, etc. São os departamentos especializados, hoje em dia, reconhecidamente indispensáveis para as empresas modernas.

Parece que o mais importante, para a circulação e cumprimento das ordens, é a atenção que se dá à sua aceitação, pelos subordinados.

A Decisão do Grupo Acentua a Importância da Aceitação

Procurando-se a aceitação do grupo, muitas vezes, a decisão perde em qualidade, pois, apesar de a pessoa aceitar melhor a sua própria decisão, o mesmo não acontece com a sua qualidade, que, de modo geral, se torna mais baixa. Um modo de tentar resolver tal problema seria tomar as decisões em grupo, onde as pessoas pudessem discutir várias soluções, que seriam escolhidas pelo grupo, favorecendo, assim, um maior número de críticas e facilitando também a aceitação, por terem sido apresentadas pelos próprios executores.

A Direção Consultiva: Tentativa de Proteger a Qualidade Assegurando a Aceitação

A *direção consultiva,* na qual as decisões são tomadas através de reuniões, desde que usada convenientemente, favorece a aceitação, ao mesmo tempo que enriquece as decisões tomadas. Acontece, muitas vezes, que o método é transformado em *persuasivo* e a reunião se realiza à semelhança de um debate, do qual o superior tenta levar o grupo a aceitar a decisão por ele tomada anteriormente.

Para que esse método dê resultado, necessário se faz um bom treinamento, por parte do dirigente, a fim de que não surjam problemas de parcialidade e mal-entendidos, quando o mesmo resumir a decisão final.

PROCEDIMENTO REFERENTE AO CARÁTER DO PROBLEMA

A qualidade de decisão, assim como a sua aceitação, adquire maior ou menor importância conforme o caso, ou seja, quando a decisão é objetiva; no caso de diminuição de esforço e fadiga em uma seção, por ex., a qualidade ocupa lugar de maior destaque. Quando se trata da escolha de um indivíduo para desempenhar determinada tarefa, como trabalhar em horário de folga, onde vão entrar em jogo fatores subjetivos, sendo mais uma escolha emocional, a aceitação da decisão se torna mais importante. É claro que a conjugação de importância de uma e de outra facilitaria muito mais o trabalho de direção, estando isso na dependência da habilidade do dirigente, da natureza do problema e do método usado. E o estudo de habilidade requerida necessita do exame dos fatores básicos da conduta diretiva.

PERGUNTAS QUE OBTIVERAM PERCENTAGENS MAIS BAIXAS:

FORMA "A"

12. *"Explicar em detalhe aos funcionários, a quem elas dizem respeito, todas as regras novas e mudanças de normas administrativas"* (12%).

FORMA "B"

13. *"Fazer do Funcionário mais produtivo um exemplo para os outros"* (13%).

É interessante notar que a pergunta n.º 12 está relacionada com a participação do funcionário na política da empresa, o que, ao que parece, é aceito apenas por 12% do pessoal testado, dificultando, portanto, a circulação das idéias que compõem a política da empresa, em níveis mais baixos da hierarquia.

A pergunta n.º 13, da forma "B", refere-se à produtividade, tomada como o principal fator para o êxito em uma empresa, no que concordam 13% do pessoal testado.

No total das perguntas que aumentaram e diminuiram seus escores, vê-se que 52% delas tiveram seus resultados aumentados, na Forma "B", ou seja, na 2.ª aplicação.

Pode-se, portanto, dizer, com base nesses resultados, que, talvez, o treinamento a que foram submetidas as pessoas testadas tenha atuado no sentido da formação de opiniões mais democráticas, com relação à direção de pessoal.

CONCLUSÕES

1. No presente trabalho, a diferença de 4,66, obtida entre a Forma "A" e a Forma "B", estatisticamente válida, indica que esse aumento pode ser creditado ao treinamento, ao qual os participantes se submeteram, durante 30 dias úteis; e, como o DRH

fazia parte desse programa, espera-se que o mesmo tenha concorrido para esse aumento.

2. As diferenças de médias das diversas categorias testadas não se distanciaram muito, permanecendo certa uniformidade e não havendo grandes diferenças entre as médias. O Grupo II, "Chefes de Serviço e de Seção", obteve as médias mais altas (41,63 na Forma "A" e 43,27 na Forma "B"); a mais baixa (29,57), na Forma "A", coube aos "Funcionários", e, na Forma "B" (37,15), aos "Procuradores".

3. Parece que se pode encontrar no *How Supervise* um instrumento de controle da aprendizagem, pois os seus resultados podem ser influenciados por Cursos a que se submetam os respondentes, como se deu no presente trabalho.

4. Os resultados, aqui encontrados, são semelhantes aos dos trabalhos já feitos, também neste sentido, nos Estados Unidos e na Noruega. A diferença encontrada, nos Estados Unidos, em supervisores da indústria da borracha, foi de 4,2 — inferior à presente, que foi de 4,66. (Ver Quadros I e II).

5. Mais da metade das perguntas obtiveram escores aumentados, na segunda aplicação (Forma B), depois que as pessoas testadas foram submetidas a um treinamento de Supervisão (CAT).

As perguntas que alcançaram percentagens mais altas, de modo geral, referem-se à aceitação do subordinado como elemento que deve ser levado em consideração, quando se emitem as ordens dentro da empresa.

6. Houve ligeira tendência dos grupos que ocupam posições mais altas na hierarquia do Banco para obterem escores mais altos no Questionário de Chefia.

7. Conclui-se, portanto, que o DRH, técnica integrante do Curso, pode ser tomado como uma das variáveis que influenciaram o aumento do escore, na segunda aplicação do Questionário de Chefia.

Os dados são ainda muito pobres para uma afirmação categórica, neste sentido, aceitando-se tal fato apenas como possibilidade, e não como certeza. Ao que tudo indica, o DRH parece ter influenciado o ganho de escores, na segunda aplicação, mas a diferença é ainda muito pequena para conclusões mais abrangentes.

O que se pode admitir é que é possível uma abordagem desse tipo, usando-se, como instrumento, o Questionário de Chefia. Necessárias se fazem investigações mais aprofundadas, para se chegar a conclusões mais seguras, a respeito do assunto, e para concluir com mais segurança sobre a validade da hipótese de que o DRH mudou a opinião dos chefes, tornando-os menos egocêntricos, a fim de que se possam fazer generalizações.

BIBLIOGRAFIA

1. BROWN, J. A. C. *La Psicologia Social en la Industria*, tradução de Alfonso Corona Rentería, México, Buenos Aires, Fundo de Cultura Econômica.
2. KILE, S., "Some Results from the Evolution Project of the Institute of Industrial Psychology and Personnel Relations at the Norwegian School of Economics and Business Administration", *Evaluation of Supervisor and Management Training Methods*, Organization for Economic Cooperation and Development, maio de 1962.
3. MAIER, N. R. F., *Psicologia Industrial*, tradução de Fernando Ontiveres, Madrid, Rialp, 1960.
4. QUENTIN, W. FILE, e REMMERS, H. H., *Manual do Questionário "Como Chefiar"*, Rio, CEPA, 1963.

QUADRO N.º V
PERCENTAGENS DE ACERTOS EM TODAS AS PERGUNTAS E EM TODOS OS GRUPOS

FORMA "A"		FORMA "B"	
PRÁTICA DE CHEFIA		**PRÁTICA DE CHEFIA**	
1	85%	1	98%
2	45%	2	58%
3	48%	3	97%
4	77%	4	98%
5	93%	5	81%
6	98%	6	43%
7	96%	7	92%
8	98%	8	97%
9	13%	9	69%
10	89%	10	55%
11	35%	11	21%
12	95%	12	81%
13	86%	13	13%
14	78%	14	84%
15	47%	15	93%
16	72%	16	34%
17	83%	17	27%
Média ...	72%	Média ...	67%
AÇÃO ADMINISTRATIVA DA EMPRESA		**AÇÃO ADMINISTRATIVA DA EMPRESA**	
18	91%	18	97%
19	71%	19	66%
20	95%	20	98%
21	88%	21	74%
22	12%	22	74%
23	92%	23	89%
24	42%	24	85%
25	45%	25	83%
26	83%	26	71%
27	84%	27	97%
28	94%	28	92%
29	74%	29	55%
30	80%	30	63%
31	87%	31	75%
32	90%	32	91%

FORMA "A"	FORMA "B"
AÇÃO ADMINISTRATIVA DA EMPRESA	AÇÃO ADMINISTRATIVA DA EMPRESA
33 29%	33 88%
34 72%	34 91%
35 88%	35 60%
36 72%	36 73%
37 94%	37 77%
38 86%	38 95%
39 35%	39 93%
40 78%	40 70%
41 84%	41 88%
Média ... 73%	Média ... 81%
OPINIÕES DO CHEFE	OPINIÕES DO CHEFE
42 65%	42 87%
43 60%	43 81%
44 79%	44 78%
45 79%	45 87%
47 68%	46 95%
46 71%	47 56%
48 82%	48 81%
49 58%	49 85%
50 50%	50 89%
51 48%	51 87%
52 50%	52 92%
53 84%	53 58%
54 92%	54 43%
55 66%	55 58%
56 88%	56 18%
57 16%	57 31%
58 13%	58 50%
59 31%	59 19%
60 70%	60 8%
61 45%	61 82%
62 75%	62 35%
63 84%	63 75%
64 13%	64 37%
65 16%	65 76%
66 50%	66 68%
67 38%	67 86%
68 31%	68 41%
69 69%	69 89%
70 71%	70 39%
Média 59%	Média 63%
Média geral 66%	Média geral 70%

CAPÍTULO 5

Evolução das Relações Interpessoais e do Sistema de Valores Através do Questionário Sociométrico

LUCY ESTHER SANTOS PAIXÃO
DOMINGOS MUCHON
DÉLCIO VIEIRA SALOMON

INTRODUÇÃO

Observações feitas durante várias experiências de grupo no Banco da Lavoura de Minas Gerais (Grupo DRH) levaram os psicólogos a preocupar-se com a possibilidade e necessidade de pesquisar de modo mais objetivo fenômenos que ocorrem na dinâmica grupal.

Notava-se, entre outras coisas, que, em certos grupos, alguns participantes não eram integrados devidamente até o fim da experiência; outros, desde o início, evidenciavam-se como possíveis líderes; ou estabelecia-se uma competição pela liderança; havia formação de subgrupos na maioria dos casos; em síntese, o grupo representava uma "rede", e cada participante relacionava-se e era percebido e influenciado de maneira específica pelo resto do grupo.

Passamos a procurar, então, uma técnica que explicitasse tais fenômenos e, ao mesmo tempo, mostrasse as suas causas. A simples observação do monitor poderia não ser suficiente, mas, com um instrumento adequado, talvez pudéssemos captar outros elementos da estrutura do grupo, em particular elementos subjacentes à sua dinâmica.

Havia também um objetivo terapêutico, ou seja, o tratamento individual (após a experiência) daqueles participantes que não conseguiram uma integração e aceitação satisfatória.

O *teste sociométrico* foi o instrumento de que logo se cogitou.

Histórico

Não é nosso objetivo tratar aqui da teoria e do método sociométrico. Apenas é oportuno lembrar que a Sociometria ministra técnicas adequadas para o estudo exato e a representação gráfica dos vínculos existentes nos microgrupos. Dentro do ângulo da Sociologia e da Psicologia Social, é de grande interesse a *estrutura social espontânea* desses grupos, estrutura essa que é organizada em conseqüência das afinidades, afeições e atitudes recíprocas dos seus componentes.

De J. L. Moreno, fundador da Sociometria, tomamos a definição:

> Sociometria é o estudo da evolução e organização dos grupos e da posição que neles ocupam os indivíduos, prescindindo-se do problema da estrutura interna de cada indivíduo. [3]

Hellen Jennings [1, pág. 322] descreveu da seguinte maneira o método sociométrico:

> ... a sociometria pode ser descrita como um meio de apresentar de maneira simples e graficamente toda a estrutura de relações existente numa determinada época entre membros de um dado grupo. As principais linhas de comunicação, ou o padrão de atração e rejeição em toda a sua finalidade, se tornam prontamente compreensíveis a um simples olhar.

Para Moreno, a realidade social está formada, em ampla escala, pelas relações que ligam entre si os indivíduos, integrando-os em entes coletivos.

> O grupo não é mais que uma metáfora e não existe por si mesmo; seu conteúdo real são as pessoas interdependentes que o compõem, não como indivíduos particulares, senão como representantes da mesma cultura. [2]

Um conceito que, neste momento, merece ser dado é o de *átomo social;* este, para Gurvitch, é o elemento primeiro da sociedade, sendo constituído das "relações, de ordem emotiva, de uma pessoa com todos os indivíduos e destes com ela". [2]

Para o estudo da organização e evolução dos grupos e dos indivíduos dentro deles, a Sociometria tem lançado mão de vários métodos e instrumentos. Podemos citar: o Psicodrama, o Sociodrama, o Teste do Primeiro Encontro, o Teste da Interação, o Diário Falado, entre outros.

Interessa-nos aqui o *Teste Sociométrico* que seu criador, MORENO, idealizou juntamente com o Psicodrama e o Sociodrama.

DESCRIÇÃO DO INSTRUMENTO DE MEDIDA: O TESTE SOCIOMÉTRICO

As técnicas morenianas são, antes de tudo, técnicas eminentemente dinâmicas. O questionário sociométrico, embora seja um simples questionário, também possui essa característica, e nos permite estudar o grupo tanto na sua vida interior como também em suas relações com outros grupos. Mediante o teste, pode-se observar, descrever e medir o grau de coesão grupal, ou seja a *rede de relações* entre os participantes. Em síntese, pesquisa ele as *atrações* e as *repulsões* dos componentes do grupo.

Consiste o teste sociométrico de umas poucas perguntas lançadas aos componentes do grupo, indagando a cada um a quem escolheria *(eleição)* dentre os seus colegas, para companheiro em certa atividade. Convém lembrar que os questionários sociométricos variam quanto à sua forma e às áreas pesquisadas, e, nesse sentido, existem dezenas de tipos diferentes.

Fiéis à técnica moreniana, utilizamos um questionário intitulado "Quem escolhe quem", com três perguntas, relacionadas com as seguintes situações:

a) *situação afetiva* ("Quem eu escolheria para meu companheiro de diversões");

b) *situação intelectual e cultural* ("A quem eu recorreria para ajudar-me nos estudos");

c) *situação funcional* ("A quem eu recorreria para ser o meu chefe").

A primeira pergunta procura pesquisar as relações mais íntimas, e corresponderia a uma *liderança afetiva,* dando-nos a estrutura daquilo que corresponde ao *psicogrupo.*

A segunda interrogação corresponde a uma situação intelectual (*liderança intelectual* ou cultural).

E a terceira pergunta procura pesquisar as relações em nível funcional, de hierarquia, e corresponderia a uma *liderança funcional.* Esta última situação e, em certo sentido, a segunda também mostram-nos a estrutura do grupo dentro de um critério mais formal e funcional, e corresponderia àquilo que se chama *sóciogrupo.*

Nesta nossa pesquisa, utilizamos somente a situação de *atração*, desprezando-se a de *repulsão.*

Foi feita uma aplicação *antes* e outra no *fim* da dinâmica de grupo; esse período, em termos de experiência, era fixo e igual a 20 horas, ao longo de seis dias, mas, na realidade, a sua duração total não era controlada; em média, os grupos aqui analisados tiveram um espaço de nove dias entre a primeira e a segunda aplicação (isso porque os seis dias úteis de experiência raramente eram consecutivos).

Relacionando as eleições (escolhas) dos participantes, obtemos o quadro da estrutura do grupo, a qual nos indica as relações que existem no interior do grupo.

A estrutura do grupo pode ser expressa segundo três maneiras clássicas:

1. A tábua sociométrica;
2. O psicograma;
3. O sociograma.

Utilizaremos somente este último tipo para representar os grupos.

Sociograma: é o meio pela qual se expressam graficamente os resultados obtidos através das perguntas propostas no teste. *Mostra a posição de cada participante no grupo, com relação aos colegas, o número de escolhas que recebe e as que faz;* apresenta, através da rede, as relações entre os membros de um grupo dado, em determinado momento (átomo social). A estrutura e as relações dentro do grupo são, assim, patentes e compreensíveis à primeira vista. Seu modo de representação gráfica é feito hoje dentro de uma técnica universal: os indivíduos são simbolizados por meio de círculos e as relações de escolha por meio de vetores; as escolhas mútuas costumam expressar-se mediante dois vetores, cada um com sua direção.

A nomenclatura moreniana, aqui utilizada para indicar as diferentes posições dos indivíduos no grupo, é a seguinte:

1. *Estrela* (ou líder): é o indivíduo mais votado ou aquêle que recebe grande número de escolhas;
2. *Periférico:* é aquele que escolhe, mas não é escolhido por ninguém;
3. *Solitário:* é aquele que não escolhe nem recebe escolha de nenhum colega;
4. *Isolado:* é aquele que é escolhido, mas não escolhe ninguém.

Ao lado desses termos, utilizaremos a expressão *"átomo social"*, dentro da acepção gurvitchiana, para indicar os subgrupos existentes dentro do grupo.

OBJETIVOS

Dentro das finalidades já expressas na Introdução deste trabalho, procuramos atingir os objetivos seguintes:

a) verificar se o grupo evoluía;

b) verificar se havia mudança da percepção (no relacionamento humano) e conseqüente resolução de estereótipos, conscientização de projeções e identificações, e outras barreiras que impedem o bom relacionamento;

c) verificar os motivos das escolhas; e

d) verificar se havia alguma dependência entre as diferentes situações focalizadas.

Definições:

a) *Evolução do grupo:* não nos parece fácil dizer o que significa um grupo evoluir; poderíamos dizer que corresponde a uma melhor e *maior estruturação grupal.* Assim, o grupo teria momentos ou situações de maior estruturação e ocasiões de considerável desestruturação. Evolução implica a existência de certa direção e finalidade.

No Grupo DRH, parece-nos que essa evolução pode ser medida pelas seguintes variáveis, pesquisadas pelo sociométrico:

1. número de átomos (ou subgrupos);
2. número de solitários;
3. número de periféricos e isolados;
4. concentração em torno do estrela (ou líder);
5. índice das mudanças ou percentagem das mudanças.

b) *Mudança da Percepção:* levantamos a hipótese de que, inicialmente, os membros do grupo estabelecem um relacionamento ditado por um conjunto de fatores, como por exemplo: estereótipos ou preconceitos, identificações, projeções, isto é, por fatores que ocasionam uma percepção defeituosa. A experiência de grupo, a nosso ver, contribuiria para a resolução desses defeitos de percepção e outros problemas que interferem na relação entre o "eu" e o "outro" (incluindo todas as barreiras às comunicações), através da conscientização, desenvolvimento da sensibilidade, da objetividade e da empatia. Esse desenvolvimento seria uma evolução do indivíduo enquanto tal e enquanto membro daquele grupo.

c) *Motivos das Escolhas:* neste sentido, já existem inúmeras pesquisas realizadas, visando fazer um levantamento dos motivos que levam as pessoas a se elegerem, a se escolherem no interior de um grupo. Procuraremos fornecer os resultados por nós encontrados.

d) *Dependência entre situações de liderança:* foram pesquisadas, como já foi dito, as escolhas em três situações: a situação afetiva, a situação intelectual, e a funcional; queríamos saber se existia alguma relação entre essas situações.

CARACTERÍSTICAS DAS AMOSTRAS

O questionário foi aplicado a dezenas de grupos; o nosso trabalho se refere a cinco deles. Estes serão aqui designados pelas letras "A"-"B"-"C"-'D' e "E". Êsse material era significativamente heterogêneo. Eis as características comuns a todos: eram titulados de uma mesma empresa, ocupavam um degrau idêntico na pirâmide hierárquica; todos eram do sexo masculino. Quanto às características diferenciais, podemos citar:

— *procedência:* os componentes de cada grupo procediam das mais diferentes regiões do país;

— *estado civil e idade:* em um mesmo grupo, encontrávamos indivíduos casados, solteiros e de diferentes idades;

— *nível cultural:* também este fator era bastante variável; a maioria dos componentes dos grupos possuía curso secundário (ginásio, básico) incompleto; alguns, somente o primário; e pouquíssimos deles, curso superior.

CONDIÇÕES EXPERIMENTAIS

O questionário sociométrico foi aplicado *antes* (no início) e *depois* (ao término) da experiência de grupo. Cada participante recebia um número e as respostas eram dadas através desses números.

Alguns aspectos da experiência não eram totalmente controlados; dentre eles, podemos citar:

1. os participantes conheciam-se, pelo menos, 24 horas antes do início da experiência;

2. a maioria, após a experiência, continuava reunida, pois hospedava-se em um mesmo local; esta convivência após as sessões é uma das variáveis mais importantes e menos controladas pelos monitores; a experiência, na realidade, continuava fora das sessões, e muitos problemas de relacionamento aqui não resolvidos lá fora conseguiam evoluir, e outros apareciam;

3. as pessoas que residiam em Belo Horizonte privavam-se desse convívio, mas, ao mesmo tempo, eram naturalmente tomadas como ponto de referência, pois conheciam a cidade e podiam ser úteis àqueles outros.

Para concluir, frisamos que *não possuímos o resultado do questionário sociométrico aplicado em grupos de controle;* isto se deu especialmente em virtude da dificuldade de encontrarmos um grupo com características análogas às dos nossos, e que não passasse, durante certo período de atividade em comum, por uma dinâmica de grupo (experimentalmente controlada) como a nossa. Portanto, todas as conclusões aqui apresentadas são precárias e limitadas pela ausência de resultados em um grupo de controle.

Após as respostas ao questionário, os participantes dos grupos "A" e "B" foram submetidos a uma entrevista, para o levantamento dos *motivos das escolhas* e dos *motivos das mudanças das escolhas* entre a primeira e a segunda aplicação. Portanto, os resultados aqui apresentados a esse respeito correspondem somente a dois dos cinco grupos.

RESULTADOS

Damos a seguir os resultados por nós encontrados.

A) Em primeiro lugar, apresentaremos os sociogramas dos cinco grupos, para as três situações pesquisadas, referentes à estrutura do grupo "antes" e "depois". Os sociogramas, da mesma situação e do mesmo grupo, de "antes" e "depois", são apresentados um ao lado do outro, para permitir a comparação.

B) Em segundo lugar, apresentamos os Quadros n.ºs: 1, 2, 3, 4 e 5, referentes, respectivamente, ao número de *átomos,* participantes *solitários, periféricos* e *isolados* e à *concentração em torno do estrela;* estes dados prestam-se para observar as mudanças na estrutura dos grupos.

C) *Índice de mudanças:* Encontramos, *para todas as situações,* um mesmo índice de mudança, da ordem de 52%, isto é, mais da metade do grupo modificou a sua preferência com relação aos colegas, após a experiência.

D) Apresentamos a seguir o *Quadro n.º 6,* com os motivos (arrolados aqui em 12 grupos) que determinaram as escolhas entre os participantes dos grupos "A" e "B", e respectivas freqüências para "antes" e "depois" da experiência. Esse quadro é útil para a observação dos motivos por que as pessoas se escolhem dentro de um grupo, nas três situações estudadas, e também para indicar as mudanças dos motivos, isto é, "antes", os participantes se escolhiam por um motivo, "depois", passaram a escolher-se por outras razões; essa mudança pode indicar uma evolução na percepção do "outro", ou uma maior objetividade na eleição de um companheiro; nesse sentido, o resultado é extremamente importante para indicar os efeitos da experiência de grupo.

Além dos motivos das escolhas apresentados no *Quadro n.º 6,* foram pesquisados os *motivos das mudanças.* Encontramos os seguintes resultados:

1. *Situação afetiva:* — As mudanças foram determinadas pelos seguintes motivos:
    a) Convivência 50%
    b) Extroversão 30%
    c) Sensatez 20%
2. *Situação intelectual:* — Mudanças pelos seguintes motivos:
    a) Competência 45%

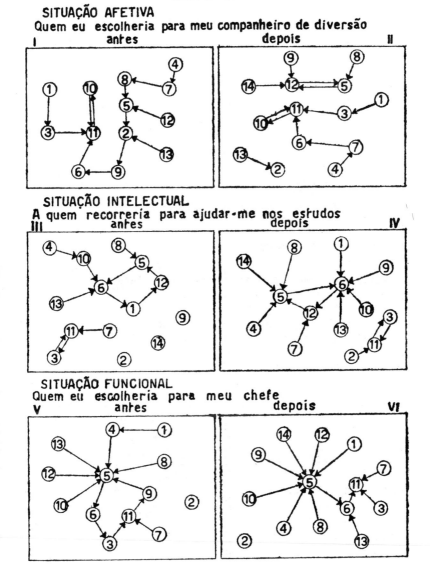

GRUPO "B"

SITUAÇÃO AFETIVA
Quem eu escolheria para meu companheiro de diversão

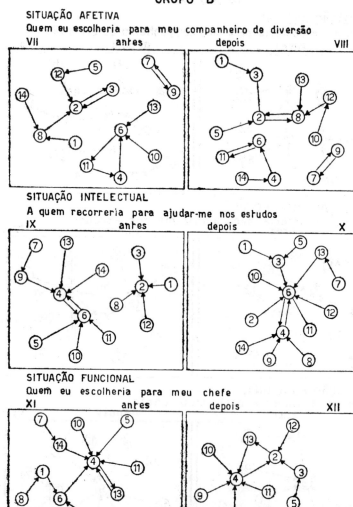

SITUAÇÃO INTELECTUAL
A quem recorreria para ajudar-me nos estudos

SITUAÇÃO FUNCIONAL
Quem eu escolheria para meu chefe

GRUPO "C"

SITUAÇÃO AFETIVA
Quem eu escolheria para meu companheiro de diversão
XIII antes depois XIV

SITUAÇÃO INTELECTUAL
A quem recorreria para ajudar-me nos estudos
XV antes depois XVI

SITUAÇÃO FUNCIONAL
Quem eu escolheria para meu chefe
XVII antes depois XVIII

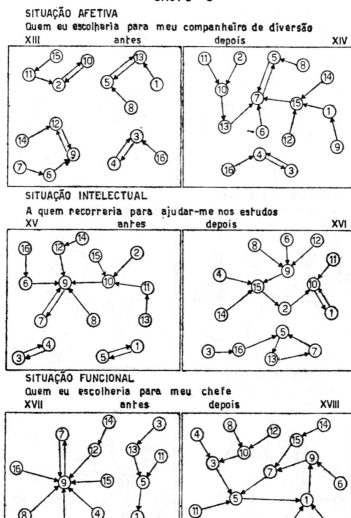

GRUPO "D"

SITUAÇÃO AFETIVA
Quem eu escolheria para meu companheiro de diversão
XIX   antes   depois   XX

SITUAÇÃO INTELECTUAL
A quem recorreria para ajudar-me nos estudos
XXI   antes   depois   XXII

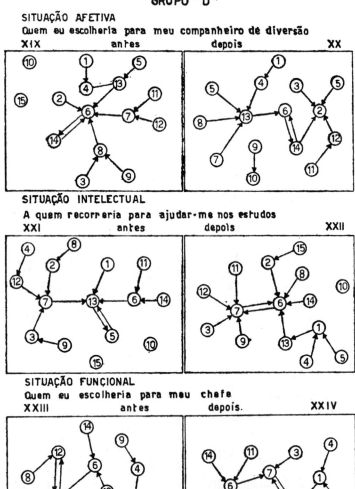

SITUAÇÃO FUNCIONAL
Quem eu escolheria para meu chefe
XXIII   antes   depois.   XXIV

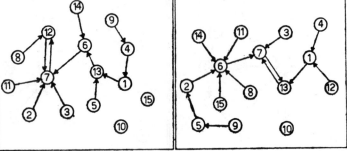

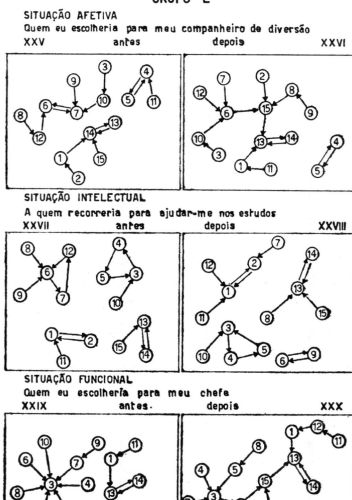

QUADRO I

Número de átomos dos cinco grupos, antes e depois da experiência, para as três situações estudadas.

	A ANTES	A DEPOIS	B ANTES	B DEPOIS	C ANTES	C DEPOIS	D ANTES	D DEPOIS	E ANTES	E DEPOIS	TOTAL ANTES	TOTAL DEPOIS
SITUAÇÃO AFETIVA	1	3	3	3	4	2	3	2	3	2	14	12
SITUAÇÃO INTELECTUAL	5	1	2	1	3	2	3	2	4	4	17	10
SITUAÇÃO FUNCIONAL	2	2	1	1	2	2	3	2	2	1	10	8
GLOBAL											41	30

QUADRO II

Número de *solitários* dos cinco grupos, antes e depois da experiência.

	A ANTES	A DEPOIS	B ANTES	B DEPOIS	C ANTES	C DEPOIS	D ANTES	D DEPOIS	E ANTES	E DEPOIS	TOTAL ANTES	TOTAL DEPOIS
SITUAÇÃO AFETIVA	0	0	0	0	0	0	2	0	0	0	2	0
SITUAÇÃO INTELECTUAL	1	0	0	0	0	0	2	1	0	0	3	1
SITUAÇÃO FUNCIONAL	1	1	0	0	1	1	2	1	0	0	4	3
GLOBAL											9	4

QUADRO III

Número de *periféricos* dos cinco grupos, antes e depois da experiência.

	A ANTES	A DEPOIS	B ANTES	B DEPOIS	C ANTES	C DEPOIS	D ANTES	D DEPOIS	E ANTES	E DEPOIS	TOTAL ANTES	TOTAL DEPOIS
SITUAÇÃO AFETIVA	4	6	5	5	6	8	7	8	6	6	28	33
SITUAÇÃO INTELECTUAL	4	9	10	10	6	7	6	9	5	6	31	41
SITUAÇÃO FUNCIONAL	6	10	7	8	7	8	7	8	9	7	36	41
GLOBAL											95	115

QUADRO IV

Número de *isolados* dos cinco grupos, antes e depois da experência.

		A ANTES	A DEPOIS	B ANTES	B DEPOIS	C ANTES	C DEPOIS	D ANTES	D DEPOIS	E ANTES	E DEPOIS	TOTAL ANTES	TOTAL DEPOIS
SITUAÇÃO	AFETIVA	0	1	0	0	0	0	0	1	0	0	0	2
SITUAÇÃO	INTELECTUAL	0	0	0	0	0	0	0	0	0	0	0	0
SITUAÇÃO	FUNCIONAL	0	0	0	0	0	0	0	0	0	0	0	0
	GLOBAL											0	2

QUADRO V

Concentração em torno do "estrela" (o participante *mais* escolhido) dos cinco grupos, antes e depois da experiência.

	A ANTES	A DEPOIS	B ANTES	B DEPOIS	C ANTES	C DEPOIS	D ANTES	D DEPOIS	E ANTES	E DEPOIS	TOTAL ANTES	TOTAL DEPOIS
SITUAÇÃO AFETIVA	3	3	3	3	2	4	5	4	3	3	16	17
SITUAÇÃO INTELECTUAL	3	5	4	7	4	3	4	5	3	3	18	23
SITUAÇÃO FUNCIONAL	6	8	6	5	7	3	5	5	6	4	30	25
GLOBAL											64	65

QUADRO VI
MOTIVOS DAS ESCOLHAS (grupos "A" e "B")

MOTIVOS DAS ESCOLHAS	"QUEM EU ESCOLHERIA PARA MEU COMPANHEIRO DE DIVERSÕES" ant.	dep.	difer.	"A QUEM EU RECORRERIA PARA AJUDAR-ME NOS ESTUDOS" ant.	dep.	difer.	"QUEM EU ESCOLHERIA PARA SER MEU CHEFE" ant.	dep.	difer.
1 — Conhecimento antes do DRH (convivência antes do DRH ou logo antes do DRH).	36%	18%	—18%	21%	4,5%	—16,5%	8,5%	8%	—0,5%
2 — Afinidade — Simpatia (afinidade afetiva e de pontos de vista).	29%	40%	+11%	15%	10%	—5%	14,5%	6%	—8,5%
3 —Status — (idade, cargo, e mesmo nível social).	11,5%	6%	—5,5%	11,5%	14%	+3,5%	10%	11%	+1%
4 — Aproximação física (hospedados no mesmo quarto ou vizinhos no DRH).	9,5%	2%	—7,5%	11,5%	0	0	8,5%	4%	—4,5%
5 — Capacidade, competência, cultura, experiência, conhecimento de serviço.	0	6%	+6%	19%	33%	+14%	26%	30%	+4%
6 — Reconhecimento (ajuda na promoção, atenção dispensada).	0	0	0	4%	4,5%	+0,5%	0	1,5%	+1,5%
7 — Sociabilidade (atitude extrovertida, boas maneiras — bom trato).	6%	12%	+6%	4%	0	0	2%	1,5%	—0,5%
8 — Iniciativa, desembaraço, Energia.	0	2%	+2%	4%	10%	+6%	8,5%	4%	—4,5%
9 — Interesse pelos outros e pelo trabalho, compreensão do subordinado, responsabilidade de serviço, confiança.	0	6%	+6%	6%	19,5%	+13,5%	10%	17%	+7%
10 — Ponderação, sensatez, equilíbrio emocional.	6%	8%	+2%	2%	4,5%	+2,5%	10%	14%	+4%
11 — Marfipulação "Eu acabaria dominando-o".	0	0	0	0	0	0	0	1,5%	+1,5%
12 — Sem motivo "Não sei porque escolhi".	2,2%	0	—2%	2%	0	—2%	2%	1,5%	—0,5%

- b) Experiência profissional 27%
- c) Maturidade emocional, ou paciência e controle emocional .. 19%
- d) Firmeza 9%

3. *Situação funcional:* — Mudanças pelos seguintes motivos:
   - a) Experiência profissional 32%
   - b) Competência 32%
   - c) Ponderação 12%
   - d) Afinidade 6%
   - e) Antiguidade (tempo de casa) 6%
   - f) Iniciativa 6%
   - g) Justiça 6%

Notar que existe uma certa relação entre a situação intelectual (ou cultural) e a situação funcional; na verdade as duas situações, em toda a pesquisa, são bastante análogas e poderiam mesmo ser englobadas.

ANÁLISE DOS RESULTADOS E CONCLUSÕES

Análise dos Sociogramas

A melhor maneira de compreender a estrutura e a evolução do grupo é através da análise dos sociogramas. Esta, porém, praticamente limita-se à simples observação dos quadros. Sugerimos, pois, a leitura dos sociogramas, comparando a rede de interrelações de "antes" e "depois", a posição de cada participante nas diferentes situações e nas duas fases da experiência.

De nossa parte, faremos algumas observações que nos parecem interessantes:

GRUPO "A"

1. A situação afetiva mostra muita dispersão, tanto *antes* como *depois*; não se verifica o aparecimento de uma *liderança forte*.

2. A situação intelectual mostra uma evolução considerável: no sociograma III *(antes)* observamos uma *liderança diluída* e a presença de três solitários; após a experiência, notamos a integração dos solitários e uma maior *concentração da liderança*, em torno dos mesmos *estrelas* de antes da experiência.

3. Na situação funcional observamos pouca diferença entre *antes* e *depois; o estrela* é o mesmo, porém a liderança tornou-se mais concentrada.

GRUPO "B"

1. A situação afetiva apresenta quadros idênticos à do grupo "A".

2. O Sociograma X mostra um grupo com uma liderança forte do participante *"6"* e a assimilação do subgrupo liderado pelo participante *"2"* no sociograma IX.

3. Na situação funcional encontramos poucas diferenças nos sócio-grupos "antes" e "depois".

GRUPO "C"

1. Na situação afetiva, o número *"7"*, que *antes* da experiência ocupava uma *posição periférica*, após a mesma foi transformado em *líder;* o sociograma XIII possui quatro átomos sociais; o sociograma XIV apenas dois.

2. Na situação intelectual, o número *"15"*, que *antes* também estava na periferia, *depois*, passou a competir com o *"10"* e o *"9"*, pela liderança.

3. Na situação funcional *antes* da experiência, todo o grupo congregava-se em torno do *"9"; depois* verificamos uma dissolução ou dispersão da liderança e da estrutura grupal.

GRUPO "D"

1. A situação afetiva nada apresenta de especial.

2. Na situação intelectual vemos que um dos *estrelas* ("13") não aparece após a experiência, recaindo a liderança somente sobre dois participantes; dos dois solitários, encontramos somente um ao fim da experiência.

3. Na situação funcional, apresentada no sociograma XXIV, observamos que o "6" trocou de lugar com o "7" no sociograma XXIII, no papel da liderança.

GRUPO "E"

1. Na situação afetiva, notamos que os números "7" e "14", que *antes* ocupavam uma posição de liderança, *depois* passam a uma posição periférica, ao contrário do que acontecé com o número "15".

2. Situação intelectual: o grupo não sofre praticamente nenhuma mudança.

3. Situação funcional: o grupo integra-se em um só átomo social, mas a liderança de "3" torna-se mais fraca após a experiência de grupo.

Observações Gerais

1. Parece que, embora o índice de mudanças seja igual para tôdas as situações, a liderança na situação afetiva é mais fraca, e os grupos são mais dispersos; ao contrário, nas outras situações, a liderança é mais concentrada em torno de um ou de dois participantes (ver Quadro 1: a situação afetiva apresenta 12 átomos, contra 10 e 8 das situações intelectual e funcional).

2. Normalmente, a situação ou posição dos participantes é idêntica para a segunda e terceira situação (intelectual e funcional, que correspondem a sociogrupos); mas a posição ocupada pelos mesmos é totalmente diferente quando comparamos os sociogramas das situações afetivas com as outras duas; ainda mais: *antes,* mas especialmente após a experiência, os líderes da segunda e terceira situação não correspondem a participantes bem cotados na situação afetiva; isso nos permite concluir que parece não haver estreita dependência entre a liderança afetiva e a liderança funcional (comparar a posição do n.º "5" nos sociogramas II, IV e VI; a posição dos n.ºs "8", "4" e "6" nos sociogramas VIII, X e XII; a posição dos n.ºs "13", "7" e "6" nos sociogramas XX, XXII e XXIV; a posição dos n.ºs "3" "6" e "15" nos sociogramas XXVI e XXX, que parecem constituir exemplos para testemunhar a nossa afirmação).

A mudança da posição de um indivíduo no grupo é um dos aspectos mais importantes da dinâmica grupal. Infelizmente, não dispomos de todos os dados necessários para expor aqui as causas das mudanças referidas acima. Muitas dessas causas nos foram fornecidas pelas entrevistas de Orientação e se situam num campo pessoal, muitas vezes envolvendo problemáticas de personalidade, mas essas causas fugiram ao nosso controle sistemático e não podem, portanto, ser arroladas para uma justificativa dessas mudanças. Nas páginas seguintes, apresentaremos comentário do quadro dos motivos, mas não poderemos analisar quando, como e por que eles determinaram as modificações dos indivíduos nas redes. Apontado pelos participantes, reconhecemos também que esse estudo é um dos mais importantes da dinâmica grupal e merece uma pesquisa à parte: aliás, quando nos inteiramos de todos os motivos de escolhas entre participantes e posteriores modificações, sentimos a riqueza da pesquisa sociométrica e toda a dinâmica que atua no interior de um grupo.

b — Análise dos Quadros 1, 2, 3, 4 e 5

1. *Número de átomos:* verifica-se uma considerável redução no número de átomos; este é maior *antes* da experiência; a situação intelectual foi a que mostrou uma maior redução dos subgrupos (de 17 para 10). Esse quadro nos permite concluir que, em função do número de átomos, o grupo sofre evolução na sua estrutura com a experiência. Observa-se, também, que a situação afetiva é a que apresenta maior número de átomos, tanto *antes* como *depois* da experiência.

2. *Número de solitários:* o solitário constitui um dos maiores problemas para o grupo; não somente para o grupo, mas para o próprio participante, já que é uma situação penosa viver em um grupo onde não mantemos vínculos nem somos vinculados a ninguém. Pelo Quadro n.º 2, verificamos que o número de solitários cai significativamente de "antes" para depois" da experiência, e este é um

dos resultados mais favoráveis para demonstrar o papel da integração da experiência de grupo. Observamos também que, em especial e felizmente, *depois* da experiência, não existe nenhum solitário na situação afetiva.

3. *Periféricos:* o número de elementos que ocupam a periferia do grupo tende a aumentar durante a experiência; parece-nos que esse aumento é uma decorrência da redução do número de átomos, sendo-lhe, aliás, inversamente proporcional. Confirmando isto, podemos verificar que é na situação afetiva onde existe um menor número de periféricos.

4. *Número de isolados:* o fato de o número de isolados (aqueles que são eleitos mas não elegem) ser extremamente baixo (na maioria dos casos nulo), parece-nos natural e ao mesmo tempo interessante. O participante que é escolhido por algum ou alguns companheiros deve perceber e sofrer a força dessa eleição; engajado que é na dinâmica, seria pouco provável afastar-se do grupo, deixando, por sua vez, de escolher alguém; é por isso que o seu número é reduzido, e não sabemos, inclusive, explicar o aparecimento de dois isolados para a situação afetiva após a experiência.

5. *A concentração em torno do "estrela* é um dado bastante precário, pouco significativo. Calculamos o índice de concentração com base no líder mais escolhido, *antes* e *depois*. Deveríamos esperar maior concentração após a experiência, o que não ocorreu na situação funcional (e mesmo nas outras o aumento é quase desprezível). Ocorre, porém, que, em algumas situações, como pode ser visto pelos sociogramas, a liderança foi dividida em iguais proporções entre dois participantes e, assim, o índice de concentração fica reduzido. O cálculo poderia ser feito levando-se em conta não somente as escolhas diretas, mas as indiretas também. Neste sentido, achamos preferível a leitura dos próprios sociogramas, que são suficientemente expressivos.

c — Índice de Mudanças

Com relação ao índice de mudanças de escolhas, o que corresponde a modificações das posições dos indivíduos no grupo, temos dois comentários a fazer:

1.º — O índice encontrado foi de 52%, isto quer dizer que mais da metade dos participantes mudou sua posição;

2.º — Esse índice foi igual para as três situações. Poderíamos dizer com isto que a experiência atuaria de modo idêntico tanto na área afetiva como na funcional? Deveríamos esperar uma estabilidade maior para a situação afetiva? Em virtude do limitado número de casos estudados, e lembrando que nem tudo na experiência era controlado, essas perguntas não podem ser respondidas. Achamos, unicamente, interessante a coincidência do índice para as três situações.

d — Motivos das Escolhas e Suas Modificações

Motivos das Escolhas

Os motivos das escolhas foram pesquisados através de uma entrevista com cada participante. O recolhimento do material, todavia, não foi muito preciso: as entrevistas eram feitas por pessoas diferentes, e nem sempre o critério permaneceu uniforme. Somente foi possível realizar uma entrevista, e esta, assim mesmo, foi feita simultaneamente com uma de orientação ou de anamnese; além disso, foi feita após o DRH e, portanto, aqueles motivos que tinham determinado as escolhas *antes* da experiência é possível que já estivessem pouco nítidos na memória dos participantes.

Outro problema verificado foi que nem sempre o participante expressava o real motivo da escolha (essa *resistência,* aliás, procurou-se superar, preferindo-se a entrevista a um questionário; mas, assim mesmo, o participante ou procurava camuflar o real motivo, ou, muitas vezes, este era para ele inconsciente).

Os motivos foram enquadrados em doze grupos. Não é necessário dizer da dificuldade dessa divisão e enquadramento.

Queremos observar, finalmente, que o número de casos estudados é extremamente reduzido (o grupo "A" com 13 participantes e o grupo "B" com 14) para permitir-nos conclusões; as percentagens calculadas, portanto, têm finalidade ilustrativa e não a pretensão de representar resultados definitivos.

Vamos analisar, para as três situações, os motivos mais significativos que levaram os participantes a se elegerem *antes* e *depois* do DRH.

1. SITUAÇÃO AFETIVA:

Antes: a) O conhecimento prévio entre os participantes (*"conhecimento antes do DRH":* colegas de agência, conterrâneos, etc.), aparece em primeiro lugar com uma percentagem igual a 36%.

b) Em segundo lugar aparece o motivo *"afinidade e simpatia",* com 29%.

c) Em terceiro lugar aparecem os motivos associados ao *status* do participante (nível social, cargo, idade, etc.); estes aparecem com 11,5%.

Depois: a) Em primeiro lugar aparece o motivo *"afinidade e simpatia",* agora com 40%.

b) Em segundo lugar aparece o motivo *"conhecimento antes do DRH",* com 18% (este motivo aparecera *antes,* em primeiro lugar, com 36%).

c) Em terceiro lugar aparece agora um novo motivo: a *"sociabilidade"* do companheiro, como motivo para escolha na situação afetiva, com 12%.

Percebemos, pelo exposto, que os motivos possuem uma conotação afetiva e que há uma depuração desses motivos após a experiência de grupo e conseqüente concentração no motivo *"afi-*

nidade e simpatia", "conhecimento antes do DRH" e "sociabilidade". Ao mesmo tempo, parece que há maior objetividade nos julgamentos, na visão do "outro", considerando-se, além da depuração já referida, o sensível decréscimo no motivo *"status"* e *"aproximação física"*, e o aumento nas percentagens dos motivos *"capacidade e competência"*, *"interesse pelos outros e pelo trabalho"* e do motivo *"ponderação, sensatez, equilíbrio emocional"*.

2. SITUAÇÃO INTELECTUAL E CULTURAL:

Antes: Percebe-se que predominam os seguintes motivos:

   a) *"Conhecimento antes do DRH"*, com 21%.
   b) *"Capacidade e competência"*, com 19%.
   c) *"Status"* e *"aproximação física"*, com 11,5%.

Depois: Nota-se que passam a predominar os seguintes:

   a) *"Capacidade e competência"*, com 33%.
   b) *"Interesse pelos outros e pelo trabalho"*, com 19,5%.
   c) *"Status"*, com 14%.

Aqui também houve aumento de objetividade, pois os critérios adotados para as escolhas são muito mais racionais que emocionais. Vemos que *"capacidade e competência"* passam a dominar *depois* da experiência, com um acréscimo de 14%, enquanto que os motivos emocionais têm a percentagem decrescida: (*"conhecimento antes do DRH"*, de 21 passa para 4,5%; *"afinidade e simpatia"*, de 15% passa para 10%; *"aproximação física"*, de 11,5 para 0%).

3. SITUAÇÃO FUNCIONAL:

Antes: Predominam:

   a) *"Capacidade e competência"*, com 26%.
   b) *"Afinidade e simpatia"*, com 14,5%.
   c) *"Status"* e *"interesse pelos outros e pelo trabalho"*, com 10% cada um.

Depois: a) *"Capacidade e competência"*, com 30%.

   b) *"Interesse pelos outros e pelo trabalho"*, com 17%.
   c) *"Ponderação, sensatez, equilíbrio emocional"*, com 14%.

A evolução notada nas situações anteriores aparece também nesta situação, onde se vê claramente que os critérios mais racionais predominam após a experiência de grupo.

Observação a nosso ver das mais importantes é a que podemos fazer comparando os motivos das escolhas nas diferentes situações. Tomemos somente os motivos indicados *depois* da experiência, para simplificar o estudo. O motivo *"afinidade e simpatia"*, que aparece com um índice de 40% para a situação afetiva, cai para 10 e para 6% para as situações intelectual e funcional, respectivamente, o que revela o predomínio, naquela, de aspectos afetivos. O motivo *"capacidade e competência"*, para a situação afetiva, aparece somente com 6%; na situação intelectual e funcional, aparece, respectivamente, com 33 e 30%. O motivo *"interesse pelos outros e pelo trabalho"* aparece para a primeira situação com 6%, contra 19,5 e 17% para a situação intelectual e funcional. Notamos, também, estreita dependência entre os motivos da situação intelectual e os da situação funcional.

Quanto aos motivos das mudanças, para as três situações, cremos ser desnecessária uma análise. O resultado mencionado parece ser, por si só, suficientemente expressivo; além do mais, esses resultados vêm confirmar o que analisamos acima, quando estudamos os motivos das escolhas e suas respectivas modificações percentuais.

RESUMO DAS CONCLUSÕES

1) Em primeiro lugar, podemos concluir que o teste sociométrico, destinado a pesquisar a rede de comunicações no interior de um grupo, o padrão de atração e de rejeição entre os seus participantes, é um precioso instrumento para quem lida com grupos; aliás, nesse sentido, existem inúmeros trabalhos, que divulgam e recomendam o seu uso, especialmente para grupos de trabalho e de aprendizagem [2]. No caso de dinâmicas de grupo, testemunhamos a sua importância com a nossa experiência socio-analítica: apresentando o sociograma, a rede subjacente e informal do grupo, e, considerando que a rede formal nem sempre se sobrepõe àquela, os monitores encontram neste questionário um ótimo instrumento auxiliar.

À guisa de ilustração, mostramos o que aconteceu com um dos nossos grupos: os monitores julgavam que a liderança estivesse recaindo sobre um determinado participante; no sociograma, todavia, verificou-se que ele era rejeitado e o líder real era outra pessoa, que passara, em parte, despercebida.

2) Embora não seja fácil dizer o que significa um grupo evoluir, podemos dizer que, em função das modificações das posições dos indivíduos nos sociogramas, a redução do número de átomos após a experiência, a redução do número de solitários (integração), parece que o grupo sofre uma maior estruturação.

3) A evolução do grupo também é atestada pelo índice de mudanças (52%), se bem que pudéssemos esperar um índice ainda maior.

4) O índice de mudanças é o mesmo para qualquer das situações estudadas; existe uma estreita dependência entre a situação intelectual e a funcional; ao contrário, não existe praticamente nenhuma correlação entre essas duas situações e a situação afetiva, inclusive no que diz respeito à liderança (parece, aliás, existir uma correlação negativa).

5) As eleições para a primeira situação têm motivos de colorido afetivo-emocional (afinidade-simpatia); para a situação intelectual-cultural e funcional, predominam os motivos de natureza racional (capacidade-competência-cultura, etc.).

6) A experiência de Grupo DRH, segundo nos mostra o teste sociométrico, faz com que os participantes se percebam e se escolham de modo mais objetivo.

Nossa última palavra está reservada a ressalvar, mais uma vez, a falta de rigor científico nesta pesquisa. Os questionários sociométricos foram, a princípio, aplicados com um objetivo restrito, quase pessoal, e destinavam-se a dar informações aos monitores.

Posteriormente, em face da riqueza de dados e fenômenos que se revelam a cada aplicação, é que resolvemos divulgar um pouco os resultados. Acrescentamos a isso o fato de, entre nós, serem extremamente raros os estudos e as publicações sobre Sociometria; esta era uma oportunidade para divulgarmos uma das ricas técnicas morenianas.

BIBLIOGRAFIA

1. GOODE, W. J., e HATT, P. K., *Methods in Social Research*, Nova Iorque, McGraw-Hill, 1952. As referências no texto são para a tradução brasileira, *Métodos em Pesquisa Social*, de Carolina Martuscelli Bori, São Paulo, Companhia Editora Nacional, 1960.
2. MONTOYA, M. N., *Utilización Pedagógica de la Sociometria*, Madrid, Ediciones Rialp, 1961.
3. MORENO, J. L., *Sociometria y Psicodrama*, Buenos Aires, Editorial Deucalión, 1954.

Modificações da Percepção de Altura "Eu-Os Outros", Através do Teste dos Bonecos

CÉLIO GARCIA
MELPOMENE GUERRA
ROBERTO REGNIER

Histórico

A idéia do teste de bonecos é devida a Robert Pagés. Nasceu de uma experiência interessante, quando o autor citado solicitou, durante um Congresso, a cada participante, que avaliasse a altura dos outros congressistas. Obtidos esses dados, solicitou ainda que a experiência se fizesse repetir mais uma vez, e notou que havia uma variação considerável na percepção: os sentimentos de cada pessoa pelos outros congressistas influenciavam a avaliação da estatura.

Se houve essa mudança de percepção, considerava o autor, isso deveria ser fruto das interações existentes no grupo de congressistas.

A sistematização do teste dos bonecos foi introduzida na França por Jacques van Bockstaele.

Aplicamos o teste citado, em elementos masculinos, funcionários de uma organização bancária que exerciam cargos de chefia (procuradores, contadores, gerentes). A maioria dos participantes da experiência possuía longa experiência bancária. Chamaremos a essa equipe de Equipe B.

FORMULÁRIO 1

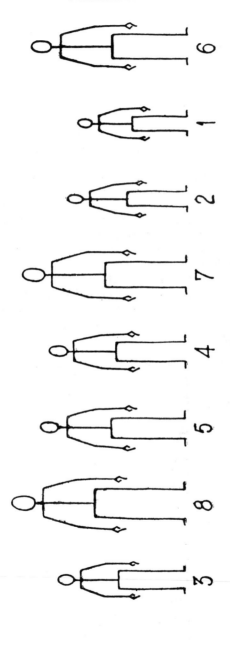

Consideramos ainda, na experiência, três psicólogos, sendo dois elementos masculinos e um feminino, que chamaremos Equipe A.

Utilizamos em nossas experiências uma série de bonecos (Formulário 1), e uma folha suplementar (Formulário 2). Os participantes deviam colocar à frente de cada letra correspondente a cada psicólogo (ou à frente do número do participante, incluindo o seu próprio número), um algarismo correspondente a cada boneco. Deviam levar em consideração como os participantes vêem os psicólogos (e a maneira como vêem os próprios participantes), cada pessoa considerada em seu aspecto global.

Em nossa experiência, solicitamos que os participantes avaliem não somente a altura, mas como "percebem", como vêem o psicólogo (e demais participantes) em seu aspecto global, em seu todo.

O teste é aplicado duas vezes. A primeira ao início da experiência, quando os participantes têm os primeiros contatos com a equipe de psicólogos (e com os outros participantes). A segunda aplicação é efetuada ao término da experiência de DRH. Em ambas as situações, tanto os participantes como os psicólogos permanecem sentados, evitando-se que troquem idéias enquanto preenchem os formulários.

Após essa segunda aplicação, obtivemos os dados que seriam manipulados. No entanto, ao início, utilizamos dez bonecos (alguns com a mesma altura) e observamos somente cinco faixas de alturas diferentes, conforme consta na tabela abaixo, em ordem decrescente de altura:

```
        FAIXAS      Número dos bonecos na folha de amostragem

                        ⎡ 1
    A   —    1.....    ⎢
                        ⎣ 5

    B   —    2.....  9

                        ⎡ 2
    C   —    3.....    ⎢ 3
                        ⎣ 10

    D   —    4.....  7

                        ⎡ 4
    E   —    5.....    ⎢ 6
                        ⎣ 8
```

Transformamos então os algarismos que os participantes atribuíram aos psicólogos e aos colegas, em faixas (1, 2, 3, 4, 5 ou

FORMULÁRIO 2

BANCO DA LAVOURA DE MINAS GERAIS, S/A.

DEPARTAMENTO DE ORIENTAÇÃO E TREINAMENTO

NOME .... N.º ....
SEXO .... IDADE .... ESTADO CIVIL ....
NATURAL DE .... TRABALHA EM ....
FUNÇÃO .... CAT N.º ....

A — ....
B — ....
C — ....

1 — ....
2 — ....
3 — ....
4 — ....
5 — ....
6 — ....
7 — ....
8 — ....
9 — ....
10 — ....
11 — ....
12 — ....
13 — ....
14 — ....
15 — ....
16 — ....
17 — ....
18 — ....
19 — ....
20 — ....
21 — ....
22 — ....

A, B, C, D, E) e comparamos a primeira com a segunda aplicação.

Observamos a necessidade de colocarmos um número maior de faixas com maiores variações na altura dos bonecos apresentados. Adotamos oito faixas de bonecos, como ilustramos no Formulário 1.

Os sistemas de avaliação, entretanto, continuaram os mesmos. Adotamos então dois sistemas de avaliação. Um que chamaremos de *avaliação vertical*, e outro de *avaliação horizontal*.

Avaliação Vertical

Nesse tipo de avaliação, verificamos a diferença de percepção antes e depois do DRH, levando-se em consideração as seguintes variáveis:

a) O indivíduo vendo o grupo de participantes (incluindo a si próprio);

b) O indivíduo vendo a equipe de psicólogos.

Neste sentido, observamos a valorização ou desvalorização do psicólogo visto pelo grupo como chefe, subordinado, ou figura feminina (no caso do psicólogo do sexo feminino).

Avaliação Horizontal

Nesse tipo de avaliação, examinamos a diferença de percepção, antes e depois do DRH, considerando as seguintes variáveis:

a) O indivíduo vendo a si mesmo, isto é, atribuindo um boneco a si mesmo, antes e após a experiência;

b) O grupo vendo o indivíduo, ou seja, o grupo dando uma avaliação a cada participante.

Observamos então que o Teste é válido na medição indireta dos efeitos do DRH, pois mede os defeitos de percepção, influenciado pela projeção.

Tanto na avaliação horizontal como na vertical, levamos em consideração aspectos globais e individuais da percepção.

As variáveis por nós experimentadas, conforme já comentamos acima, foram:

a) — chefe-subordinado

b) — figura feminina — figura masculina

c) — colegas

d) — elementos de adiantamento e retardamento do desenvolvimento do grupo

e) — auto-estimação.

Primeiro Grupo

Neste primeiro grupo, nossa experiência sobre a aplicação do teste de bonecos obedeceu à avaliação primitiva, ou seja, a de cinco faixas com dez bonecos. Constava o grupo de 18 indivíduos, que exerciam o cargo de contadores.

Chegamos às seguintes observações:

I — *Avaliação vertical:*

a) Com relação à equipe de participantes (em 18 indivíduos componentes do grupo):

— 12 desvalorizaram a equipe de participantes;

— 5 valorizaram a equipe de participantes;

— 1 considerou-a a mesma coisa.

HIPÓTESE: A maioria dos participantes desvalorizou sua equipe, frente à tarefa executada e à equipe de psicólogos.

b) Com relação à equipe de psicólogos:

— 7 desvalorizaram alguém na equipe de psicólogos, após a experiência;

— 4 valorizaram alguém na equipe de psicólogos, após a experiência;

— 6 consideraram, de um modo geral, a equipe de psicólogos a mesma coisa;

— 1 anulado.

Note-se que, nesse tipo de avaliação, existe o fato de que, quando alguém desvalorizava um psicólogo, podia ter valorizado outro psicólogo.

Vejamos, ainda dentro desse tópico, o caso em que o participante leva em consideração o grupo de psicólogos, dando aos três uma mesma notação:

— 1 elemento valorizara *toda* a equipe de psicólogos (ou seja: valorizou A, B e C);

— 1 elemento desvalorizara *todos* os elementos da equipe de psicólogos (A, B e C);

— 1 elemento considerou *todos* os psicólogos a mesma coisa.

HIPÓTESE: Não houve uma *desvalorização* ou *valorização* da equipe de psicólogos vista pela equipe de participantes (no todo).

c) Com relação à figura feminina:
- — 9 valorizaram a figura feminina;
- — 1 desvalorizou a figura feminina;
- — 7 consideraram a mulher a mesma coisa;
- — 1 anulado.

HIPÓTESE: Neste grupo, houve certa tendência à valorização da figura feminina.

d) Psicólogo considerado como chefe:
- — 1 valorizou o psicólogo;
- — 12 desvalorizaram o psicólogo;
- — 4 consideraram-no a mesma coisa;
- — 1 anulado.

HIPÓTESE: O elemento considerado como chefe foi desvalorizado pelo grupo.

e) Psicólogo considerado como subordinado:
- — 7 valorizaram o psicólogo subordinado;
- — 7 desvalorizaram o psicólogo subordinado;
- — 3 consideraram-no a mesma coisa;
- — 1 anulado.

HIPÓTESE: Em vista de haver o mesmo número de valorizações e desvalorizações, não achamos viável nenhuma hipótese.

II — *Avaliação horizontal:*

a) O indivíduo vendo a si mesmo:
- — 3 se valorizaram após a experiência;
- — 6 se desvalorizaram após a experiência;
- — 9 se consideraram a mesma coisa.

HIPÓTESE: Há uma tendência a considerar-se a mesma coisa, e pouca valorização do indivíduo, neste grupo.

b) O grupo vendo o indivíduo:
- — 3 foram valorizados pelo grupo;
- — 14 foram desvalorizados pelo grupo;
- — 1 foi valorizado e desvalorizado pelo grupo, em proporções idênticas.

Segundo Grupo (20 Participantes)

I — *Avaliação vertical:*

a) Com relação à equipe de participantes:
- 6 desvalorizaram a equipe de participantes;
- 11 valorizaram a equipe de participantes;
- 3 consideraram a equipe a mesma coisa.

HIPÓTESE: A maioria dos participantes valorizou a equipe frente à tarefa executada e à equipe de psicólogos.

b) Com relação à equipe de psicólogos:
- 10 valorizaram a equipe de psicólogos;
- 5 desvalorizaram a equipe de psicólogos;
- 5 consideraram-na a mesma coisa.

Note-se que, neste tipo de observação, os que desvalorizavam um psicólogo podiam ter valorizado outro psicólogo, e vice-versa. Notamos ainda que, examinando o indivíduo com relação a toda a equipe de psicólogos:
- 1 elemento desvalorizou toda a equipe de psicólogos, ou seja, desvalorizou os psicólogos A, B e C;
- 1 elemento valorizou os 3 elementos da equipe de psicólogos;
- 3 consideraram-na a mesma coisa.

c) Com relação à figura feminina:
- 8 valorizaram a figura feminina;
- 9 consideraram a figura feminina a mesma coisa;
- 3 desvalorizaram-na.

HIPÓTESE: Neste grupo, houve uma valorização da figura feminina.

d) Com relação ao psicólogo considerado como chefe ao início:
- 7 valorizaram o psicólogo;
- 4 o desvalorizaram;
- 9 o consideraram a mesma coisa.

HIPÓTESE: Tentativa de considerar o chefe como ideal.

e) Com relação ao psicólogo considerado como subordinado:

- 6 valorizaram o subordinado;
- 6 o desvalorizaram;
- 6 o consideraram a mesma coisa.

No decorrer do DRH, houve uma inversão entre o psicólogo considerado como subordinado e aquele considerado como autoridade; inversão essa motivada pelos mecanismos psicológicos próprios do grupo em desenvolvimento.

II — *Avaliação horizontal:*

a) O indivíduo vendo a si mesmo:

- 3 se valorizaram após a experiência;
- 7 se desvalorizaram após a experiência;
- 10 se consideraram a mesma coisa.

b) O grupo vendo o indivíduo:

- 10 valorizaram o indivíduo;
- 7 desvalorizaram o indivíduo;
- 3 o consideraram a mesma coisa.

Terceiro Grupo (Contadores)

Com estes 21 participantes, fizemos as mesmas avaliações anteriores, ou seja: vertical e horizontal. Os bonecos aplicados passaram por uma nova formulação, sendo confeccionada uma nova tabela (8 divisões, ou 4 grupos).

Chegamos, então, às seguintes observações:

I — *Avaliação vertical:*

a) Com relação à equipe de participantes (em 21 indivíduos que compunham o grupo):

- 12 desvalorizaram a equipe de participantes;
- 6 valorizaram a equipe de participantes;
- 1 considerou o grupo como igual (embora houvesse modificações parciais — intra-grupais).

HIPÓTESE: a maioria dos participantes desvalorizou sua equipe, frente à tarefa executada e à equipe de psicólogos.

b) Com relação à equipe de psicólogos:

- 11 desvalorizaram, de um modo ou de outro, a equipe de psicólogos;

- 1 valorizou, de um modo ou de outro, a equipe de psicólogos;
- 7 consideraram a equipe de psicólogos a mesma coisa.

Tenha-se em vista que, neste tipo de avaliação, os que desvalorizavam um psicólogo podiam ter valorizado outro psicólogo e vice-versa. Notamos ainda que, observando o indivíduo com relação a toda a equipe de psicólogos, nenhum elemento valorizou toda a equipe de psicólogos (ou seja: valorizou os psicólogos A, B e C), e 5 desvalorizaram os elementos da equipe de psicólogos (A, B e C).

HIPÓTESE: Neste grupo, houve certa desvalorização da figura vista pela equipe de participação.

c) Com relação à figura feminina:
- 3 valorizaram a figura feminina (enquanto desvalorizaram o grupo de psicólogos);
- 9 desvalorizaram a figura feminina;
- 7 consideraram a mulher a mesma coisa.

HIPÓTESE: Neste grupo, houve certa desvalorização da figura feminina. Na verbalização, entretanto, não foram abordados temas que dissessem respeito às relações homem-mulher.

Neste DRH, o cargo de chefia, que foi atribuído a um psicólogo, no primeiro e segundo dia, foi-se tornando não especificado, incidindo ora sobre um psicólogo, ora sobre outro, situação essa que perdurou até o último dia de DRH.

d) Psicólogo considerado como chefe (nos primeiros dias):
- 3 valorizaram o psicólogo;
- 10 desvalorizaram o psicólogo;
- 6 consideraram-no a mesma coisa.

HIPÓTESE: O elemento considerado como chefe é desvalorizado nesse grupo.

e) Psicólogo considerado como subordinado (nos primeiros dias).
- 3 valorizaram o psicólogo;
- 10 desvalorizaram o psicólogo;
- 6 consideraram-no a mesma coisa.

HIPÓTESE: O elemento considerado como subordinado também foi desvalorizado pelo grupo de participantes.

II — *Avaliação horizontal:*

a) O indivíduo vendo a si mesmo:
- 6 se valorizaram após a experiência;
- 7 se desvalorizaram após a experiência;
- 8 se consideraram a mesma coisa.

Devido a uma distribuição quase homogênea nestes fatores, não julgamos oportuno nem viável avançar conclusões.

b) O grupo vendo o indivíduo:
- 13 foram desvalorizados pelo grupo;
- 1 foi valorizado e desvalorizado pelo grupo em proporções idênticas;
- 7 foram valorizados pela equipe de participantes.

Desses sete elementos, os mais valorizados foram os de adiantamento e que mais contribuíram para a integração e desenvolvimento do grupo. Portanto, parece que o grupo reconheceu isso, valorizando tais elementos.

Quarto Grupo (17 Participantes)

I — *Avaliação vertical:*

a) Com relação à equipe de participantes:
- 11 desvalorizaram a equipe de participantes;
- 6 valorizaram a equipe de participantes.

HIPÓTESE: a maioria dos participantes desvalorizou sua equipe, frente à tarefa executada e à equipe de psicólogos.

b) Com relação à equipe de psicólogos:
- 4 desvalorizaram a equipe de psicólogos;
- 12 valorizaram a equipe de psicólogos;
- 1 considerou-a a mesma coisa.

Neste tipo de observação, os que desvalorizavam um psicólogo podiam ter valorizado o outro psicólogo e vice-versa. Observando-se o indivíduo com relação a toda a equipe de psicólogos, nenhum elemento desvalorizou toda a equipe de psicólogos (ou seja: desvalorizou os psicólogos A, B e C), e três elementos valorizaram os elementos (A, B e C) da equipe de psicólogos.

c) Com relação à figura feminina:
- 11 valorizaram a mulher;
- 4 desvalorizaram a mulher;
- 1 considerou-a a mesma coisa.

HIPÓTESE: neste grupo, houve valorização da figura feminina.

d) Com relação ao psicólogo considerado como chefe:
- 9 valorizaram o chefe;
- 5 desvalorizaram o chefe;
- 3 consideraram-no a mesma coisa.

HIPÓTESE: tentativa de considerar o chefe como ideal.

e) Com relação ao subordinado:
- 7 valorizaram o subordinado;
- 3 desvalorizaram o subordinado;
- 7 o consideraram a mesma coisa.

II — *Avaliação horizontal:*

a) O indivíduo vendo a si mesmo:
- 8 se valorizaram após a experiência;
- 3 se desvalorizaram após a experiência;
- 6 se consideraram a mesma coisa.

b) O grupo vendo o indivíduo:
- 8 foram valorizados pelo grupo;
- 9 foram desvalorizados pelo grupo.

Os elementos valorizados pelo grupo (com exceção de 1) foram elementos de adiantamento que mais contribuíram para a integração e desenvolvimento do grupo; assim como os desvalorizados pelo grupo foram elementos de retardamento do desenvolvimento do grupo. Parece, portanto, que o grupo reconheceu isso, valorizando ou desvalorizando esses elementos.

Quinto Grupo (18 Participantes)

Foram feitos dois tipos de avaliações: vertical e horizontal. Para isso foi usado o teste de bonecos numerados de 1 a 10 e divididos em cinco faixas. A faixa 1 é a mais alta, seguindo-se-lhe as outras em ordem decrescente.

Na avaliação horizontal, pesquisamos duas variáveis: (1) o indivíduo vendo a si mesmo e (2) o grupo vendo o indivíduo.

Na avaliação vertical pesquisamos cinco variáveis:

1) o indivíduo frente ao grupo de participantes, incluindo a si mesmo;

2) o grupo de participantes frente ao grupo de psicólogos;

3) o grupo frente ao chefe (o psicólogo visto como tal);

4) o grupo frente ao subordinado (psicólogo identificado como subordinado);

5) atitude do grupo frente à figura feminina.

Neste grupo, observamos:

I — *Avaliação vertical:*

a) Quanto ao grupo de participantes:

— 5 valorizaram o grupo;

— 1 o desvalorizou;

— 12 não mudaram seu modo de perceber o grupo, em geral, havendo, porém, mudanças parciais, intra-grupo.

HIPÓTESE: Não houve mudança de percepção quanto ao grupo de participantes, de modo geral.

b) Quanto à equipe de psicólogos:

— 1 valorizou toda a equipe, isto é, os psicólogos A, B e C;

— 1 desvalorizou todos os elementos da equipe;

— 3 consideraram-na do mesmo modo.

HIPÓTESE: A tendência maior foi para considerar a equipe de psicólogos da mesma maneira.

c) Com relação ao psicólogo visto como chefe:
— 8 desvalorizaram esse psicólogo;

— 5 o valorizaram;

— 5 não mudaram sua avaliação.

HIPÓTESE: houve desvalorização do psicólogo percebido como chefe da equipe, fornecendo-se-nos a hipótese de que a proximidade do chefe implicaria sua perda de prestígio.

d) Com relação à figura feminina:
- — 6 desvalorizaram a figura feminina;
- — 3 a valorizaram;
- — 9 não mudaram sua avaliação.

HIPÓTESE: Neste grupo, ao contrário do que ocorreu na maioria dos outros grupos, houve desvalorização da mulher após o DRH.

e) Com relação ao psicólogo visto como subordinado:
- — 7 valorizaram-no;
- — 6 desvalorizaram-no;
- — 5 o consideraram da mesma maneira.

HIPÓTESE: A distribuição quase homogênea não permite levantar-se uma hipótese com segurança. Mas há pelo menos tendências à valorização.

II — *Avaliação horizontal*

a) O indivíduo vendo a si mesmo:
- — 7 participantes valorizaram-se após o DRH;
- — 4 desvalorizaram-se;
- — 7 não mudaram sua auto-avaliação.

HIPÓTESE: Houve aumento da auto-estima após o DRH.

b) O grupo vendo o indivíduo:
- — 1 participante foi valorizado pelo grupo; nenhum foi desvalorizado;
- — 17 foram considerados do mesmo modo.

HIPÓTESE: Não houve mudança de percepção de modo geral.

Sexto Grupo (22 Participantes; 1 teste foi invalidado)

I — *Avaliação vertical*

a) Quanto à equipe de participantes (em 21 indivíduos):
- — 12 desvalorizaram o grupo;
- — 7 o valorizaram;
- — 2 não mudaram sua percepção de modo significativo, embora tenha havido mudanças parciais.

HIPÓTESE: Grande maioria do grupo desvalorizou sua equipe frente à tarefa executada e frente à equipe de psicólogos.

b) Com relação à equipe de psicólogos:

— 5 valorizaram toda a equipe, isto é, os psicólogos A, B e C;

— 1 desvalorizou-a totalmente;

— 2 consideraram-na a mesma coisa.

HIPÓTESE: Houve valorização da equipe de psicólogos, provavelmente como conseqüência da adesão e valorização da técnica DRH.

c) Com relação à figura feminina:

— 13 valorizaram-na;

— 2 desvalorizaram-na;

— 6 consideraram-na do mesmo modo.

HIPÓTESE: Valorização da figura feminina levando-a a uma igualdade ou aproximação da figura masculina.

d) Com relação ao psicólogo considerado como chefe:

— 12 valorizaram esse psicólogo;

— 2 desvalorizaram-no;

— 7 consideraram-no a mesma coisa.

HIPÓTESE: Valorização do psicólogo visto como chefe, devida à maior facilidade de identificação com ele, por ocuparem os opinantes o cargo de gerentes.

e) Com relação ao psicólogo considerado como subordinado:

— 10 valorizaram-no;

— 6 o desvalorizaram;

— 5 não mudaram o modo de percebê-lo.

HIPÓTESE: Este grupo também deu maior valor ao subordinado após o DRH.

II — *Avaliação horizontal*

a) O indivíduo vendo a si mesmo:

— 7 participantes valorizaram-se após o treinamento;

- 6 desvalorizaram-se;
- 8 não alteraram sua auto-avaliação.

HIPÓTESE: A pequena diferença entre os números torna inoportuno o levantamento de uma hipótese.

b) O indivíduo sendo visto pela grupo:
- 12 foram desvalorizados pelo grupo depois do DRH;
- 6 foram valorizados;
- 1 foi valorizado e desvalorizado, em igual proporção, um foi desvalorizado e não mudou, um foi valorizado e não mudou.

HIPÓTESE: Desvalorização da maior parte dos participantes pelo grupo frente à tarefa executada e valorização daqueles que foram considerados como elementos de adiantamento.

Sétimo Grupo (17 Participantes)

I — *Avaliação vertical*

a) Quanto à equipe de participantes:
- 6 valorizaram o grupo;
- 6 o desvalorizaram;
- 2 o consideraram do mesmo modo (embora tenha havido modificações no interior do próprio grupo). Com relação à equipe de participantes, 35% do grupo a valorizaram e 35% a desvalorizaram, não se podendo estabelecer uma hipótese viável.

b) Com relação à equipe de psicólogos:
- 3 valorizaram toda a equipe, isto é, os psicólogos A, B e C;
- os outros participantes valorizaram ou desvalorizaram ora um ora outro psicólogo, e nenhum desvalorizou toda a equipe.

HIPÓTESE: Houve valorização da equipe de psicólogos, levando-nos a julgar que houve adesão à técnica de análise de grupo e conseqüente valorização dos profissionais que a utilizam.

c) Com relação à figura feminina:
- 11 valorizaram a figura feminina;

— 5 desvalorizaram;

— 1 a considerou da mesma maneira.

HIPÓTESE: Valorização da mulher no sentido de uma aproximação ou igualdade entre mulher e homem.

d) Com relação ao psicólogo considerado como chefe:
— 9 valorizaram este psicólogo;
— 6 o desvalorizaram;
— 2 não mudaram com relação a ele.

HIPÓTESE: Esse grupo valorizou o psicólogo visto como chefe após a experiência.

e) Com relação ao psicólogo considerado como subordinado:
— 7 o valorizaram;
— 7 não mudaram sua percepção;
— 3 desvalorizaram-no.

HIPÓTESE: Houve valorização do subordinado nesse grupo.

II — *Avaliação horizontal*

a) O indivíduo vendo a si mesmo:
— 8 valorizaram-se após o DRH;
— 3 se desvalorizaram;
— 6 não mudaram a percepção de si mesmos.

HIPÓTESE: Houve aumento da auto-estima, frente à atuação dos outros participantes.

b) O grupo vendo o indivíduo:
— 8 foram desvalorizados pelo grupo;
— 7 foram valorizados;
2 foram valorizados e desvalorizados em igual proporção.

HIPÓTESE: Os elementos de adiantamento do grupo, isto é, os que contribuíram para a integração e desenvolvimento do grupo, estão entre os que foram valorizados, havendo adesão a eles.

Oitavo Grupo (21 Participantes)

Um teste ficou prejudicado devido à ausência de um dos participantes no dia da segunda aplicação, e também parte de um outro teste, em que o participante não respondeu conforme o que fora pedido. Na avaliação vertical, contaremos então com 70 protocolos, e na horizontal com 19.

I — *Avaliação vertical*

a) Quanto à equipe de participantes (em número de 20):

— 7 valorizaram o grupo, incluindo a si mesmos;

— 10 o desvalorizaram;

— 2 valorizaram e desvalorizaram igual número de pessoas;

— 1 não mudou sua percepção geral do grupo.

HIPÓTESE: Houve desvalorização da equipe de participantes frente à tarefa executada e frente à equipe de psicólogos.

b) Quanto à equipe de psicólogos:

— 3 participantes valorizaram toda a equipe, isto é, os psicólogos A, B e C;

— 1 não mudou seu modo de perceber a equipe;

— nenhum participante desvalorizou-a totalmente;

— nos outros, as mudanças foram parciais.

HIPÓTESE: Valorização da equipe de psicólogos em decorrência de adesão à técnica e conseqüente valorização.

c) Com relação à figura feminina (em 20 indivíduos):

— 10 valorizaram-na;

— 4 desvalorizaram-na;

— 6 fizeram a mesma avaliação.

HIPÓTESE: Valorização da figura feminina, igualando-a ou aproximando-a da figura masculina.

d) Quanto ao psicólogo visto como chefe:

— 10 o desvalorizaram;

— 5 o valorizaram;

— 5 o perceberam da mesma forma.

HIPÓTESE: Desvalorização do psicólogo percebido como chefe. A proximidade do chefe resultaria na sua perda de prestígio: a liderança monopolizadora cedendo lugar a uma liderança distribuída.

e) Quanto ao psicólogo percebido como subordinado.
- — 3 o desvalorizaram;
- — 12 o valorizaram;
- — 5 o conservaram na mesma escala.

HIPÓTESE: Valorização do subordinado, devida à liderança distribuída, na qual cada tarefa fica sob responsabilidade daquele que, no momento, dispõe de maior quantidade de informações.

II — *Avaliação horizontal*

a) O indivíduo vendo a si mesmo:
- — 9 valorizaram-se após o treinamento;
- — 7 desvalorizaram-se;
- — 3 não mudaram sua auto-avaliação.

HIPÓTESE: Aumento da auto-estima após o DRH.

b) O grupo vendo o indivíduo:
- — 13 participantes foram desvalorizados;
- — 5 foram valorizados;
- — 1 foi valorizado e desvalorizado em igual proporção.

HIPÓTESE: Desvalorização de certos indivíduos pelo grupo, devido à sua ação negativa em direção ao objetivo, e valorização dos que contribuíram para a integração e desenvolvimento do grupo.

Conclusões

Com relação à cotação apresentada nas páginas anteriores, tiramos algumas conclusões, quais sejam:

I — *Avaliação vertical*

a) Com relação à equipe de participantes:

QUADRO SINÓTICO

GRUPOS	1	2	3	4	5	6	7	8
Desvalorizaram a equipe de participantes	12	6	12	11	1	12	6	10
Valorizaram a equipe de participantes	5	11	6	6	5	7	6	7
Não houve modificações.	1	3	1	—	12	2	2	3
TOTAL	18	20	19	17	18	21	14	20

1) Há tendência à desvalorização do grupo de participantes. Partimos da hipótese de que, para o trabalho em grupo, é necessária uma autodepreciação, no sentido de aceitar uma liderança distribuída, onde cada tarefa ficaria sob responsabilidade daquele elemento que dispõe, naquele momento, da maior quantidade de informações. Solidários que eram de um tipo de chefia monopolizadora, viam-se desejosos de atingir esse ideal.

Uma vez criticado e desprezado esse tipo de chefia (donde a desvalorização do psicólogo percebido como chefe), o grupo foi obrigado a se desvalorizar, visto que cada um, quando exercesse uma função de chefia, não poderia mais fazê-lo segundo os moldes que tinham como ideal.

2) Há tendência à depreciação da equipe de participantes por parte de elementos componentes do grupo, evidenciando-se, entretanto, a desvalorização seletiva, o que pode significar agressividade ou problemática contra determinado elemento da equipe de participantes.

b) Com relação à equipe de psicólogos: (de um modo global)

QUADRO SINÓTICO

GRUPOS	1	2	3	4	5	6	7	8
Desvalorizaram a equipe de Psicólogos (a equipe em seu todo)	1	1	5	—	1	5	—	—
Valorizaram a equipe de Psicólogos (a equipe em seu todo)	1	1	—	3	1	1	3	3
Não houve modificações ou mudanças parciais.	15	18	16	14	16	15	11	17
TOTAL	17	20	21	17	18	21	14	20

Com relação a esse item, observamos maior variação de percepção, uma vez que os psicólogos são os elementos neutros para os quais está orientada a verbalização.

1) O elemento que valoriza a equipe de psicólogos, fornece-nos a conclusão de valorização da técnica de DRH, ou seja, a adesão à experiência.

Permite-nos avançar as seguintes hipóteses: má vontade inicial, por preconceito contra o DRH (sentimento paranóico), transformado em adesão, aceitação da experiência e conseqüente valorização.

c) Com relação à figura feminina:
QUADRO SINÓTICO

GRUPOS	1	2	3	4	5	6	7	8
Desvalorizaram	1	3	9	4	6	2	5	4
Valorizaram	9	8	3	11	3	13	11	10
Não houve modificações.	8	9	9	2	9	6	1	6
TOTAL	18	20	21	17	18	21	17	20

Sempre que foram abordados temas do tipo "relação homem-mulher", em situação de DRH, observou-se que houve mudança de percepção no sentido de valorização do psicólogo do sexo feminino. Concluímos, então, que houve valorização do elemento feminino, no sentido de uma igualdade ou aproximação da figura masculina.

d) Com relação ao psicólogo considerado como chefe:
QUADRO SINÓTICO

GRUPOS	1	2	3	4	5	6	7	8
Desvalorizaram	12	4	10	5	8	2	6	10
Valorizaram	1	7	3	9	5	12	9	5
Não houve modificações.	5	9	6	3	5	7	2	5
TOTAL	18	20	19	17	18	21	17	20

Evidenciamos, neste item, que o psicólogo que explicava as normas de atuação no treinamento era sempre visto ao início como sendo o chefe.

Ao início da experiência, há uma valorização excessiva do psicólogo tido como chefe, havendo, no decorrer do treinamento, progressiva desvalorização.

Concluímos então que a proximidade do chefe implicaria na perda de seu prestígio. (Em situação de DRH, essa perda de prestígio é sistematizada ou controlada).

e) Quanto ao psicólogo considerado como subordinado:

QUADRO SINÓTICO

GRUPOS	1	2	3	4	5	6	7	8
Desvalorizaram	7	6	10	3	6	6	3	3
Valorizaram	7	6	3	7	7	10	7	12
Não houve modificações.	4	6	6	7	5	5	7	5
TOTAL	18	18	19	17	18	21	17	20

Há valorização ou desvalorização do psicólogo visto como subordinado, provavelmente em correlação com o *status* dos participantes do grupo. Assim, nos grupos de funcionários menos categorizados, houve valorização do psicólogo considerado como subordinado, por maior facilidade de identificação com ele.
Há tendência à valorização do subordinado.

II — *Avaliação horizontal*
a) O indivíduo vendo a si mesmo:

QUADRO SINÓTICO

GRUPOS	1	2	3	4	5	6	7	8
Desvalorizaram-se	6	7	7	3	4	6	3	7
Valorizaram-se	3	3	6	8	7	7	8	9
Não houve modificação.	9	10	8	6	7	8	6	3
TOTAL	18	20	21	17	18	21	17	19

Verificou-se uma tendência ao aumento da auto-estima. A explicação seria o indivíduo tornar-se mais seguro diante de seu desempenho no grupo e em confronto com a atuação dos demais participantes. Em conseqüência do aumento de sua autoconfiança, haveria um aumento no nível de auto-estimação.

b) O indivíduo sendo visto pelo grupo:

QUADRO SINÓTICO

GRUPOS	1	2	3	4	5	6	7	8
Desvalorizaram	14	7	13	9	—	12	8	13
Valorizaram	3	10	7	8	1	6	7	5
Não houve modificações.	1	3	1	—	17	1	2	1
TOTAL	18	20	21	17	18	19	17	19

Com relação a esse item, dá-se o seguinte: os elementos valorizados são aqueles que preencheram as funções de adiantamento e integração, concorrendo para o progresso e desenvolvimento do grupo. Parece que o grupo reconhece isso, havendo adesão a esses indivíduos.

Quanto aos que são desvalorizados pelo grupo, entre eles estão os elementos de atraso, que prejudicam o desenvolvimento do grupo.

Encerrando esta parte, podemos ainda dizer que o teste localiza possíveis conflitos, pela valorização ou desvalorização seletiva (que talvez signifique agressividade contra um elemento da Equipe B). Essa valorização ou desvalorização chega a ser bem marcada, donde se conclui pela validade do teste.

QUARTA PARTE

"T GROUP" E "SÓCIO-ANÁLISE"

Uma Experiência Comparativa

PIERRE WEIL
CÉLIO GARCIA
NILZA ROCHA

Após três anos de experiência de técnica de Socioanálise como técnica de grupo no DRH, sentimos a necessidade, além dos controles experimentais que acabamos de relatar, de comparar a Socioanálise (ou grupo experiencial) com o grupo de sensibilização (ou *T Group*).

Várias razões nos levaram a isso:

1.º) Tínhamos e temos ainda dúvidas quanto a certos aspectos *diretivos* da técnica de Van Bockstaele. A participação nestas experiências nos deixava muitas vezes a impressão penosa e desagradável de estarmos "manipulando" o grupo, tirando-lhe boa parte de sua espontaneidade.

2.º) A notícia de experiências européias, de que o *T Group* e o Psicodrama pudessem ser adaptados para grupos naturais em empresas.

3.º) As críticas de R. MEIGNIEZ a Van Bockstaele, que confirmam a nossa impressão. Meigniez trabalhou muito tempo com o casal Van Bockstaele e "rompeu" com eles justamente por causa do aspecto "manipulatório" das técnicas.

4.º) O fato de que experiências estrangeiras estavam-se desenvolvendo paralelamente às nossas e podiam, por conseguinte, trazer-nos fatos novos, úteis ao desenvolvimento do DRH

Resolvemos então, após ter sido efetuado treinamento em Grupo de Sensibilização na Europa, realizar e aplicar a técnica num grupo de psicólogos que já havia passado pela Socioanálise e que podia, por isso, dar-nos uma avaliação comparativa.

O relatório que ora apresentamos se divide em várias partes:

1. Descrição da técnica;
2. Resumo das sessões, redigido pelos observadores e pelo monitor;
3. Descrição das fases evolutivas do grupo;
4. Gráfico do "Moral" de grupo;
5. Parte Didática;
6. Avaliação das duas experiências pelos participantes.

1. DESCRIÇÃO DA TÉCNICA DO "T GROUP"

Nada melhor para o leitor ter uma idéia da técnica do *T Group* ou Grupo de Sensibilização (GS) do que ler o formulário do "convite", que os participantes receberam antes do início da experiência:

GRUPO DE SENSIBILIZAÇÃO

Exmo. Sr.

Respondendo o seu pedido de participação de um "Grupo de Sensibilização" (também chamado *T Group* ou Grupo Base), vimos pela presente prestar-lhe informações mais detalhadas sobre o assunto.

1. *Local:*   E.T.C. — Parque Municipal
2. *Datas:*   3 — 4 — 5 de agosto e dia 17 de agosto
1. *Horários:*   9 — 10,30   Sessão GS_1
                 10,30 — 10,40hs.   Café
                 10,45 — 12hs.   Sessão GS_2
                 12 — 13hs.   Almoço
                 14 — 16hs.   Sessão GS_3
                 16 — 16,10hs.   Café
                 16,15 — 18hs.   Sessão GS_4
Dia 17   14 — 16 — 16,15 — 18hs. Sessão de avaliação.

4. *Objetivo do Grupo:* O G. S. se reune para estudar os fenômenos relacionados com o seu próprio funcionamento, visando desenvolver, nos seus membros, a sensibilidade nas relações e comunicações dentro dos grupos.
5. *Funcionamento do Grupo:* O *Grupo* terá inteira liberdade de escolher as suas atividades e tipo de funcionamento. O grupo, no entanto, deverá esforçar-se para estudar os fenômenos que se passam "aqui e agora", isto é, no momento da Sessão.

Haverá, fazendo parte do Grupo, um *Monitor*, que terá uma função diferente da dos outros membros do grupo: ele procurará refletir ao grupo a maneira pela qual percebe os fenômenos que se passam no grupo; seu objetivo será sempre o de esclarecer e ajudar o grupo a se compreender melhor.

Poderá ele falar ou ficar calado, conforme as necessidades e oportunidade. A sua atitude será, no entanto, não-diretiva, isto é, não intervirá nas decisões do grupo.

Os participantes se tratarão de *você* e pelo *nome*.

Além do Monitor, haverá *Observadores*, sentados fora do grupo e cuja função será dizer, fora das reuniões, a maneira pela qual percebem a atuação do Monitor, a fim de ajudar este a fazer o melhor trabalho possível. Para isso, tomarão notas que lhes servirão de lembretes.

Tudo o que se passar fora das Sessões deverá ser *devolvido* ao grupo durante elas.

Questionários de avaliação serão distribuídos depois de cada Sessão; visarão informar o Grupo de sua opinião global quanto ao Objetivo, ao Monitor e ao Ambiente.

2. RESUMO DAS SESSÕES

Os presentes resumos foram redigidos para, com o fim de *feed back,* dar aos participantes, em estilo "jornalístico" atraente, a percepção dos fenômenos de grupo, pelos observadores e monitores.

(Manhã) GS 1: "Olhos Azuis e Clips"

No começo, o grupo fez observação sobre a presença de um elemento estranho que foi apresentado aos participantes.

Para aliviar a tensão e ganhar tempo, os participantes escreveram os nomes nos indicadores, fazendo brincadeiras.

Tentam, depois, fazer uma identificação da técnica empregada com a Socioanálise. Os participantes procuram uma tarefa para se envolver: ler jornal, fazer poesia, ler interpretação dos sonhos foram as tarefas apresentadas. Não se sentindo capazes de desenvolver uma tarefa, o grupo atribuiu o fato ao condicionamento à Socioanálise.

Reclamam do ambiente; fecham-se janelas.

Analisam os sentimentos de cada um: se estão gostando ou não de estarem ali. Surge então o problema dos "Olhos azuis", como tema de um poema feito por um dos participantes: lembrando-se de que o Monitor tem olhos azuis, o grupo evita discutir o fato, e principalmente o "porquê" dessa lembrança, passando a interpretar o significado do azul: profundidade, estranheza, etc.

Continuam a chamar aos chefes formais presentes no grupo, por "Doutor", "Professor".
Há alguns elementos quebrando fósforos, clips, etc. Alguém interpreta essas atitudes como necessidade de "quebrar" o pescoço de alguém.
Discutem o problema da agressividade, que está presente no grupo, lembrando que há muitos cinzeiros na mesa e que, afinal de contas, cinzeiro é uma arma. Procuram interpretar o porquê dessa agressividade, que não há motivo para isto. Alguém diz que está com vontade de fazer comentários agressivos. O grupo usa a palavra "S.T." para designar verbalizações catárticas de alguns elementos, adotando essa palavra com freqüência.
O único elemento estranho ao grupo tenta verbalizar, mas é logo impedido por outros que o catalogam de "estranho ao grupo" e que, por conseguinte, não poderá senti-los (o grupo) como são na realidade.
Partem então para o problema de *como as pessoas são e de como se apresentam,* e das dificuldades que isto gera nas comunicações. Há então uma proposta para que se esforcem naquele grupo, por se apresentarem como são na realidade. Discutem as comunicações *formais* e *informais* (no trabalho e fora dele), e as possibilidades das últimas ajudarem ou prejudicarem as primeiras. Há divergências no grupo, que tenta esclarecer o problema, definindo a "amizade". Continuam as divergências em torno do problema. O grupo parece aproveitar a oportunidade para "agredir" um dos "chefes", usando das divergências de opinião na definição de amizade. O elemento atacado se defende, ilustrando o fato com a menção de um tipo de amizade que tinha com seu chefe (Monitor). O grupo ouve atento a explanação, sem fazer nenhum comentário.

(Manhã) GS 2: 2.ª Reunião: "S. T."

O elemento que havia contado suas relações pessoais com seu chefe para definir amizade começa dizendo que fora *acusado* lá fora de estar "bajulando" o Monitor com sua exposição. Defende-se dessa acusação dizendo que, pelo menos conscientemente, não estava procedendo dessa forma. Justifica dizendo que não tinha nenhum motivo para isso, porque era completamente independente dêle (Monitor), tanto profissional como financeiramente do Banco. Ele via, porém, ao contrário as pessoas que o julgavam dependente do Monitor, as quais, provavelmente, não estariam na fase que ele atingira e eram dependentes do Monitor. Tenta relacionar o *porquê* de sua exposição, dizendo que não queria abordar problemas seus, mas de um de seus subordinados, para ilustrar o problema das comunicações.

Um elemento pede para voltarem ao problema da reunião anterior, para tratar de aspectos mais práticos... Procura justificar-se dizendo que talvez não fosse interessante para o grupo tratar de um problema que só a ele interessa, que talvez não pagasse a pena, que seria perda de tempo, por só interessar a êle. O grupo, porém, diz que o problema dele é deles (do grupo) também. Diz que veio para "valer", e interpreta a situação dizendo que quer tirar não só a "roupa" mas a "pele" também; acusa outras pessoas de estarem usando "capote". Reclama da intelectualização do grupo. Apenas quatro pessoas discutem. As outras permanecem caladas. Começa a verbalizar seus problemas: disciplina, intolerância pelo enquadramento, pelas instituições, por tudo que cerceia a liberdade do homem. Aborda o problema do amor, do casamento e da finalidade da vida. Chega um momento em que ele se assusta e parece arrepender-se de ter chegado ao ponto em que chegou, expondo seus problemas. Não quer mais continuar a discuti-los, mas o grupo parece interessar-se e quer que ele continue. O grupo procura analisar suas opiniões. Este, que reclamara contra a intelectualização, nela recai, passando a discutir problemas filosóficos, saindo do aspecto concreto, apesar de ter exposto uma parte de sua problemática individual.

(Tarde) GS 3: 3.ª Reunião: "Camisa do Monitor"

O Monitor apresentara-se com uma camisa esporte: não houve nenhum comentário do grupo a esse fato, apesar de todos terem rido nos corredores, antes de entrarem para a sala de sessão.

Um elemento volta a discutir o problema anterior da bajulação de um dos membros do grupo com relação ao Monitor. O atingido reage fortemente, dizendo que não há motivo para essa bajulação, pois ele se sente independente tanto no campo profissional como no financeiro. Vê-se claramente, no interessado, o intuito de afirmar publicamente sua independência.

Alguém lembra que teria algumas cousas para dizer, ressaltando que essas declarações poderiam ser vistas como "bem más". Aborda o problema de alguém que mantivesse relações cordiais fora do trabalho e que no local de trabalho evitasse tornar públicas essas relações de amizade. Falou-se em hipocrisia. Uma parte do grupo lembrou que, possivelmente, haveria nesse caso receio de se ser responsabilizado por erros do outro com quem se mantêm relações fora do serviço.

Daí, passa-se a discutir o problema da aceitação de um chefe que não se impõe pela cultura ou ainda, mais claramente, que não lidera seus subordinados à altura da capacidade destes.

Decorridos noventa minutos de reunião, o grupo faz o primeiro comentário a respeito da indumentária do Monitor. Ora, esse assunto vai-se constituir em matéria de discussão e dividirá o grupo, pela primeira vez, de maneira bem nítida. Surgem várias interpretações: faz-se apelo à oportunidade de maior aproximação com o Monitor, em virtude da própria atitude que êste assumiu através de sua indumentária; uma segunda observação lembra as razões da dicotomia surgida no grupo. Seria a diferença motivada por origem sociocultural diversa, ou seria simplesmente um conflito de gerações? Tratava-se de aceitar ou não o fato de estar o Monitor *usando camisa esporte em vez de gravata* como anteriormente.

(Tarde) GS 4: 4.ª Reunião: "O Leão que Comeu o Braço do Domador"

Quando o Monitor chegou, o grupo já se encontrava reunido, discutindo. Não esclareceram de que tratavam e continuaram a discutir sem esclarecer qual o assunto que se debatia. Os têrmos eram agressivos, notando-se depois que se tratava de problema da promoção no Banco. Culpam o chefe formal presente ao grupo, por valorizar as pessoas "boazinhas" que não "criam caso", por ser isso mais prático para a sua tranqüilidade. Há reações tanto do grupo atacante como do atacado. O Monitor intervém, colocando ponto final na discussão, dizendo que estavam fora dos objetivos daquelas reuniões — assuntos de trabalho.

O grupo, vendo tolhida a sua vontade de discutir tais problemas (lavar roupa suja), e sentindo necessidade de desempenhar alguma tarefa, lança mão do elemento estranho, que é justamente a pessoa que representava a neutralidade, por não estar implicada na situação. Fazem perguntas a esse elemento, pedem-lhe que analise seus sentimentos com relação ao grupo, etc.

Há novamente a tentativa de "lavar roupa suja". Alguns querem partir para esse tipo de verbalização, outros não aceitam a proposta, e há ainda uma terceira facção do grupo que não se pronuncia. O único elemento que havia feito a explanação de alguns de seus problemas, na primeira reunião, tenta de novo discuti-los. Culpa o grupo por não tê-lo ajudado a resolver suas dúvidas, que havia boa fé em depositar confiança ao grupo, e que este o traíra. Sente o grupo como "um leão", que não correspondera à sua confiança. Voltam a analisar o porquê da indiferença do grupo ao problema deste elemento, chegando depois a discussões teóricas desse fato. Analisando os resultados da Avaliação do Monitor, dizem que este obtivera bom resultado, porque o grupo o via *como Chefe,* e não como Monitor.

(Manhã) GS 5: 1.ª Reunião: 1.ª Tentativa de Assimilação do Monitor

O grupo se considera agredido, em virtude da intervenção do Monitor a respeito dos objetivos do grupo de sensibilização. Estando alguns participantes ausentes, discutiu-se sobre a conveniência ou não da leitura da avaliação fornecida ao final da reunião anterior. Em seguida, o grupo volta a discutir o problema da indumentária do Monitor. A dicotomia anterior se confirma e uma parte do grupo tenta assimilar a existência do Monitor, enquanto a outra parte se opõe a essa operação. Esta segunda parte do grupo tenta angariar adeptos lançando o grupo contra um ou outro elemento isoladamente. Através da assimilação do Monitor, é abordado o problema da cultura brasileira frente à cultura estrangeira. O Monitor intervém no sentido de explicar o que seria uma relação contra-pessoal: "não querem que outros apresentem o seu problema, além de não apresentarem o próprio". Há um acordo geral a respeito da intervenção do Monitor, dizendo-se mesmo que o grupo utilizou a ironia como uma barreira, que o grupo se protegeu hermeticamente contra a possibilidade de fazer aquilo que um participante fez no primeiro dia. ("S.T.").

GS 6: 2.ª Reunião: "Vamos Fazer as Pazes"

Inicia-se a reunião contando-se três sonhos que membros do grupo tiveram na noite anterior: sonharam com casas, com pessoas mais velhas, viagens. Um elemento é acusado de estar fazendo papel de Monitor, e reage com agressividade a isso, dizendo que absolutamente não estava representando esse papel. Outro elemento tenta evitar a acusação, a fim de não ter de enfrentar problemas. Alguns tentam interpretar os sonhos. Formam-se dois subgrupos. Há troca de sorrisos, atenuando a tensão da agressividade desencadeada pelo elemento atacado de querer representar o Monitor. Dois elementos, que haviam polarizado a agressividade do grupo, tentando reconhecer que agiram errados com relação ao grupo, conseguem a simpatia do mesmo, que parece evoluir no sentido de melhor compreensão dos seus problemas. Voltam mais uma vez ao problema da percepção de dois elementos como chefes, também no grupo de sensibilização.

(Tarde) GS 7: 1.ª Reunião: "Um Índio (de Olhos Azuis) na Europa"

Há um desenho da "casa do sonho" de um elemento sobre a mesa. Dois participantes manuseiam o papel, dobram-no e não dizem nada. O Monitor pergunta se vão ou não usar aquele material. Comentam o fato de o grupo falar mais nos intervalos do que nas reuniões. Tentam novamente a "lavagem de roupa suja", o que é cortado, depois que o Monitor intervém, dizendo que se sente naquela hora como "Chefe do DOT", e não como Monitor.

É aniversário de um dos participantes: cantam "parabéns", trocam-se balas, num ambiente muito cordial. Um elemento se levanta e diz que vai desenhar os olhos do Monitor. Logo desiste e rasga o papel, dizendo que não havia lápis azul. Assenta-se. O Monitor pergunta-lhe por que não terminou o desenho; o elemento responde que não havia lápis azul. Apresentam-lhe giz desta cor. Vai novamente ao quadro e faz um olho sem cílios e sem supercílios. Analisam o porquê desse desenho. O próprio elemento faz a análise: "os olhos do Monitor me incomodavam, principalmente por ser ele autoridade. E desenhando-o, e desenhando-o mal, ele perderia a autoridade". Um elemento diz que os olhos lembravam aqueles quadros, em cima dos quais está escrito: DEUS ME VÊ, do tempo de colégio. Comentam o almoço de confraternização. Voltam-se para o Monitor como pessoa. O grupo elabora uma fantasia através da qual o Monitor é visto em sua viagem à Europa, revestido com adornos de índio: o que equivale a dizer, dentro do contexto em que o grupo evoluía, que o Monitor, até então considerado "estranho" e "estrangeiro", passava a ser "um dos nossos". A fantasia continua a ser elaborada já sob outro aspecto: um dos participantes se dirige ao quadro para retocar o desenho do "olho do Monitor", dando a esse olho um aspecto mais humano. Uma vez integrado o Monitor, que papel é atribuído a esse personagem? Seguidamente, o grupo solicitou que o Monitor lesse a avaliação da reunião anterior, sob condição de interrompê-lo cada vez que o grupo achasse conveniente. Vale lembrar que são os elementos femininos que tomam parte ativa nessa manipulação do Monitor. Estava assim consumada a primeira tentativa de assimilação do Monitor, ocasião em que várias fantasias de dominação e proteção são atualizadas.

GS 8: 2.ª Reunião: "Bandeira de Pirata"

Fizeram um "borrão" sobre o "olho azul" que estava no quadro, e desenharam uma "bandeira de pirata". Logo após, interveio o Monitor explicando que o grupo tentava, através de símbolos, suprimir a fantasia que ele próprio havia elaborado a respeito do Monitor. Um dos participantes, havendo chegado atrasado, lembra um assunto discutido anteriormente. O Monitor chama a atenção para o fato de que esse assunto, aparentemente, havia sido esgotado pelo grupo, e que, portanto, o participante em questão sofria de certo descompasso com relação à evolução do grupo.

Apesar da intervenção do Monitor, ou talvez, motivada pela sua intervenção, uma participante vem em ajuda do primeiro participante, atualizando, assim, uma dicotomia já por mais de uma vez vivida no grupo. Finalmente, o grupo aborda o problema das relações homem - mulher. A propósito desse assunto, alguém lembra o significado que assumia a adesão de uma participante ao grupo de mulheres, em comparação com o significado bem diferente da adesão dessa mesma participante a um subgrupo masculino. Esse assunto ocupa ainda as preocupações do grupo por algum tempo, merecendo um tratamento por demais intelectual. O Monitor chama a atenção do grupo, apontando o impasse para onde este se encaminha, se insiste em utilizar a referida abordagem.

(Manhã) GS 9: "Eles x Elas"

Um participante volta ao tema dos sonhos anteriores, dando margem a que outras pessoas contassem também os seus. Deixam de dar importância aos sonhos, passando a discutir problemas de diferenças entre o homem e a mulher. O grupo se divide em *grupo dos homens* e *grupo das mulheres*. Um dos participantes escreve uma frase de LORD BYRON no quadro: "É mais fácil morrer por uma mulher que se ama do que viver com ela."

Uma participante confessa que sentira vontade de chorar na última reunião do dia anterior, quando discutia problemas pessoais com o grupo.

Ficam até o final da reunião discutindo o problema H - M.

(Manhã) GS 10: 2.ª Reunião: "Leite Não Tem: Tem Jóia" — "Jóia Não Quero; Quero Leite"

Inicialmente, o Monitor resume o que houve na sessão anterior. Dos quatro sonhos relatados, diz o Monitor, três se referem à casa paterna. Duas participantes contam a uma terceira o que são aquêles sonhos a que o Monitor faz alusão. Realiza o grupo, nesse momento, relativa integração, corrigindo e completando as informações que, porventura, faltem a algum dos participantes. Beneficia-se, assim, o rendimento de que o grupo é capaz. Uma das participantes conta um sonho que se passa num escritório amplo, onde se encontra um rapaz de 15 anos, de olhos azuis. Parecia um escritório de corretagem. Recebera uma carta pedindo para comprar leite. Respondera: "Leite não tem; tem jóias", ao que o remetente respondia: "jóia não quero; quero leite". O grupo elaborou interpretações no sentido de ver nas jóias o sucesso profissional, e no leite, a vocação materna de toda mulher.

Outro participante relatou, em seguida, o sonho que tivera na noite anterior: visitava o aposento do avô, a que não tinha acesso quando criança. O avô fazia coleção de relógios. No entanto, o participante viu coleções de louças finas em vez de relógios naquele quarto, onde havia os objetos que ele tanto ambicionara. Um descuido do avô foi suficiente para que o neto se apoderasse de dois exemplares daquelas peças finas. Interpretaram esse sonho como necessidade que tinha o participante de gozar da herança intelectual dos mais velhos.

(Tarde) GS 11: 1.ª Reunião: "Sinal Verde, Sinal Vermelho"

Um dos participantes narrou um sonho que fazia alusão a pedaços de giz de diversas cores. Dois participantes, com o giz, faziam pintas verdes, os outros pintas vermelhas. Um outro participante, com um livro velho, pregava sobre o Existencialismo... O Monitor protestava, o "pregador" não ligava. Três participantes, que haviam falado bem pouco até então, começaram a se integrar; dois dêles narrando sonhos e um terceiro explicando por que não havia falado. O fim do GS se aproximava e esses participantes viam escapar a oportunidade que tinham tido, e de certa forma desejado, no sentido de uma maior aproximação com os companheiros do grupo. Valorizavam-se, assim, ainda mais aqueles minutos que restavam do GS. O grupo tece algumas considerações sobre a autenticidade; alguns se implicam emocionalmente, revivendo, sem explicitar, cenas ligadas a vivências externas ao grupo. Houve uma identificação generalizada, fazendo com que vários elementos do grupo se reunissem em torno do tema, trazendo contribuições que eram principalmente um motivo de adesão. (O sentimento *in group* atinge um número cada vez maior de participantes.)

(Tarde) GS 12: 2.ª Reunião: "Que Será de Nós?..."

A intensidade das comunicações vividas, nas sessões anteriores, fez com que o nível de aspiração dos participantes se elevasse consideravelmente. À véspera da separação, a antevisão do que poderão ser as comunicações na vida cotidiana conhecida de todos provoca um estado depressivo, identificado pelo grupo como sendo um sentimento de amargura. O grupo, verbalizando sobre o seu estado de abandono, compara-o à situação em que se encontravam Adão e Eva quando expulsos do Paraíso. Isso deu margem a que o Monitor dissesse: "Será a responsabilidade de ter a própria vida nas mãos, ou a sensação de ser expulso do Paraíso?"

3. ANÁLISE DA EVOLUÇÃO DO GRUPO

Esta análise, feita pelo Monitor, levou em consideração vários "esquemas" teóricos, mais particularmente os de Schutz e de Bales e Bion. *

1.ª Fase: Tensão

No primeiro dia, o grupo tomou consciência de que, antes de iniciar qualquer coisa, devia executar a tarefa de integrar um

---
* Ver o Capítulo I, Primeira Parte, deste volume.

elemento estranho. Para aliviar a tensão provocada, provavelmente, pelo medo de cada participante de examinar a sua própria vida e arriscar-se por isso a ter que mudar muitas das suas estruturas pessoais, e também de não estar à altura da tarefa, a presença de um estranho é pretexto para, através de uma coesão maior e tranqüilizante, liberar a tensão.

Outros sintomas de tensão: fechar janelas, quebrar fósforos e clips, fumar, risos e piadas, rabiscos nos indicadores. Alguns afirmaram mesmo que estavam com medo.

2.ª Fase: Procura de Objetivos

Proposições feitas ao grupo. Fazer socioanálise, fazer poesia, ler jornal. Ao fazer isso, aparece o mito dos "olhos azuis", o que dá oportunidade ao grupo de tomar consciência de que existem relações emocionais com o Monitor, sem que o grupo explicite que tipo de relações são estas.

3.ª Fase: Agressão Contra a Autoridade

Sintomas: Quebrar clips é interpretado como necessidade de quebrar o pescoço de alguém; cinzeiro é arma; tomam consciência de que são agressivos sem saber porquê. Após uma tentativa de desviar a tensão sobre um novo elemento, focaliza-se, rapidamente, a figura de um chefe formal, para acusá-lo de não ser amigo dentro do trabalho, de medo de perder autoridade, de ser *laissez-faire*. O chefe fica furioso; um elemento dá soco na mesa; o grupo, não podendo agredir a figura do Monitor, aproveita-se das relações reais de trabalho para agredir um dos que são percebidos como representantes dele no grupo; lava-se "roupa suja" em Família, sendo que, por fenômeno bem conhecido de reação circular, a agressão acumulada no chefe formal se desvia contra a figura do Monitor, ficando este com reações ambivalentes: um elemento declara-se insatisfeito com qualquer tipo de imposição.

A "camisa do Monitor" é objeto, fora do grupo, de risos e comentários; no ambiente de grupo, no entanto, o assunto custa a ser abordado.

4.ª Fase: Análise das Relações com o Monitor

Após uma fase de fuga para assuntos filosóficos, o grupo procura analisar o que se esconde atrás dos dois tipos de reações à mudança de indumentária; será ele cientista frio ou será um dos nossos? Começa-se a tocar nele com maior naturalidade; no entanto, as dúvidas continuavam até que o mito dos olhos seja claramente analisado: olho frio sem pestana ou olho humano com expressões emocionais.

Aparecem reações de *contradependência:* o grupo se levanta antes de ser dado o sinal; até se tira a cadeira "para ver o que vai acontecer".

São depois analisadas as *reações contra-pessoais,* tomando o grupo consciência de que se estava protegendo hermeticamente contra qualquer extravazão pessoal.

Está preparado o terreno para integração do Monitor, condição *sine qua non,* da análise das relações interpessoais e da tomada de consciência de problemáticas.

Começam a aparecer interpretações de sonhos (três de casas) e o Monitor é sentido como pai, avô. A sala de grupo é sentida como ambiente de casa.

Um dos sonhos é transformado pelos participantes em símbolo de integração (índio de olhos azuis). O olho é coberto de borrão e uma bandeira de pirata parece significar que o assunto do olho estava encerrado.

5.ª Fase: Análise de Problemáticas Individuais e de Grupo

Há primeiro uma cisão homem-mulher que faz com que as percepções individuais e os estereótipos se diluam progressivamente.

São depois interpretados os diversos sonhos, aparecendo, através deles, temáticas de grupo tais como: conflito entre realização da mulher como mãe e da mulher profissional; tomadas de consciência se fazem sentir como, por exemplo, identificação de subordinados como filhos; outro sonho é interpretado como necessidade que têm os mais moços de receber e assimilar a cultura dos mais velhos.

6.ª Fase: Vivência da Integração no Plano Afetivo

À medida que cada indivíduo mostra algo da sua problemática, nota-se uma aproximação no plano afetivo, que é sentido por todos.

7.ª Fase: Tomada de Consciência das Dificuldades nas Comunicações no Plano Existencial

Perto da sua dissolução, o grupo pergunta a si mesmo se tal vivência poderá repetir-se fora; não havendo mais monitor, o grupo sente o peso da responsabilidade de ter que continuar sozinho.

5. PARTE DIDÁTICA

Introdução: Esta segunda parte da experiência, ou seja, a parte *Didática,* tem como finalidade levar o grupo a conscientizar e

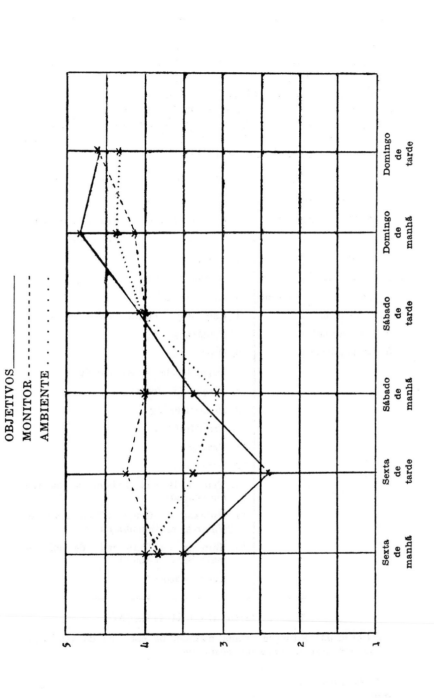

conceituar os fenômenos por ele vividos durante a sua parte dinâmica.

Para isso, a função inicial do orientador ou psicólogo é a de pedir ao grupo para dizer quais foram os fenômenos observados e vividos no desenrolar da experiência, apelando-se para as suas lembranças, no plano individual e de grupo.

Passa-se depois para o estudo da *Frustração,* usando-se, também, a experiência do grupo, segundo a linha do "Plano de Sessão", já descrito pelo Dr. DJALMA TEIXEIRA, no seu capítulo sobre os aspectos didáticos do DRH. *

I — LISTA DE FENÔMENOS VIVIDOS

PLANO INDIVIDUAL	PLANO DE INTER-RELAÇÃO E DE GRUPO
1. Catarsis	1. Tensão
2. Culpabilidade	2. Angústia: Medo
3. Censura — Inibição	3. Agressividade
4. Simbolismo	4. Competição (Luta pela Liderança)
5. Estereótipos	5. Frustração
6. Racionalização.	6. Cooperação
	7. Dependência — Autonomia
	8. Elação (Euforia)
	9. Identificação
	10. Transferência
	11. Projeção
	12. Regressão
	13. Telé (Vivência Existencial da Comunicação)
	14. Unidade de Grupo (Comunidade de Valores, sentimentos)
	15. Sintonia da Totalidade de dois ou mais Seres (Amor)
	16. Comunicações.

II — ESTUDO DA FRUSTRAÇÃO

a) *Definição:* Situação criada quando, no caminho da realização de um *desejo,* surge um *obstáculo.*

* Ver página ....

b) *Necessidades a serem satisfeitas:*
1. Necessidade de comer, beber, vestir-se, etc.
2. Necessidade de se sentir livre de perigos presentes e futuros.
3. Necessidade de se sentir aceito, compreendido e respeitado pelos outros.
4. Necessidade de se compreender e de se respeitar.
5. Necessidade de se aperfeiçoar, de inventar e progredir.

c) *Reações à Frustração:*
1. Inibição: Tensão.
2. Fuga do Obstáculo.
3. Destruição do Obstáculo (agressão, ironia, etc.).
4. Regressão Infantil.
5. Contorno do Obstáculo (procura de solução para o problema).
6. Apatia.
7. Bode expiatório.

Estudo de fatos ocorridos no grupo, relacionados com as necessidades.

Que foi observado?	Necessidade Frustrada	Obstáculos	Tipo de reação
A)			
1. Um elemento *queria falar* e 5 não o deixaram.	1. Necessidade de se sentir aceito, compreendido.	1. Os outros membros (mesma necessidade).	1. Tentou destruir obstáculos. Abadia. Bode Expiatório.
2. Um elemento *queria que fosse aprofundado o caso dele e ninguém lhe ajudava*.	2. Sobretudo necessidade de se compreender.	2. Necessidade de os outros se verem livres do perigo de serem descobertos.	2. Tensão Agressão Ironia Contorno dos Obstáculos.

B) *Exemplos de casos de fora, além daqueles vividos pelo grupo:*

1. Subordinado precisava faltar e pediu compensação. O Chefe de acordo, mas não podia contrariar normas da Empresa.	1. Necessidade de ser compreendido	1. Normas da Empresa	1. Agressiva Destruição do Obstáculo

DRAMATIZAÇÃO: — entrevista do chefe com o subordinado, usando-se técnicas que introduziriam mais pessoas. Ego auxiliar, Duplagem.

2. Caso de um funcionário que levava sugestões, planos de trabalho, projetos ao chefe, os quais não mereciam atenção, comentários deste.	2. Necessidade de ser aceito, compreendido e respeitado pelos outros	2. A atitude do Chefe	2. Apatia Inibição

DRAMATIZAÇÃO: — discussão sobre técnica de entrevista, tipo de orientação a ser dada.

Foi passado um questionário.

6. AVALIAÇÃO DAS DUAS EXPERIÊNCIAS PELOS PARTICIPANTES

Havia uma situação extremamente rara a ser explorada por nós, do ponto de vista experimental: queremos referir-nos à situação de um grupo que passou por duas experiências de laboratório de dinâmica de grupo, com técnica diferente para cada experiência; conforme já o relatamos, o grupo de psicólogos passou sucessivamente pela Socioanálise e por essa experiência de *T Group* que acaba de ser descrita.

Tivemos então, oportunidade de entrevistar todos os participantes, posteriormente à experiência.

Três meses após o *T Group,* dois entrevistadores e colaboradores do presente capítulo entrevistaram os membros do grupo, procurando obter respostas às seguintes perguntas:

1. Que pensa e sente, atualmente, em relação à experiência?
2. Que vantagens ou inconvenientes trouxe:
    — para você?
    — para o seu grupo de trabalho?
    — para os outros aspectos de sua vida?
3. Que acha mais eficiente: A técnica de Socioanálise ou o Grupo de Sensibilização?
4. Dê as vantagens e desvantagens de uma e outra técnica.

Vamos passar a expôr, em resumo, as opiniões obtidas; trata-se, evidentemente, de imagens e percepções que valem na data em que foram colhidas e que são sujeitas a mudanças posteriores.

1. *Que pensa e sente, atualmente, em relação à experiência?*

Algumas frases colhidas darão ao leitor uma impressão das percepções dos membros do grupo:

— Experiência interessante, rica, agradável, que sacode.

— Tive um sentimento de amadurecimento e de integração do grupo.

— Oportunidade de unificar o grupo, torná-lo mais unido, compreenderem-se melhor, entre si, os que dele participam.

— Estava necessitando de uma técnica assim. Entrei para valer...

— Eu me sinto mais seguro, maduro; mais empatia...

2. *Que vantagens ou inconvenientes trouxe para você, para o seu grupo de trabalho e para outros aspectos da vida?*

Vamos, em primeiro lugar, resumir o pensamento dos membros do grupo no que se refere às vantagens.

Além de maior entrosamento e integração do grupo, assinalado por quase todos os participantes, muitos são os que relatam mudanças no plano pessoal, tais como:

— Alívio de tensão;

— Conscientização da existência de problemas a resolver;

— Maior empatia;

— Sentimento da necessidade de maior autenticidade;

— Maior franqueza;

— Melhor aceitação de si mesmo;

— Melhor conhecimento de si mesmo;

— Maior maturidade;

— Maior autonomia;

— Menor implicação emocional em decisões;

— Menor tendência a culpar os outros.

Também alguns inconvenientes foram levantados. Por exemplo, vários membros do grupo lamentaram a ausência de um colega na experiência, o que criou, segundo eles, um descompasso evolutivo entre este e o restante do grupo. Uma dúvida foi levantada quanto a possíveis conseqüências futuras dos que foram realmente espontâneos e se mostraram como são perante colegas de trabalho; embora essa dúvida tenha sido levantada apenas por um dos participantes, deixamo-la consignada.

3. *Vantagens e desvantagens das duas técnicas (Socioanálise e T Group).*

Vamos expor as principais opiniões emitidas, sob forma de quadro sinótico:

SÓCIO-ANÁLISE

VANTAGENS	INCONVENIENTES
Impossibilita agressões interindividuais	O grupo tem que obedecer a regras pré-fabricadas
Maior proteção das personalidades envolvidas	Tratamento mais superficial dos problemas
Manejo mais fácil	Artificial por causa das regras
Facilita vencer timidez.	Limitação da espontaneidade
Menor implicação pessoal	Facilita a simulação
Possibilita tratamento de problemas empresariais	Pouca implicação tão necessária à mudança.
Mais diretivo	
Economia de tempo.	

T. GROUP OU GRUPO DE SENSIBILIZAÇÃO

VANTAGENS	INCONVENIENTES
Maior implicação	Possibilita conflitos interpessoais
Maior espontaneidade	
Maior liberdade	Depende mais de uma boa atuação do psicólogo
Maior possibilidade de transferência de aprendizagem para vida real	Perigo de dissociações
Treina *in vivo* as comunicações	Risco de "análise selvagem"
Maior rapidez no treinamento da empatia	Mais traumatizante
Maior sensibilização aos problemas de Relações Humanas	Perigo de mover problemas que a pessoa considerava superados
Maior profundidade	
Melhor aceitação por parte das pessoas	
Vivências reais	
Maior interesse	
Facilita a catarse	
Oportunidade única de saber como a gente é vista, isto é, facilita o *feed back*.	

A presente edição de DINÂMICA DE GRUPO E DESENVOLVIMENTO EM RELAÇÕES HUMANAS de Pierre Weil — é o volume número 4 da "1ª Série Ciências Sociais". Capa Cláudio Martins. Impresso na Líthera Maciel Editora e Gráfica Ltda., à rua Simão Antônio 1.070 - Contagem, para a Editora Itatiaia, à Rua São Geraldo, 67 - Belo Horizonte. No catálogo geral leva o número 1108/8B. ISBN. 85-319-0418-8.